W0034692

Karsten Füser
Mirjam Heidusch
(Ernst & Young AG)

Rating –
Einfach und schnell zur erstklassigen
Positionierung Ihres Unternehmens

Haufe Mediengruppe
Freiburg · Berlin · München · Zürich

Bibliografische Information Der Deutschen Bibliothek

Die Deutsche Bibliothek verzeichnet diese Publikation in der Deutschen Nationalbibliografie; detaillierte bibliografische Daten sind im Internet über http://dnb.ddb.de abrufbar.

ISBN 3-448-05228-6   Best. Nr. 00011-0001

© 2002, Rudolf Haufe Verlag GmbH & Co. KG,
Niederlassung Planegg/München
Postanschrift: Postfach, 82142 Planegg
Hausanschrift: Fraunhoferstr. 5, 82152 Planegg
Telefon (089) 8 95 17-0, Telefax (089) 8 95 17-250
E-Mail: online@haufe.de, Internet: http://www.haufe.de

Verlagsmanagement: Dr. Thomas Hermann

Zur Herstellung dieses Buchs wird nur alterungsbeständiges Papier verwendet.

DTP: Text+Design Jutta Cram, 86391 Stadtbergen
Umschlaggestaltung: Michaela Weiss, MikiOrangeDesign, 97941 Tauberbischofsheim
Druck: Bosch-Druck GmbH, 84030 Ergolding

Inhaltsverzeichnis

Inhaltsverzeichnis

Abbildungsverzeichnis

Tabellenverzeichnis

Abkürzungsverzeichnis

ABS   Asset Backed Securities
Abs.   Absatz
AfA   Aufwendungen für Abschreibungen
AG   Aktiengesellschaft
AktG   Aktiengesetz

BAFin   Bundesanstalt für Finanzdienstleistungsaufsicht
BAKred   Bundesaufsichtsamt für das Kreditwesen
BCF   Brutto-Cashflow
BIZ   Bank für Internationalen Zahlungsausgleich
BVR   Bundesverband der Deutschen Volksbanken und Raiffeisenbanken
BWA   Betriebswirtschaftliche Auswertung
BW Bank   Baden-Württembergische Bank AG
bzw.   beziehungsweise

d. h., D.h.   das (Das) heißt
DIN   Deutsches Institut für Normung e. V.
DSGV   Deutscher Sparkassen- und Giroverband
DStR   Deutsches Steuerrecht
DtA   Deutsche Ausgleichsbank
DV   Datenverarbeitung

EAD   Exposure at Default
EBITDA   Earnings before interest, taxes, depreciation and amortization
EK   Eigenkapital
EM   Eigenmittel
ERP   European Recovery Program
EStG   Einkommenssteuergesetz
etc.   et cetera
EU   Europäische Union
EUR   Euro
EWB   Einzelwertberichtigung

f.	folgende Seite/Textziffer
ff.	folgende Seiten/Textziffern
F&E	Forschung und Entwicklung
FK	Fremdkapital
Fn.	Fußnote
FTD	Financial Times Deutschland
GF	Geschäftsführer
GmbH	Gesellschaft mit beschränkter Haftung
GuV(s)	Gewinn- und Verlustrechnung(en)
GWG	Geringwertige Wirtschaftsgüter
HGB	Handelsgesetzbuch
Hrsg.	Herausgeber
HVB	HypoVereinsbank AG
IAS	International Accounting Standards
i. d. R.	in der Regel
IDW	Institut der Wirtschaftsprüfer
IKB	IKB Deutsche Industriebank AG
IRB(-Approach)	Internal Rating based(-Approach)
i.S.	im Sinne
ISO	International Organisation for Standardization
i.V.m.	in Verbindung mit
J.	Jahre
JA	Jahresabschluss
JÜ	Jahresüberschuss
KfW	Kreditanstalt für Wiederaufbau
kurzfr.	kurzfristig
KMU	kleine und mittlere Unternehmen
KonTraG	Gesetz zur Kontrolle und Transparenz im Unternehmensbereich
KWG	Kreditwesengesetz

Abkürzungsverzeichnis

LGD	Loss Given Default
langfr.	langfristig
liMi	liquide Mittel
Mabila	Maschinelle Bilanzanalyse
MaK	Mindestanforderungen an das Kreditgeschäft der Kreditinstitute
MBI	Management-By-In
MBO	Management-By-Out
mittelfr.	mittelfristig
Mio.	Millionen
Mrd.	Milliarden
n.b.	nicht bewertet
o. Ä.	oder Ähnliches
o. V.	ohne Verfasser
PD	Probability of Default (Ausfallwahrscheinlichkeit)
PublG	Publizitätsgesetz
QM	Qualitätsmanagement
S.	Seite
SCHUFA	Schutzgemeinschaft für allgemeine Kreditsicherung
s.o.	siehe oben
SoPo	Sonderposten
Stbg	Die Steuerberatung
StuB	Steuer- und Bilanzpraxis
s.u.	siehe unten
S&P	Standard & Poor's
TEUR	Tausend Euro
TransPubG	Transparenz- und Publizitätsgesetz
TÜV	Technischer Überwachungsverein
u. a.	unter anderem

u. Ä.	und Ähnliches
USA	United States of America
US-GAAP	Generally Accepted Accounting Principles
u. U.	unter Umständen
v.	vom
v. a.	vor allem
vgl.	vergleiche
WPg	Die Wirtschaftsprüfung
z. B.	zum Beispiel
ZBB	Zeitschrift für Bankrecht und Bankwirtschaft
ZfB	Zeitschrift für Betriebswirtschaft
z. T.	zum Teil

Vorwort

Dialoge zum Thema „Rating" führen wir bereits seit einigen Jahren – sowohl mit Banken als auch mit Unternehmen –, wobei die Gespräche merklich intensiver wurden, nachdem im Frühjahr 1998 in der Presse erstmalig über das Thema „Basel II" berichtet wurde.

Die auch heute noch nicht verstummten Meldungen haben seitens der Ernst & Young AG bereits frühzeitig dazu geführt, sich dem Thema anzunehmen und zur Versachlichung der Diskussion beizutragen, wenngleich noch immer – z. T. sehr kritisch und manchmal vielleicht auf den ersten Blick etwas unbedacht – Einzelstimmen den Dialog erhitz(t)en. Nichtsdestotrotz begrüßen wir jeden einzelnen Redebeitrag, da die Einzeläußerungen die Erwartungen, die Sorgen und natürlich auch die Vorbehalte vieler Menschen widerspiegeln, egal ob sie nun Unternehmer oder „Banker" heißen. Aus den Diskussionen mit Dritten entstanden die Grundideen zu diesem Buchprojekt, welche durch den Haufe-Verlag, insbesondere Herrn Dr. Thomas Hermann, äußerst konstruktiv befruchtet wurden. Mit ihm diskutierten und debattierten wir über viele Details, die schlussendlich dieses Werk reifen ließen und zum Gelingen beitrugen. Vielen Dank!

Mit dem Buch können wir nunmehr mit Ihnen als Leser in den Dialog treten. Wir würden uns freuen, wenn Sie diesen Ball aufgreifen und uns als Ihre Ansprechpartner sehen würden. Um Ihre Diskussionsbeiträge und die damit verbundenen Anregungen aufnehmen zu können, geben wir Ihnen hiermit unsere eMail-Adressen:

- Karsten.Fueser@de.ey.com sowie
- Mirjam.Heidusch@de.ey.com

Scheuen Sie sich auch nicht, uns bei Fragen zu kontaktieren!

Wir würden uns freuen, wenn Sie als Leser selbst, motiviert durch unser Buch, in Ihrem Unternehmen oder in den Unternehmen Ihrer

Kunden/Ihrer Mandanten die Verantwortung für Basel II übernehmen und uns über Ihre Erfahrungen beim Rating berichten.

Viel Spaß bei der Lektüre wünschen Ihnen

Karsten Füser und Mirjam Heidusch

A Einleitung

„Kein Kredit ohne Rating.", „Nicht die Bank, sondern das Unternehmen ist für sein Rating verantwortlich." oder „Basel II ist das wichtigste Aufsichtsthema, das es je für die Banken und Kreditnehmer, insbesondere die mittelständischen, in Deutschland gegeben hat.", lauten Aussagen, die in den letzten Wochen und Monaten in der Presse zu lesen waren. Noch immer – z. T. aber aufgrund der neuen Entwicklungen bzw. Stellungnahmen des Basler Ausschusses unbegründet – fürchten viele Vertreter des deutschen Mittelstands durch Basel II bedingt individuelle Nachteile, die ihnen bei In-Kraft-Treten der neuen Basler Eigenkapitalvereinbarung (Basel II) im Jahr 2006 entstehen könnten. Grund der Verunsicherung der Unternehmen sind die Vorschläge des Basler Ausschusses, nach denen Banken zukünftig auf individuell bestimmte Ratings zurückgreifen müssen, um die Höhe der Eigenkapitalunterlegung von Kreditrisiken zu bestimmen.

Der Umstand, dass ab 2006 „schlechte Risiken" mit mehr und „gute Risiken" mit weniger Eigenkapital seitens der Bank zu unterlegen sind, dürfte, so die Erwartungen einer Vielzahl von Marktteilnehmern, zu einer stärkeren Spreizung der Kreditkonditionen führen. Weil vieles aber zum Basler Akkord heute noch im Ungewissen liegt, schlagen die Wogen der Spekulation momentan sehr hoch. Unternehmen und ihre Berater benötigen in dieser Situation festen Halt und Antworten auf folgende Fragen: Was erwartet sie schon heute bzw. in den nächsten Jahren? Worauf müssen sie sich (gemeinsam) einstellen? Welche Maßnahmen müssen ergriffen werden?

Wir wollen mit diesem Ratgeber die aufgeworfenen Fragen beantworten. Da die endgültige Fassung des Basler Akkords jedoch aus heutiger Sicht erst im Frühjahr 2003 vorliegt, werden auch wir innerhalb dieses Buches z. T. noch Einzelfragen offen lassen bzw. auf die endgültige Fassung verweisen müssen. Nichtsdestotrotz liefert das vorliegende Werk einen umfassenden Überblick über den Diskussionstand und die damit verbundenen Implikationen.

Grundsätzlich ist Rating nichts Neues. Bereits seit ca. 100 Jahren wird in Amerika „geratet". In der Bundesrepublik begannen in den 80er Jahren die hier ansässigen Töchter amerikanischer Institute interne Rating-Verfahren – zugeschnitten auf deutsche Antragsteller – zu entwickeln bzw. einzuführen. Heute finden sich bei fast allen Kreditinstituten Rating-Verfahren im Einsatz, da Ratings nicht nur zur Beurteilung der Bonität im Rahmen der Kreditwürdigkeitsprüfung (zum Zeitpunkt der Antragstellung) dienen, sondern auch die Basis zur modernen Portfoliosteuerung von Kreditinstituten (nach Kreditherauslage) bilden.

Bedingt durch die Diskussionen der letzten Wochen und Monate wird deutlich, dass das Thema momentan sowohl Banken als auch Unternehmen berührt. Vor diesem Hintergrund verstehen wir unser Buch als Leitfaden zum Thema, der helfen soll, sich sowohl auf „Basel II" als auch das damit einhergehende „Rating" einzustellen. Unser Appell richtet sich insbesondere an Unternehmer, die Vorbereitungen zu treffen bzw. Maßnahmen zu ergreifen haben, um zukünftig ein möglichst gutes Rating und damit möglichst attraktive Kreditkonditionen zu erfahren. Um nicht missverstanden zu werden, wird an dieser Stelle explizit betont, dass die Unternehmer hiermit nicht aufgefordert werden, etwa eine „kreativere Bilanzpolitik" oder „Schönfärberei" zu betreiben. Es gilt, sich nüchtern und sachlich Basel II zu stellen, Handlungsoptionen auszuloten bzw. Entscheidungen im Unternehmen zukünftig stets auch vor dem Hintergrund des zu erwartenden Ratings zu fundieren. Die im Buch diskutierten Ansätze zur Optimierung eines Ratings stellen somit aus unserer Sicht Vorschläge dar, über die in unternehmerischer Verantwortung stehende Personen bzw. deren Berater z. T. „ohnehin" nachzudenken haben. Beispielsweise sei hier an die Entscheidung „Leasing versus Kreditfinanzierung" gedacht, die vor dem Hintergrund von Basel II (und der damit anstehenden Ratings) bzw. der mit der Entscheidung verbundenen Veränderung von Bilanzpositionen auf der Passivseite (z. B. der EK-/FK-Relation) zukünftig zu treffen sind. Erwarten Sie als Leser somit keine „Tipps und Tricks zur Rating-Verbesserung bzw. -Frisierung". Wir erwarten, dass das Thema vom Leser nach der Lektüre kritisch betrachtet und konstruktiv angegangen wird.

Die deskriptive Darstellung einzelner Rating-Verfahren von ausgewählten Banken im Buch soll überdies eine Brücke schlagen und insbesondere den Unternehmern die vielerorts gehörte, i. d. R. aber unbegründete Angst vor dem nächsten Rating nehmen. Ziel ist es, auf beiden Seiten Vertrauen zu schaffen und wechselseitig die Transparenz zu erhöhen. Hierzu zählt, dass die Banken (Unternehmen) sich den Unternehmen (Banken) öffnen.

Aus Sicht der Banken ist die Forderung nach mehr Transparenz ebenso wie aus Sicht der Unternehmen gerechtfertigt. Banken fordern Transparenz zu Recht – wer würde als Unternehmer jemandem Geld borgen, wenn er ihn nicht kennt? Unternehmer haben sich somit darauf einzustellen, den Banken zukünftig im Zuge eines Kreditantrags ein Mehr an Informationen zur Verfügung zu stellen. Umgekehrt stellen sich auch Banken momentan noch auf die neuen Anforderungen ein. Sie sind es, die vermehrt Anfragen bzgl. ihrer Rating-Prozesse bzw. der von ihnen ermittelten Rating-Noten haben und auf dieser Basis den Dialog mit ihren Kunden suchen (können). Unseres Erachtens ist ein Rating somit ein Instrument, das die Bande zwischen Bank und Unternehmen festigen kann, da es sowohl im Interesse der Banken als auch der Unternehmen ist, ein gutes Rating zu geben bzw. zu erfahren. Bedingt durch fundierte, d. h. trennscharfe Ratings können Banken zu einem wichtigen Informanten bzw. Impulsgeber für Unternehmer werden. Unternehmer sollten hellhörig werden, wenn sie von ihrer Hausbank und/oder weiteren Banken ein schlechtes Rating erfahren. Beachten Sie: Ein schlechtes Rating liegt nicht ursächlich bzw. pauschal an der Bank, der Branche, der Regierung oder sonstigen Dritten. Wie gesagt, für ein Rating ist immer noch der Unternehmer selbst verantwortlich, da sich im Rating-Urteil auch die Leistungsfähigkeit eines Unternehmers/eines Unternehmens widerspiegelt.

Verständnis sollte seitens der Unternehmer dafür aufgebracht werden, dass die Rating-Verfahren der Banken nicht im Detail offen gelegt werden können, da es sich dabei um eine Kernkompetenz einer Bank handelt. Banken, die besser „raten" können, d. h. trennschärfer zwischen „gut" und „schlecht" differenzieren können, haben Wettbewerbsvorteile, die sie natürlich – wie jeder Unternehmer auch – wahren wollen.

Als Unternehmer gilt es, der Bank beim Stellen eines Kreditantrags ein Strategiepapier vorlegen zu können oder – wie wir es im Buch auch diskutieren werden – sich frühzeitig dem Thema der eigenen Nachfolge zu widmen. Wie Sie anhand dieser Beispiele sehen, gibt es eine Reihe von Pflichten, denen sich ein Unternehmer, auch unabhängig vom Rating, zuwenden muss bzw. denen er sich nicht entziehen kann. Vor diesem Hintergrund diskutieren wir – wie der nachfolgende Benutzerleitfaden im Detail veranschaulicht – eine Reihe wesentlicher Aspekte. Eingegangen wird zunächst auf Basel II. Unser Ziel ist es hiermit, Hintergrundwissen zu vermitteln, bevor einzelne Rating-Verfahren von Banken vorgestellt werden und wir Sie dann mittels des von Ernst & Young entwickelten Easy-Ratings auffordern, das Rating Ihres Unternehmens selbst zu bestimmen. Auf der Basis dieses eigenen Ratings stellen wir im Anschluss Maßnahmen zur „Optimierung" vor.

Unsere Ausführungen richten sich – wie eingangs gesagt – an Unternehmer, kaufmännische Leiter, Leiter Rechnungswesen, Controller, Berater und auch Bankmitarbeiter. Für sie sind die einzelnen Checklisten, Hinweise und Beispiele im Buch gleichermaßen gedacht. Nutzen Sie die Chance, über das Thema „Rating" Schwachstellen im Unternehmen (Ihres Mandanten/Ihres Kunden) zu identifizieren und gezielte Verbesserungsmaßnahmen einzuleiten.

Vor dem Einstieg in die Lektüre empfehlen wir einen kurzen Blick in den nachfolgenden Benutzerleitfaden, der Ihnen einen Überblick über den Aufbau des Buchs verschafft. Die einzelnen Kapitel können – mithilfe des Glossars am Ende des Buchs – unabhängig voneinander gelesen werden.

- In Kapitel B „Rating – Was ist das?" werden zunächst die Grundlagen des Ratings sowie dessen Bedeutung im Kontext von „Basel II" erläutert. Dabei wird insbesondere auf die verschiedenen Ansätze zur Berechnung der Höhe der Eigenkapitalunterlegung von Kreditrisiken (Standardansatz, IRB-Basisansatz, fortgeschrittener IRB-Ansatz) eingegangen.

- In Kapitel C wird ein idealtypischer (bankinterner) Rating-Prozess aus Sicht des Unternehmens beschrieben. Hierbei wird aufgezeigt, welche Kriterien i. d. R. von den Banken zur Ermittlung eines Ratings herangezogen werden und worauf der Unternehmer vor, während und nach einem Rating-Prozess achten muss. Ein Exkurs stellt externe Informationsquellen dar, die vielfach von den Banken beim Rating genutzt werden und daher einen entscheidenden Einfluss auf ein Rating-Urteil haben können.

- Kapitel D beschreibt die internen Rating-Verfahren ausgewählter Banken(gruppen). Diese Informationen sind von hoher Praxisrelevanz und ermöglichen dem Unternehmen eine optimale Vorbereitung auf ein Rating-Verfahren (bei einer dieser Banken).

- Mit Kapitel E wendet sich das Buch dem externen Rating und dem Ablauf externer Rating-Prozesse zu. Es beschreibt den Nutzen und die Adressaten externer Ratings sowie die Rolle des Rating-Advisors. Darüber hinaus werden die wichtigsten internationalen und nationalen Rating-Agenturen kurz vorgestellt.

- Kapitel F befasst sich ausführlich mit der optimalen Vorbereitung eines Unternehmens auf das Rating. Beachtung finden die Wahl der richtigen Bank sowie typische Unterlagen, die vom Unternehmen eingereicht werden müssen. Mit welchem „eigenen" Rating ein Unternehmen rechnen kann bzw. muss, beantwortet das von Ernst & Young entwickelte Easy-Rating, das in Kapitel F dargestellt und erklärt wird. Das Easy-Rating sowie zahlreiche nützliche Checklisten sind auf der beigelegten CD und als Kopiervorlagen in Anhang 5 zu finden.

- Kapitel G gibt konkrete Ansatzpunkte für die Optimierung von Ratings, insbesondere von mittelständigen Unternehmen. Es werden sowohl kurzfristige als auch langfristige Handlungsoptionen für die Verbesserung von Ratings aufgezeigt. Die Schwerpunkte liegen auf Maßnahmen, die die Wettbewerbssituation eines Unternehmens auf Dauer stärken können. Hilfreiche Checklisten hierzu finden sich auf der CD und als Kopiervorlagen in Anhang.

- Durch Basel II wird für viele Unternehmen der Zugang zu Bankkrediten erschwert. Von zunehmender Bedeutung sind daher alternative Finanzierungsquellen, die in Kapitel H beschrieben werden. Dabei wird insbesondere ihre Umsetzbarkeit in mittelständischen Unternehmen diskutiert.

Eine Beschreibung typischer Kennzahlen, die in einer Vielzahl von Rating-Verfahren verwendet werden, findet sich in Anhang 4. Die beiliegende CD (vgl. Tabelle 1) enthält neben einem Excel-Tool zur Durchführung des Easy-Ratings die Kopiervorlagen des Anhangs als PDF-Dateien.

Dateiname	Format	Beschreibung	Kapitel/ Abschnitt
Fit_for_Rating	PDF	Kopiervorlage "Fit for Rating"	F
Wahl_der_Bank	PDF	Kopiervorlagen „Wahl der ‚richtigen' Bank"	F.1
Unterlagen	PDF	Kopiervorlagen „Benötigte Unterlagen"	F.2
Easy_Rating	PDF	Kopiervorlagen "Easy-Rating"	F.3
Handlung_kurzfristig	PDF	Kopiervorlagen „Kurzfristige Handlungs-möglichkeiten"	G.1
Handlung_langfristig	PDF	Kopiervorlagen „Langfristige Handlungs-möglichkeiten"	G.2
Bonität_Kunden	PDF	Kopiervorlage „Bonitätsbeurteilung von Kunden"	G.2.4
Bonität_Lieferanten	PDF	Kopiervorlage „Bonitätsbeurteilung von Lieferanten"	G.2.4
Tool_Easy_Rating	xls[1]	Excel-Tool Easy-Rating	F.3

Tabelle 1: Verzeichnis der beiliegenden CD

[1] Das Easy-Rating wurde für *Excel 2000* entwickelt. Bei älteren Excel-Versionen ist die Funktionsfähigkeit u. U. eingeschränkt.

B Rating – Was ist das?

Das Ziel eines Ratings ist die Bewertung der **Bonität**, d. h. der Kreditwürdigkeit eines Unternehmens. Quantitative Informationen aus der Bilanz bzw. der Gewinn- und Verlustrechnung sowie (vorwiegend) qualitative Informationen über die Unternehmensführung, die Unternehmensplanung oder das Branchenumfeld werden beim Rating zu einer Kennzahl verdichtet, mit der ähnlich zu einer Schulnote eine Gesamtaussage über die Stärken, Schwächen sowie Risiken und (Zukunfts-)Potenziale eines Unternehmens gemacht wird. Insbesondere gibt ein Rating Auskunft über die Fähigkeit eines Unternehmens, eingegangenen Zins- und Tilgungsverpflichtungen (in der Zukunft) nachzukommen.

Wer ratet?

Es wird zwischen zwei Arten von Ratings unterschieden. Wird die Bonitätsbeurteilung von einem Kreditinstitut – i. d. R. im Zusammenhang mit einem Kreditantrag – vorgenommen, spricht man von einem **internen Rating**. Im Gegensatz dazu wird ein **externes Rating** von einer unabhängigen Rating-Agentur, z. B. Standard & Poor's oder Moody's, durchgeführt und kann für unterschiedliche Zwecke, z. B. zur Kapitalmarktkommunikation, eingesetzt werden. Verfahren zur Kreditwürdigkeitsprüfung werden in Banken schon seit langem genutzt. Die Verbreitung externer Rating-Agenturen ist in der jüngeren Vergangenheit (nach den USA) auch in Europa deutlich gestiegen. Zudem wurden in den letzten fünf Jahren in Deutschland etwa die URA Unternehmens Ratingagentur AG, die RS Rating Services AG oder die EuroRatings AG neu gegründet, wobei Letztere ihren Geschäftsbetrieb zwischenzeitlich eingestellt hat. [2]

---

[2] Die im Mai 2000 gegründete EuroRatings AG hat im Sommer 2002 den Betrieb eingestellt. Als Grund für die Schließung wird angegeben, dass mit dem im Basler Papier vorgesehenen internen Rating die Geschäftsgrundlage, preis-

Was ist neu am Rating?

Neu sind zum einen die aufsichtsrechtlichen Vorgaben[3] (Basel II, vgl. Abschnitt 2), nach denen Banken zukünftig ihr mit einem Kreditgeschäft verbundenes Risiko in Abhängigkeit von der Bonität des Kreditnehmers – bestimmt mithilfe eines Ratings – durch eine adäquate, d. h. am Risiko orientierte Eigenkapitalunterlegung, absichern müssen. Neu sind auch die damit verbundenen Anforderungen an die Verfahren zur Bonitätsbeurteilung, denen insbesondere die traditionellen Ansätze der Banken i. d. R. nicht genügen, da sie zu wenig auf die **zukünftige Zahlungsfähigkeit** eines Unternehmens abstellen und dem Kreditsachbearbeiter einen zu großen subjektiven Entscheidungsspielraum lassen.

Neben einer stärkeren Fokussierung auf die zukünftigen Aussichten eines Unternehmens lässt sich ein **modernes Rating-Verfahren** durch die folgende Definition charakterisieren:

> **Ein Rating ist ein standardisiertes, objektiviertes, aktuelles, nachvollziehbares und skaliertes Krediturteil über die Bonität bzw. wirtschaftliche Lage eines Unternehmens.**

1 Grundlagen des Ratings

Wie sieht nun ein Rating-Urteil aus und durch welche Faktoren wird es bestimmt? Wie lässt sich die Wahl der verwendeten Kriterien erklären? Diesen und ähnlichen Fragen soll im folgenden Abschnitt nachgegangen werden.

---

günstige Ratings für mittelständische Unternehmen zu erstellen, weggefallen sei. *Financial Times Deutschland* v. 10.06.2002.

[3]   Zu nennen sind in diesem Zusammenhang neben „Basel II" auch die „Mindestanforderungen an das Kreditgeschäft der Kreditinstitute (MaK)" oder erweiternd das „Kontroll- und Transparenzgesetz (KonTraG)" als ein Gesetz aus dem Jahr 1998, welches ein Rating-Urteil (in-)direkt beeinflussen kann (vgl. Kapitel G, Abschnitt 2.10).

Rating-Nomenklatur

Eine einheitliche Nomenklatur für Rating-Noten gibt es nicht. Darüber hinaus variiert die Anzahl der Rating-Klassen zwischen einzelnen Banken und Rating-Agenturen. Üblich ist eine Verwendung von acht bis fünfzehn Rating-Klassen, die entweder durch Ziffern nach dem Schulnotenprinzip („1, 2, 3, ...") oder Buchstaben(kombinationen) („AAA", „AA", ..., „BB", „B", ...) bezeichnet werden. Insbesondere ist ein Vergleich der Rating-Ergebnisse zweier Banken/ Rating-Agenturen i. d. R. nicht direkt möglich.

Moody's	S&P	Risikokategorie
Aaa (0,00 %)	AAA (0,01 %)	höchste Bonität, geringstes Ausfallrisiko
Aa1 (0,00 %)	AA+ (0,02 %)	hohe Bonität, kaum höheres Risiko
Aa2 (0,00 %)	AA (0,03 %)	
Aa3 (0,10 %)	AA- (0,04 %)	
A1 (0,00 %)	A+ (0,05 %)	überdurchschnittliche Bonität, etwas höheres Risiko
A2 (0,00 %)	A (0,08 %)	
A3 (0,00 %)	A- (0,11 %)	
Baa1 (0,00 %)	BBB+ (0,15 %)	mittlere Bonität, stärkere Anfälligke t bei negativen Entwicklungen im Unternehmensumfeld
Baa2 (0,10 %)	BBB (0,20 %)	
Baa3 (0,30 %)	BBB- (0,40 %)	
Ba1 (0,60 %)	BB+ (0,65 %)	spekulativ, Zins- und Tilgungsrückzahlungen bei negativen Entwicklungen gefährdet
Ba2 (0,50 %)	BB (1,20 %)	
Ba3 (2,50 %)	BB- (1,95 %)	
B1 (3,50 %)	B+ (3,20 %)	geringe Bonität, relativ hohes Ausfa lrisiko
B2 (6,90 %)	B (7,00 %)	
B3 (12,20 %)	B- (13,00 %)	
Caa	CCC	geringste Bonität, höchstes Ausfallrisiko
Ca	CC	
C	C	
-	D	Schuldner bereits in Zahlungsverzug oder insolvent

Abbildung 1: Rating-Klassen (und einjährige Ausfallwahrscheinlichkeiten) der Agenturen Moody's und Standard & Poor's

	Moody's	S & P
Bayer AG	A2	A+
Coca-Cola Erfrischungsgetränke AG	A3	A-
Continental AG	Baa2	BBB
DaimlerChrysler AG	A3	BBB+
Deutsche Bahn AG	Aa1	AA
Deutsche Telekom AG	Baa1	BBB+
Heidelberger Zement AG	Baa2	BBB
Metro AG	Baa1	BBB+

Tabelle 2: Langfristige Ratings von Unternehmen (Auswahl) [4]

Ausfallwahrscheinlichkeiten

Mit jeder Rating-Klasse ist eine ein- bzw. mehrjährige **Ausfallwahrscheinlichkeit** (kurz- versus langfristige Ratings) verbunden, die auf Grundlage historischer Daten geschätzt wird (vgl. Abbildung 1). So bedeutet die Aussage, dass mit einer bestimmten Rating-Klasse eine *einjährige* Ausfallwahrscheinlichkeit von 2 % verbunden ist, dass von hundert Unternehmen, die in diese Rating-Klasse eingeordnet werden, innerhalb eines Jahres im Durchschnitt zwei ausfallen. Die einjährige (mehrjährige) Ausfallwahrscheinlichkeit ist insbesondere im Hinblick auf die kurzfristige (langfristige) Bewertung des Risikos einer Geschäftsbeziehung eine interessante und zunehmend – so zeigt es die Praxis – auch mitentscheidende Größe.

Rating-Kriterien

Auch wenn jedes Rating-Verfahren letztendlich ein Urteil über die Bonität eines Unternehmens treffen will, werden von verschiedenen Kreditinstituten und Rating-Agenturen unterschiedliche Rating-Kriterien verwendet. Eine ausführliche Zusammenstellung potenzieller Rating-Kriterien findet sich in Kapitel C, Abschnitt 1.4.4. Der Vergleich verschiedener Rating-Verfahren zeigt, dass die verwendeten Kriterien auf den folgenden „gemeinsamen Nenner" gebracht werden können:

---

[4] Quelle: *www.moodys.de* und *www.standardandpoors.de,* Juni 2002.

„Gemeinsamer Nenner" von Rating-Kriterien

- finanzielle Situation (aus Bilanz, GuV, BWA)
- Prognosen und Prognosestabilität
- Management und Strategie
- Kommunikation und Transparenz
- Unternehmensorganisation
- Rechnungswesen und Controlling
- Produkte und Marktstellung
- Branche und Wettbewerbssituation

Rating-Kriterien lassen sich im Allgemeinen einteilen in quantitative und qualitative Kriterien.[5] **Quantitative Kriterien** sind dadurch gekennzeichnet, dass sie „quantifiziert", d. h. durch einen konkreten Wert ausgedrückt werden können. Sie sind also eindeutig messbar und dadurch weitestgehend objektiv. Beispiele hierfür sind Kennzahlen aus der Jahresabschlussanalyse, die Anzahl der Mitarbeiter, deren Fluktuation oder die Dauer der Kundenbeziehung zur Bank. Die Bewertung der **qualitativen Kriterien** beinhaltet dagegen stets eine subjektive Komponente, da sich diese Kriterien gerade *nicht* durch konkrete Werte ausdrücken lassen. Als Beispiele können hier die Managementqualität oder die Unternehmensorganisation genannt werden. Der Übergang zwischen quantitativen und qualitativen Kriterien ist jedoch fließend.

Wie wird das Rating-Urteil ermittelt?

Die einzelnen Rating-Kriterien sind nur die „Zutaten" zur Ableitung eines Rating-Urteils. Sie werden einzeln bewertet, etwa nach dem Schulnotenprinzip von „1 = sehr gut" bis „5 = mangelhaft", und anschließend nach einem fest vorgegebenen Rating-Verfahren zur Rating-Note verdichtet. Dabei ist der Zusammenhang zwischen den einzelnen Rating-Kriterien und der abschließenden Rating-Note i. d. R. kompliziert und nicht linear.[6]

---

[5] Vgl. *Füser, K./Rödel, K. (2002)*, S. 277 ff.

[6] Für eine Beschreibung der verschiedenen Ansätze vgl. *Füser, K. (2001)*, S. 54 ff.

Entscheidend für ein Rating sind nicht allein die verwendeten Kriterien, sondern auch die Maßstäbe, anhand derer sie eingeschätzt und bewertet werden. Typische Fragen sind in diesem Kontext: Wie etwa bildet sich die Bank bzw. die Rating-Agentur ein Urteil über die Managementqualität eines Unternehmens? Werden bei der Bewertung der finanziellen Verhältnisse große und kleine Unternehmen „in einen Topf geworfen"? Inwieweit wird den Spezifika der einzelnen Branchen Rechnung getragen?

Für den Kreditnehmer wichtig ist darüber hinaus die relative Gewichtung der einzelnen Kriterien, d. h. ihr jeweiliger Einfluss auf das Rating-Ergebnis. Dies bedeutet: Auch wenn zwei verschiedene Rating-Verfahren dieselben Kriterien und Maßstäbe zugrunde legen, können die Rating-Urteile dennoch unterschiedlich ausfallen.

Die drei entscheidenden Aspekte eines Rating-Verfahrens:
1. **Welche Kriterien werden verwendet?**
2. **Wie werden diese bewertet? Was sind die Vergleichsmaßstäbe?**
3. **Welchen Einfluss haben die einzelnen Kriterien auf das Rating-Ergebnis?**

Rating-Kriterien im Licht der Insolvenzforschung

Ein Blick in die Insolvenzforschung hilft, die mit einem Rating verbundene Intention sowie die dazu herangezogenen Rating-Kriterien besser zu verstehen. Die Insolvenz eines Unternehmens tritt nicht von heute auf morgen (überraschend) auf und hat in den seltensten Fällen nur eine einzige Ursache. Der Weg in die Insolvenz ist vielmehr ein Prozess über verschiedene Krisenstadien hinweg (vgl. Abbildung 2), in dessen Verlauf das Unternehmen (i. d. R. ab bzw. in der Liquiditätskrise) seinen Zins- und Tilgungsverpflichtungen nicht mehr nachkommen kann. Die Bonität des Unternehmens ist somit in einem „fortgeschrittenen Krisenstadium", d. h. in einer nicht mehr beherrschbaren Krise, nicht mehr ausreichend. Ein Rating-Verfahren muss in einem solchen Fall bzw. in einer solchen Phase zwingend zu einer negativen Beurteilung führen.

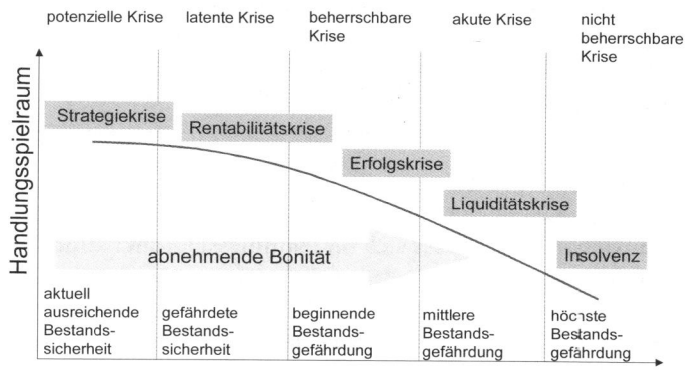

Abbildung 2: Der Weg in die Insolvenz[7]

Da ein Rating insbesondere Aussagen über die Kreditwürdigkeit eines Unternehmens *in der Zukunft* machen soll, genügt es nicht, auf die Symptome einer bereits akuten Krise zu achten, die sich deutlich in der Bilanz bzw. der GuV widerspiegeln und mithilfe einer traditionellen Jahresabschlussanalyse aufgedeckt werden können. Es gilt, eine mögliche Strategiekrise aufzudecken, in der zwar weder Gewinn- noch Umsatzrückgänge verzeichnet werden können, entscheidende Erfolgspotenziale aber bereits bedroht sind. Nachweisbar weisen typische Rating-Kriterien und die im Rahmen der Insolvenzforschung identifizierten Krisensymptome bzw. Krisenursachen eine breite Übereinstimmung auf.[8]

---

[7] Vgl. *Gleißner, W./Füser, K. (2002)*, S. 69.

[8] Vgl. etwa *Böckenförde, B. (1996)*, S. 22 ff. und *Gleißner, W./Füser, K. (2002)*, S. 67 ff.

2   Rating im Kontext von Basel II

Das Thema „Rating" ist seit der Veröffentlichung der zweiten Fassung des Basler Konsultationspapiers (Basel II) am 16. Januar 2001 in New York in den Mittelpunkt des Interesses von Banken und Unternehmen gerückt.[9]

Was ist „Basel II"?
„Basel II" ist die Abkürzung für das Konsultationspapier „Die Neue Basler Eigenkapitalvereinbarung" des Basler Ausschusses für Bankenaufsicht. Dieses sich im Planungsstadium befindliche internationale Abkommen, das nach heutigem Stand frühestens 2006 in Kraft treten wird, sieht u. a. eine grundlegende Änderung der Eigenkapitalunterlegung der Kredit- bzw. Adressenausfallrisiken bei Banken vor.

Wie jedes Unternehmen benötigen auch Banken Eigenkapital, um mögliche Verluste, die z. B. durch ihre Kreditvergaben bzw. Kreditvergabepolitik bedingt werden, aufzufangen. Auch für Banken gilt somit, dass ihre Eigenkapitalausstattung ausreichend sein muss, um den Risiken ihres Geschäfts begegnen zu können. Im Fall von Banken dient eine adäquate Eigenmittelausstattung aber nicht nur zur Stärkung der Banken selbst, sondern zur Stabilisierung des Finanzsystems als Ganzes, da bereits die Insolvenz einer Bank innerhalb des Finanzsystems eine Kettenreaktion auslösen kann, d. h. weitere Insolvenzen die Folge sein können, die sich (in letzter Konsequenz) zu einer Instabilität des Finanzsystems summieren könnten.

Die alte Regelung – Basel I
Schon im Jahre 1988 erließ der Basler Ausschuss (vgl. Hinweis) Richtlinien für die Eigenkapitalausstattung von Banken, die in den ersten Basler Akkord („**Basel I**") eingingen. Vergeben Banken derzeit Kredite an Unternehmen, so müssen sie bereits nach Basel I hierfür Eigenkapital vorhalten. Kredite an Firmenkunden sind dabei momentan noch grundsätzlich mit einem **einheitlichen Bonitätsgewicht** von 100 % zu gewichten, unabhängig von der tatsächlichen

---

[9] Vgl. *Basel Committee on Supervision (2001), (2001a), (2001b)* und *(2001c).*

Bonität des Unternehmens. Für derartige Kredite gilt ein einheitlicher Hinterlegungssatz von 8 % („Solvabilitätskoeffizient"), der den Banken aus aufsichtsrechtlicher Sicht keinerlei Anreiz bietet, die Kreditkonditionen an die Bonität der Kunden anzupassen. Nach Basel I werden damit „gute" Kunden tendenziell benachteiligt und „schlechte" tendenziell bevorzugt.

Hinweis

Der Basler Ausschuss

Der 1975 gegründete Basler Ausschuss für Bankenaufsicht setzt sich aus Vertretern der Zentralbanken sowie der Bankenaufsichtsbehörden der G10-Staaten (Belgien, Deutschland, Frankreich, Großbritannien, Italien, Japan, Kanada, Niederlande, Schweden, Schweiz und USA) sowie Spanien und Luxemburg zusammen und tritt in der Regel bei der Bank für Internationalen Zahlungsausgleich (BIZ, www.biz.org) in Basel zusammen, wo sich auch sein ständiges Sekretariat befindet. Der Basler Ausschuss bezweckt die Entwicklung eines internationalen Aufsichtsregel- und -netzwerks, um die Qualität der Bankenaufsicht weltweit zu verbessern.

Hinweis

Fahrplan zu Basel II[10]

1975	Gründung des Basler Ausschusses für Bankenaufsicht
1988 Juli	Veröffentlichung der geltenden Eigenkapitalvereinbarung („Basel I")
1992 Ende	In-Kraft-Treten von Basel I (Umsetzungstermin)
1999 Juni	Erstes Konsultationspapier zur Neuregelung der angemessenen Eigenkapitalausstattung
2001 Januar	Zweites Konsultationspapier

---

[10] Vgl. *Hirschmann, S. (2002)*, S. 9.

angekündigte Termine:

2003 Mai	Drittes und letztes Konsultations-papier
2003 Juni	Veröffentlichung des dritten Konsultationspapiers seitens der EU-Kommission
2003 Oktober	Verabschiedung der Neuen Basler Eigenkapitalvereinbarung (Basel II)
2004 Februar	Richtlinienvorschlag der EU-Kommission
2006 Anfang	Parallellauf von Basel I und Basel II
2007 Anfang	Umsetzung der Neuen Basler Eigenkapitalverordnung in nationales Recht, d. h. alleinige Gültigkeit von Basel II

Die zukünftige Regelung – Basel II

Mit dem vorliegenden zweiten Konsultationspapier vom 16. Januar 2001 strebt der Basler Ausschuss – wie gesagt – u. a. eine Verfeinerung der Bewertung von Kreditrisiken (durch Ratings) an. Zukünftig soll, so plant es der Basler Ausschuss, die Höhe der vorzuhaltenden (haftenden) Eigenmittel zur Deckung der Kredit- bzw. Adressenausfallrisiken einer Bank verstärkt in Abhängigkeit von der **tatsächlichen Bonität** der Schuldner festgelegt werden.

Künftig soll gelten: Bei Kreditnehmern mit hoher Bonität wird die Kreditsumme mit einem Bonitätsgewicht deutlich unter 100 % in die Berechnung des vorzuhaltenden bzw. zur Abdeckung der Ausfallrisiken notwendigen Eigenkapitals eingehen, bei Kreditnehmern mit niedriger Bonität mit deutlich mehr als 100 %. (Vgl. hierzu auch das Beispiel auf S. 38.)

> Der neue Grundsatz von Basel II ist einfach und lautet:
> „Je schlechter ein Rating ausfällt, desto mehr Eigenkapital der
> Bank wird hierfür gebunden – und desto teurer wird der Kredit.
> Kredite an Unternehmen in guter wirtschaftlicher Konstitution
> binden dagegen künftig weniger Eigenkapital der Bank – ein sol-
> cher Kreditnehmer kann somit von besseren Konditionen profi-
> tieren.“

Bei der Umsetzung von Basel II können die Banken zukünftig zwischen verschiedenen Ansätzen wählen. Während im **Standardansatz**
(vgl. Abschnitt 2.1) zur Bestimmung des Risikogewichts auf das Rating einer externen Agentur zurückgegriffen wird, bestimmen die
Banken, die einen der **IRB-Ansätze** (Internal Rating-Based-Ap-
proach; unterschieden wird zwischen dem IRB-Basisansatz und dem
fortgeschrittenen IRB-Ansatz, vgl. Abschnitt 2.2) wählen, das Rating
eines Kreditnehmers mittels ihrer internen Verfahren.
Kreditzinsen dienen der Bank zur Deckung ihrer mit dem Kreditten-
gagement verbundenen Kosten. Diese setzen sich zusammen aus

- Refinanzierungskosten,
- Bearbeitungskosten,
- Eigenkapitalkosten und
- Risikokosten.

Insbesondere die Kosten für das durch die Kreditherauslage gebun-
dene Eigenkapital wird nach den neuen Basler Vorgaben mit abneh-
mender Bonität des Schuldners (deutlich) steigen. Den schemati-
schen Zusammenhang zwischen einer Rating-Klasse und dem daraus resultierenden Zinssatz zeigt Abbildung 3.

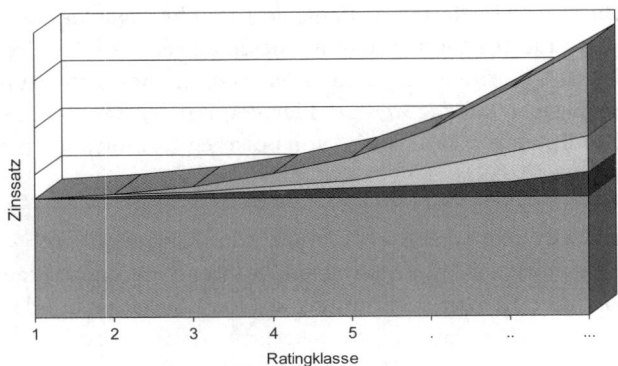

Ratingklasse

▣ Refinanzierungskosten ■ Bearbeitungskosten ▢ Eigenkapitalkosten ▨ Risikokosten

Abbildung 3: Risikoadäquate Kreditkonditionen

Beispiel

Berechnung der Eigenkapitalanforderung nach Basel I und Basel II (bei Anwendung des Standardansatzes)

Zwei Kreditnehmern (A und B) wird ein Kredit über je EUR 1 Mio. gewährt. Während Kreditnehmer A über eine gute Bonität verfügt, ist die zukünftige Zahlungsfähigkeit von Kreditnehmer B mit gewissen Unsicherheiten behaftet.

Nach der geltenden Regelung (Basel I) muss die Bank jeden Kredit unabhängig von der Bonität der Kreditnehmer mit EUR 80.000 Eigenkapitel unterlegen. Bei einer Kreditherauslage an A und B werden somit insgesamt EUR 160.000 Eigenkapital der Bank gebunden.

Nach der neuen Regelung (Basel II, Anwendung des Standardansatzes) wird die unterschiedliche Bonität der beiden Kreditnehmer in der Berechnung der Eigenkapitalanforderung explizit berücksichtigt. So wird etwa der Risikobetrag bei Kreditnehmer A (bei einem externen „A+"Rating) nur mit 50 % gewichtet, der von Kreditnehmer B (bei einem externen „BB-"Rating) dagegen mit 150 %. (Zur Bestimmung der Risikogewichte in Abhängigkeit eines Ratings im Standardansatz vgl. weiterführend Abschnitt 2.1) Die oben genannten Risikogewichte von 50 % (Kreditnehmer A) und 150 % (Kreditnehmer B) führen zu einer Eigenkapitalanforderung von EUR 40.000 im Fall von Kreditnehmer A und von EUR 120.000 im Fall von Kreditnehmer B. Insgesamt werden also auch in diesem Fall EUR 160.000 Eigenkapital der Bank gebunden. Da die Eigenkapitalanforderung jedoch (in Abhängigkeit von der Bonität/dem Rating) unterschiedlich für die beiden Kreditnehmer ist, wird ihnen die Bank den Kredit zu unterschiedlichen Konditionen gewähren. Kreditnehmer A kann mit günstigeren Konditionen als derzeit rechnen, Kreditnehmer B wird dagegen einen höheren Zins zahlen müssen.

	Eigenkapitalan- forderung		Kreditrisi- kobetrag	Risikoge- wicht		Solvabi- litäts- koeffi- zient
Basel I						
Kreditnehmer A	EUR 80.000	=	EUR 1 Mio.	100 %	×	8 %
Kreditnehmer B	EUR 80.000	=	EUR 1 Mio.	100 %	×	8 %
EK-Unterlegung	EUR 160.000					
Basel II						
Kreditnehmer A	EUR 40.000	=	EUR 1 Mio.	50 %	×	8 %
Kreditnehmer B	EUR 120.000	=	EUR 1 Mio.	150 %	×	8 %
EK-Unterlegung	EUR 160.000					

Auch bei Anwendung einer der IRB-Ansätze (IRB-Basisansatz oder fortgeschrittener IRB-Ansatz) wird das Risikogewicht und damit die Höhe der Eigenkapitalunterlegung in Abhängigkeit vom Rating ermittelt, das mithilfe bankinterner Verfahren bestimmt wird (vgl. Abschnitt 2.2).

Sicherheiten und Garantien

Ein Rating-Urteil („Bonitäts-Rating") ist **rein Kreditnehmer bezogen**, d. h. unabhängig von den für einen konkreten Kreditantrag gestellten Sicherheiten und Garantien – so fordert es der Basler Ausschuss. Da Sicherheiten und Garantien das Risiko, das für eine Bank mit einem Kreditengagement verbunden ist, jedoch deutlich reduzieren können, behandelt das Basler Papier in einem eigenen Abschnitt, welche Sicherheiten und Garantien anerkannt werden dürfen, wie diese die Eigenkapitalanforderungen reduzieren und damit zu günstigeren Kreditkonditionen führen.

2.1 Standardansatz

Der Standardansatz nutzt – im Gegensatz zu den nachfolgend diskutierten IRB-Ansätzen – zur Bestimmung der Höhe der Eigenkapitalunterlegung die Bonitätsbeurteilungen von (**externen**) **Rating-Agenturen** (vgl. Kapitel E). Damit die Ratings einer externen Agentur für den Einsatz im Rahmen des Standardansatzes zugelassen werden, müssen sie gewisse Mindestanforderungen, zu denen Transparenz und Objektivität zählen, erfüllen, die von den nationalen Aufsichtsbehörden (in der Bundesrepublik die BAFin, vgl. Hinweis in Abschnitt 2.2) überprüft werden. Die beiden führenden Rating-Agenturen weltweit sind heute Standard & Poor's und Moody's.

Die Zuordnung der Ratings einer externen Agentur zu den standardisierten Risikogewichten von 20 %, 50 %, 100 % bzw. 150 %, die beim Standardansatz verwendet werden, liegt ebenfalls in der Verantwortung der Aufsichtsinstanzen, d. h. weder die Rating-Agenturen noch die Banken entscheiden, welche Bonitätsbeurteilungskategorien (z. B. „AAA" bis „AA-") welchen Risikogewichten (z. B. 20 %) entsprechen. Unternehmen ohne externes Rating, zu denen der überwiegende Teil der Unternehmen in der Bundesrepublik gehört, erhalten unverändert – so die momentane Vorstellung des Basler Ausschusses – ein Risikogewicht von 100 %. Tabelle 3 zeigt am Beispiel von Standard & Poor's die Zuordnung von Bonitätseinstufungen zu Risikogewichten für Kredite an Unternehmen.

Bonitätsbe-urteilung	AAA bis AA-	A+ bis A-	BBB+ bis BB-	< BB-	nicht beurteilt
Risikogewicht	20 %	50 %	100 %	150 %	100 %

Tabelle 3: Risikogewichte beim Standardansatz

2.2 IRB-Ansätze

Die IRB-Ansätze – unterschieden wird zwischen dem **IRB-Basisansatz** und dem **fortgeschrittenen IRB-Ansatz** – bauen im Gegensatz zum Standardansatz auf den Ratings der **internen Rating-Verfahren** der Banken auf. Diese müssen, wenn sie zur Bestimmung der Höhe der vorgeschriebenen Eigenkapitalunterlegung herangezogen werden sollen, aufsichtsrechtlich anerkannt werden. In Deutschland ist auch dafür, wie im Fall der Anerkennung der Ratings externer Agenturen, die BAFin (vgl. Hinweis) zuständig.

Neben der Entwicklung eines geeigneten Rating-Verfahrens, das die Zuordnung eines Kreditnehmers zu einer klar definierten Rating-Klasse gewährleistet, müssen Banken, die einen der IRB-Ansätze wählen, **Ein-Jahres-Ausfallwahrscheinlichkeiten** (PD, *Probability of Default*) für jede ihrer Rating-Klassen schätzen. Jede dieser Schätzungen muss die konservative Einschätzung einer langjährigen Durchschnitts-PD der Rating-Klasse darstellen und somit auf historischen Erfahrungen und empirischen Nachweisen basieren.

Hinweis

BAFin

Die BAFin (Bundesanstalt für Finanzdienstleistungsaufsicht, www.bafin.de) ist eine rechtsfähige bundesunmittelbare Anstalt des öffentlichen Rechts im Geschäftsbereich des Bundesministeriums der Finanzen unter Leitung ihres Präsidenten Jochen Sanio. Das Kernstück der BAFin bilden die drei Aufsichtssäulen „Bankenaufsicht", „Versichrungsaufsicht" und „Wertpapieraufsicht/Asset-Management". Die Aufgaben der BAFin umfassen:

1. Sicherstellung der Funktionsfähigkeit des gesamten Finanzsektors in Deutschland
2. Solvenzsicherung bei Banken, Finanzdienstleistungsinstituten und Versicherungsunternehmen
3. Schutz der Kunden und Anleger

Die Säule „Bankenaufsicht" (vormals BAKred) ist im Rahmen der Solvenzaufsicht insbesondere für alle aufsichtsrechtlichen Entscheidungen (z. B. hinsichtlich Basel II) verantwortlich und verfolgt das Ziel, im Interesse der Stabilität der Gesamtwirtschaft die Funktionsfähigkeit des Kreditwesens zu erhalten.

Die funktionale Beziehung zwischen der so zu bestimmenden bzw. so bestimmten (historischen) Ausfallwahrscheinlichkeit und dem dazu gehörenden Risikogewicht wird vom Basler Ausschuss vorgegeben (vgl. Abbildung 5). Über die Ausfallwahrscheinlichkeit wird damit auch der Zusammenhang zwischen Rating-Klasse und Risikogewicht modelliert. Dieser ist in Abbildung 4 beispielhaft für die Rating-Klassen des zukünftigen Rating-Verfahrens der Volks- und Raiffeisenbanken (vgl. Kapitel D, Abschnitt 9) dargestellt.

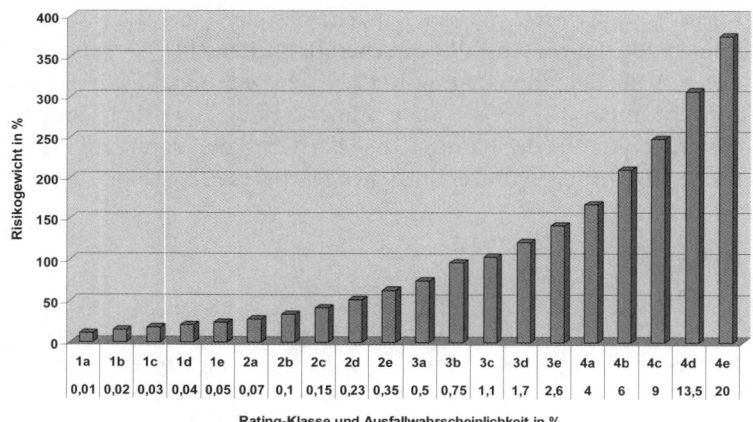

Rating-Klasse und Ausfallwahrscheinlichkeit in %

Abbildung 4: Zusammenhang zwischen Rating-Klasse/Ausfall-wahrscheinlichkeit und Risikogewicht für das Rating-Verfahren der Volks- und Raiffeisenbanken[11]

---

[11] Die Angaben zu Rating-Klassen und Ausfallwahrscheinlichkeiten sind *Stuhlinger, M. (2001)* entnommen. Die Berechnung basiert auf der „November-Formel", vgl. *Basel Committee on Supervision (2001c)* und Anhang 1, mit LGD = 50 %, die momentan noch diskutiert wird. Der endgültige Zusammenhang zwischen (einjähriger) Ausfallwahrscheinlichkeit und Risikogewicht wird erst

Wie Abbildung 4 zu entnehmen ist, können die Risikogewichte in den IRB-Ansätzen (kontinuierlich) zwischen nahezu 0 % und mehr als 300 % liegen, wohingegen die Risikogewichte im Standardansatz nur zwischen den (diskreten) Werten 20 %, 50 %, 100 % und 150 % variieren. Die genaue Berechnung der Risikogewichte und damit der Eigenkapitalanforderungen in den IRB-Ansätzen ist sehr komplex, womit der Kreditnehmer jedoch kaum Berührung hat. IRB-Basisansatz und fortgeschrittener IRB-Ansatz unterscheiden sich nochmals hinsichtlich ihrer Komplexität. Im Basisansatz werden verschiedene Größen (z. B. die EAD, *Exposure at Default*) und Vorgehensweisen (z. B. hinsichtlich der Behandlung von Sicherheiten) vom Basler Ausschuss vorgegeben, wohingegen diese „Parameter" innerhalb des fortgeschrittenen IRB-Ansatzes von der Bank z. T. selbst („in gewissen Grenzen") bestimmt werden können.

Die meisten Banken haben sich für die Einführung eines der IRB-Ansätze – IRB-Basisansatz oder fortgeschrittener IRB-Ansatz – entschieden.[12] Für den Kreditnehmer entscheidend ist, dass beide IRB-Ansätze auf bankinternen Ratings basieren.

Hinweis

Kredite an kleine und mittlere Unternehmen

Nach dem aktuellen Diskussionsstand des Basler Ausschusses[13] sollen „kleine und mittlere Unternehmen" bei der Herauslage von Krediten zukünftig eine privilegierte Behandlung erfahren. Damit wird insbesondere dem Anliegen der deutschen Verhandlungsdelegation im Basler Ausschuss Rechnung getragen und einer Benachteiligung des deutschen Mittelstands entgegengewirkt.

---

mit Veröffentlichung des dritten Konsultationspapiers (voraussichtlich im Mai 2003) vorliegen. Vgl. hierzu auch den Hinweis „Kredite an kleinere und mittlere Unternehmen" sowie Anhang 10.1.

[12] Vgl. *FINANCE-Studie (2002)*, S. 4.

[13] Vgl. hierzu *Basel Committee on Supervision (2001)* und *(2001b)*, BIZ *(2002)* sowie *Handelsblatt (2002)*, *FTD (2002)* und *Everling Internet Newsletter (2002)*.

So sollen (bei Anwendung eines IRB-Ansatzes) Unternehmen mit einem Jahresumsatz von weniger als EUR 50 Mio. einen (von der Größe des Unternehmens abhängigen) Risikoabschlag von bis zu 20 % gegenüber größeren Unternehmen erhalten. Im Durchschnitt wird dadurch mit einer Reduzierung der Eigenkapitalanforderung für solche Engagements von etwa 10 % gerechnet.

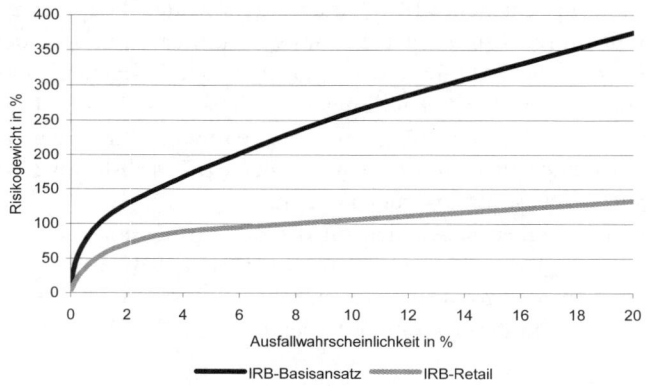

Abbildung 5: Risikogewicht in Abhängigkeit der Ausfallwahrscheinlichkeit im IRB-Basisansatz und im Privatkundengeschäft (IRB-Retail)[14]

Darüber hinaus sollen Firmenkundenkredite bis zu einer Gesamthöhe von EUR 1 Mio. zusammen mit Krediten an Privatpersonen in einem so genannten Retail-Portfolio (Privatkunden-Portfolio) zusammengefasst werden können.[15] Wie Abbildung 5

---

[14] Die Berechnungen basieren auf der „November-Formel" mit LGD = 50 %, vgl. *Basel Committee on Supervision (2001c)*. Nicht berücksichtigt sind die in *BIZ (2002)* formulierten Anpassungen, die noch nicht endgültig sind bzw. auf der Basis der bis jetzt vorliegenden Informationen nicht zweifelsfrei berechnet werden können.

[15] Nach Ansicht von *Franz-Christoph Zeitler*, Mitglied des Vorstands der Deutschen Bundesbank, steht der Klassifizierung solcher Kredite als Retailkredit nichts entgegen, wenn der Kredit nicht mehr als 0,2 % des gesamten Retail-Portfolios ausmacht. Vgl. *Everling Internet Newsletter (2002)*.

zu entnehmen ist, sind die Risikogewichte und damit die Eigen-kapitalanforderungen in Abhängigkeit von der Ausfallwahr-scheinlichkeit für Kredite an (größere) Unternehmen (gemäß dem IRB-Basisansatz) deutlich höher als die korrespondierenden Werte bei diesem IRB-Retail-Ansatz. Damit kann aus heutiger Sicht ein Großteil der deutschen Unternehmen von den damit verbundenen günstigeren Konditionen profitieren, wenngleich die endgültige Festlegung der in Abbildung 5 gezeigten Kurven noch aussteht. Diese wird erst mit der Veröffentlichung des dritten Konsultationspapiers im Juni 2003 erwartet.

Die ursprünglichen Vorschläge des Basler Ausschusses sahen (bei Anwendung des fortgeschrittenen IRB-Ansatzes bzw. bei ausdrücklicher Berücksichtigung der Restlaufzeit im IRB-Basis-ansatz) vor, länger laufende Kredite mit deutlich höheren Eigen-kapitalsätzen zu unterlegen. Angesichts der unterschiedlichen Charakteristika der einzelnen Märkte – gedacht sei hier bei-spielsweise an die Langfristkreditkultur in Deutschland – soll den nationalen Aufsichtsbehörden nun überdies das Wahlrecht eingeräumt werden, bei Krediten an Unternehmen mit einem Umsatz sowie einer Bilanzsumme von bis zu EUR 500 Mio. von einer Berücksichtigung der Restlaufzeit abzusehen. In diesen Fällen wird nach dem aktuellen Diskussionsstand von einer durchschnittlichen Restlaufzeit von 2,5 Jahren ausgegangen (die ursprünglichen Formeln zur Bestimmung der Höhe der Eigenka-pitalunterlegungen hatten eine Restlaufzeit von drei Jahren an-genommen). Die deutsche Aufsichtsbehörde (BAFin) beabsich-tigt, von diesem Wahlrecht Gebrauch zu machen.[16]

---

[16] „Deutschland werde von dieser Möglichkeit [des nationalen Wahlrechts] nach In-Kraft-Treten von Basel II Ende 2006 Gebrauch machen, um kräftige Zinsaufschläge für langfristige Finanzierungen zu vermeiden, kündigte Sanio [Präsident der BAFin] an." *Handelsblatt (2002).*

C Internes Rating

Bankinterne Verfahren zur Kreditwürdigkeitsprüfung gibt es schon lange. Sie werden vielfach heute bereits z. B.

- zum Pricing, d. h. zur Bestimmung risikoabhängiger Zinskonditionen,
- zur risikoadäquaten Kreditsachbearbeitung oder
- zum Kreditportfoliomanagement

genutzt. Neu ist durch den Vorstoß des Basler Ausschusses, dass die Eigenkapitalunterlegung für Kreditrisiken zukünftig auf interne (oder externe) Rating-Urteile bzw. die mit ihnen verbundenen einjährigen Ausfallwahrscheinlichkeiten abgestellt werden muss. Zudem müssen die Verfahren aufsichtsrechtlich anerkannt werden, wenn sie zur Bestimmung der Höhe dieser Eigenkapitalunterlegung herangezogen werden sollen. Dadurch bedingt werden vereinzelt momentan noch bzw. wurden in der jüngsten Vergangenheit innerhalb vieler Banken neue Ansätze zur Bonitätsbeurteilung entwickelt, die die traditionellen Verfahren zur Kreditwürdigkeitsprüfung zukünftig ablösen werden bzw. diese bereits abgelöst haben.

1 Der Rating-Prozess aus Sicht des Unternehmens

Wie sieht ein Rating-Prozess in der Praxis aus? Diese Frage kann nicht pauschal für alle Banken beantwortet werden, zumal sich die Rating-Verfahren und die mit ihnen verbundenen Prozesse z. T. noch in der (Weiter-)Entwicklung befinden. Dennoch kann der in Abbildung 6 dargestellte schematische Ablauf als ein „idealtypischer" Rating-Prozess angesehen werden.

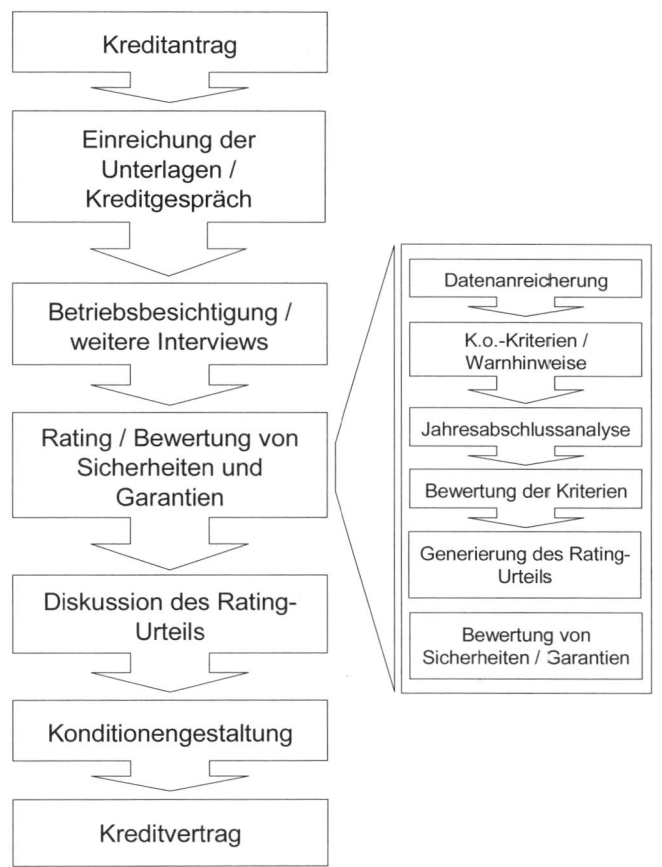

**Abbildung 6: Der interne Rating-Prozess aus Sicht
des Unternehmens**

1.1 Kreditantrag

Der Anstoß zu einem bankinternen Rating-Prozess und einer (ersten) intensiven Beschäftigung mit diesem Prozess durch den Un-

ternehmer erfolgt i. d. R. beim Stellen eines Kreditantrags, welcher meistens zu einer Reihe von Terminen innerhalb der den Kredit potenziell gewährenden Bank führt. Dieser erste Termin bei der Bank sollte rein informativer und organisatorischer Natur sein. So sollten Zeitpunkt, Zeitrahmen und Teilnehmer beider Seiten für ein ausführliches Kreditgespräch vereinbart werden. Darüber hinaus sollte genau geklärt werden, welche Unterlagen die Bank in welcher Form vom Unternehmer erwartet. Allgemeine Informationen über das Rating-Verfahren der Bank sollten nach Möglichkeit seitens des Antragsstellers bereits *vor* einem Kreditantrag eingeholt worden sein (vgl. Kapitel F, Abschnitt 1).

1.2   Einreichung der Unterlagen und Kreditgespräch

Die Bank kann die einzelnen Rating-Kriterien nur anhand der Informationen beurteilen, die ihr vorliegen. Den entscheidenden Beitrag hierzu muss der Unternehmer selbst leisten. Dazu dienen vor allem die eingereichten Unterlagen über das Unternehmen und das Kreditgespräch.

Die schriftlichen **Unterlagen über das Unternehmen**, die der Bank zur Verfügung gestellt werden, sollten mit großer Sorgfalt vorbereitet werden. Sie müssen **vollständig**, **nachvollziehbar**, **wahrheitsgemäß** und **aktuell** sein und das Unternehmen weder in einem überschwänglich guten noch in einem zu pessimistischen Licht darstellen.

Unverzichtbar für die Bewertung der Bonität eines Unternehmens sind die (testierten) **Jahresabschlüsse** der letzten drei bis fünf Jahre sowie eine aktuelle **Betriebswirtschaftliche Auswertung** (BWA). Darüber hinaus werden von nahezu allen Banken ein Strategiepapier sowie Angaben zu den **Planungen** der nächsten zwei bis drei Jahre erwartet. Dazu gehören auch ein detaillierter Liquiditäts- und Finanzplan, ein Investitionsplan sowie ein Umsatz- und Kostenplan. Von steigender Bedeutung sind darüber hinaus **persönliche Angaben** zum Unternehmer bzw. zu den Geschäftsleitungs- und/oder Organmitgliedern.

Eine Zusammenstellung weiterer Unterlagen, die nur von einzelnen Banken oder im Fall bestimmter Engagements vorgelegt werden müssen, enthält Tabelle 4. In Kapitel F, Abschnitt 2 werden die wichtigsten Unterlagen näher erläutert.

	grundsätzlich	ergänzend
Strategiepapier	x	
Jahresabschlüsse der letzten zwei bis drei Jahre	x	
Betriebswirtschaftliche Auswertung (BWA)	x	
Planungen für die nächsten zwei bis drei Jahre	x	
Liquiditäts-/Finanzplan	x	
Investitionsplan	x	
Umsatz-/Kostenplan	x	
persönliche Angaben zum Unternehmer/zu den Geschäftsleitungs- und/oder Organmitgliedern	x	
Unternehmensbeschreibung		x
Handelsregisterauszug		x
Businessplan		x
Darstellung der Unternehmensorganisation		x
detaillierte Angaben zu den einzelnen Geschäftsbereichen		x
aktuelle Summen- und Saldenliste		x
aktuelle Forderungsaufstellung		x
aktuelle Verbindlichkeiten		x
Beteiligungen		x
Ehevertrag		x
Angaben zu Patenten/Patenturkunden		x
Darstellung des Produktangebots/der Dienstleistungen		x
Kopien von Versicherungspolicen		x

Tabelle 4: Unterlagen, die der Bank vorgelegt werden müssen

Innerhalb des **Kreditgesprächs**, für das ausreichend Zeit eingeplant werden sollte, wird der Unternehmer vonseiten der Bank oft mit einer scheinbaren Flut von Fragen konfrontiert. Darüber hinaus ist die Bedeutung einzelner Fragen für das Rating nicht immer unmittelbar erkennbar. Hier gilt es, der Bank Vertrauen und Verständnis für den Prozess des Ratings entgegenzubringen. Zu bedenken ist darüber hinaus, dass auch die Bank an einem straffen und effizienten Rating-Prozess interessiert ist, d. h. Fragen zielorientiert stellt, die kompetent beantwortet werden sollten.

> **Das Kreditgespräch ist nicht als Prüfung zu verstehen. Es ist im Interesse des Unternehmers, sein Unternehmen umfassend und nachvollziehbar darzustellen.**

Während des gesamten Rating-Prozesses – vom Kreditantrag bis hin zum Kreditvertrag – darf eines nicht vergessen werden: Liegen der Bank zu einem Aspekt keine Informationen vor oder hat sie den begründeten Verdacht, dass die gemachten Angaben unvollständig oder nicht wahrheitsgemäß sind, so wird sie einzelne Kriterien negativ bewerten, was z. T. deutliche Auswirkungen auf das abschließende Rating-Urteil haben kann. Dieses Vorgehen ist keine „Willkür" der Bank, sondern eine Vorgabe des Basler Ausschusses.

> **Offenheit und Gesprächsbereitschaft sind entscheidend. Alle Unterlagen sollten zeitnah eingereicht werden. Nicht die Bank ist für das Rating verantwortlich, sondern der Unternehmer!**

Wichtig
- Eine sorgfältige Vorbereitung auf das Kreditgespräch ist unabdingbar.
- Unterlagen über das Unternehmen sollten nach Möglichkeit bereits vor dem eigentlichen Gesprächstermin eingereicht werden. So können sich auch die Gesprächspartner bei der Bank optimal vorbereiten.
- Es muss sichergestellt sein, dass seitens der Bank die Entscheidungsträger (z. B. Zweigstellenleiter oder Filialdirektor) an dem Gespräch teilnehmen.
- Die Verhandlungspartner bei der Bank können nur dann von den Konzepten des Unternehmens überzeugt werden, wenn der Unternehmer es selbst ist.
- Der Unternehmer sollte sich gegebenenfalls von seinem Steuerberater, dem Leiter des Rechnungswesens und/oder Controllings bzw. einem anderen geeigneten leitenden Mitarbeiter begleiten lassen. Dies demonstriert Kooperationsbereitschaft. Überdies können wichtige Fragen gleich im Kreditgespräch ge-

klärt werden. Mögliche Begleiter sollten vor dem Gesprächstermin stets angekündigt werden.

- Es schafft Vertrauen, Probleme offen anzusprechen.
- Die wichtigsten Ergebnisse des Gesprächs sollten schriftlich
  festgehalten werden. Dies hilft, offene Punkte zu klären und
  sich optimal auf das nächste Kreditgespräch vorzubereiten.

Im Rahmen des Kreditgesprächs werden darüber hinaus die vom
Unternehmen gestellten **Sicherheiten** sowie mögliche **Garantien
Dritter** besprochen. Die hierzu benötigten Unterlagen hängen von
der jeweiligen Sicherheitenart bzw. dem Garantiegeber ab. Die in-
stitutsspezifischen Anforderungen diesbezüglich sollten im Einzelnen mit der Bank geklärt werden.

1.3 Betriebsbesichtigung und weitere Interviews

Eine Betriebsbesichtigung gehört (zumindest heute noch) nicht zum
Standard im Rahmen eines Kreditvergabeprozesses. Ein solcher Ter-
min kann jedoch für beide Seiten von Vorteil sein.
Die Bank hat dabei die Möglichkeit, die in den eingereichten Unterlagen gemachten Angaben in der **Realität** bestätigt zu finden sowie
Interviews mit verantwortlichen Mitarbeitern der verschiedenen
Bereiche zu führen. Dazu zählen etwa die zweite Führungsebene
oder die Leiter des Rechnungswesens, des Controllings, der Produktion oder des Vertriebs.
Für das Unternehmen bietet eine Betriebsbesichtigung durch die
Bank eine hervorragende Möglichkeit, sich **positiv darzustellen** und
als **Einheit zu präsentieren.** Auch die Notwendigkeit neuer Investitionen, für die etwa ein Kredit in Anspruch genommen werden soll,
lässt sich im Betrieb selbst am besten demonstrieren. Hat bereits vor
einem oder mehreren Jahren ein vergleichbarer Termin stattgefun-
den, so können sich die Mitarbeiter der Bank von den durch frühere
Fremdfinanzierungen erzielten Fortschritten überzeugen. Durch eine Betriebsbesichtigung kann darüber hinaus der Rating-Prozess be-
schleunigt werden, weil sich vor Ort viele Fragen am besten und
schnellsten klären lassen.

Wichtig

- Im Vorfeld sollte genau überlegt werden, was den Bankmitarbeitern in welcher Reihenfolge gezeigt wird. Dabei darf ein angemessener zeitlicher Rahmen nicht vergessen werden. Mögliche Stationen einer Betriebsbesichtigung können z. B. sein:
  - Produktpalette
  - Produktionsanlagen
  - Lagerhaltung
  - Abteilung Kundenbetreuung
  - Entwicklungsabteilung
  - das interne Informationssystem
  - vorhandene Umweltschutzmaßnahmen
- Das Unternehmen muss auch auf mögliche von den Bankmitarbeitern erbetene Stationen vorbereitet sein, die nicht auf der geplanten „Unternehmenstour" liegen. Nach Möglichkeit sollten die Vorstellungen der Bank im Vorfeld, etwa im Rahmen des Kreditgesprächs, geklärt werden.
- Es muss sichergestellt sein, dass alle verantwortlichen Mitarbeiter des Rechnungswesens, des Controllings, der Produktion etc. zum Besichtigungstermin im Unternehmen sind und auch für Fragen zur Verfügung stehen.
- Die Bank sollte nach Abschluss eines durch sie finanzierten Projekts zu einer erneuten Betriebsbesichtigung eingeladen werden. Dies kann die Bank im Hinblick auf neue Kreditanfragen davon überzeugen, dass im Unternehmen Fremdkapital nur in wirtschaftlich sinnvolle Kanäle gelenkt wird.

1.4 Rating und Bewertung der Sicherheiten/ Garantien

Die Generierung des Rating-Urteils gliedert sich in mehrere Verfahrensschritte, die in diesem Abschnitt – in Form eines idealtypischen Beispiels – im Einzelnen beschrieben werden. Gleichzeitig (oder im Anschluss) werden die gestellten Sicherheiten auf ihre Werthaltigkeit hin überprüft. An diesem Teil des Rating-Prozesses ist das Unternehmen – von eventuellen Nachfragen seitens der Bank abgesehen – nicht beteiligt. Die Ergebnisse dieses Prozessschrittes werden jedoch in einer nachfolgenden Diskussion mitgeteilt und erläutert (vgl. Abschnitt 1.6).

1.4.1 Datenanreicherung

Nach der Datenerfassung anhand der eingereichten Unterlagen, des Kreditgesprächs und der Betriebsbesichtigung reichert eine Bank die gewonnenen Daten i. d. R. mit weiteren Informationen an, um eine möglichst objektive und marktneutrale Bewertung des Unternehmens gewährleisten zu können. In Abhängigkeit vom Engagement werden dazu **interne und externe Quellen** herangezogen, die Informationen zur Branche, zum Unternehmen oder zu den Personen der Geschäftsführung enthalten.

Die wichtigsten externen Quellen sind neben Informationen aus der (lokalen) **Presse** die Auskünfte der **SCHUFA-Organisation**, der **Feri Research**, des **Verein Creditreform** und der **Bürgel Wirtschaftsinformationen**. Nähere Informationen zu diesen Auskunftsstellen enthält der Exkurs in Abschnitt 2 in diesem Kapitel (vgl. auch Kapitel G, Abschnitt 2.4.2).

Typische externe Informationsquellen
- **Auskunft des Vereins Creditreform**
- **Bürgel Wirtschaftsinformationen**
- **Branchenprognosen von Feri Research**
- **SCHUFA-Auskunft**
- **Informationen aus der Presse**
- **externe Rating-Agenturen**
- **Informationen der örtlichen Industrie- und Handelskammern**
- **Veröffentlichungen von technischen und wissenschaftlichen Instituten**

Zu den am häufigsten intern gewonnenen und berücksichtigten Informationen zählen die **Kontodaten**. Anhand der Kontobewegungen sind Zahlungsschwierigkeiten eines Unternehmens oft bereits erkennbar, wenn dem Jahresabschluss noch keine Auffälligkeiten zu entnehmen sind. Darüber hinaus werden **Erfahrungen aus früheren Geschäftsverbindungen** gesammelt und bewertet.

Einige der Großbanken (Dresdner Bank AG, UBS AG, ...) nutzen als weitere Informationsquelle ihre **eigenen Branchenstudien**, deren Angaben meist jedoch eher deskriptiver Natur sind. Eine Verdichtung der Informationen zu einem Branchenrating, wie sie etwa von Feri Research (vgl. Abschnitt 2.1) durchgeführt wird, erfolgt nicht.

Typische interne Informationsquellen
- **Kontodatenanalyse**
- **allgemeines Zahlungsverhalten**
- **sonstige Erfahrungen aus früheren Geschäftsverbindungen**
- **eigene Branchenstudien**

1.4.2   K.o.–Kriterien und Warnhinweise

Das Ziel eines Rating-Verfahrens ist es, die Bonität eines Unternehmens anhand einer *Vielzahl* geeigneter Kriterien und den zwischen diesen bestehenden kausalen Wechselwirkungen zu beurteilen. Nach einer umfassenden Datenerfassung und vor der eigentlichen Bewertung werden i. d. R. jedoch zunächst so genannte K.o.-Kriterien und Warnhinweise überprüft.

Falls **K.o.-Kriterien** vorliegen, führen diese – noch *vor* Aufnahme des originären Rating-Prozesses – zur Einordnung des Unternehmens in die schlechteste Rating-Klasse und damit zur **Ablehnung des Kreditantrags**. So wird es in den Jahren nach einer Kreditkündigung oder einer Kontopfändung i. d. R. bei keiner Bank zu einer Kreditgenehmigung kommen. Andere K.o.-Kriterien variieren dagegen von Bank zu Bank.

Typische K.o.-Kriterien
- **Kreditkündigung (bei einer anderen Bank)**
- **Kontopfändung**
- **lange, unvereinbarte Überziehungen in der Vergangenheit**
- **sonstige (negative) eigene Erfahrungen**
- **negative SCHUFA-Auskunft des (Einzel-)Unternehmers**

Warnhinweise werden als so bedeutend eingestuft, dass ihr Auftreten allein das Rating-Urteil deutlich negativ beeinflussen kann. Sie führen damit i. d. R. zu einer Anhebung des Kreditzinses. So lassen etwa längere, unvereinbarte Überziehungen oder Verzögerungen im Zahlungsverhalten in der Vergangenheit eine pünktliche und vollständige Begleichung der Zins- und Tilgungsverpflichtungen in der

Zukunft fraglich erscheinen. Mögliche Reaktionen auf Warnhinweise, wie sie etwa im Rahmen des Rating-Verfahrens des DSGV (vgl.
Kapitel D, Abschnitt 8) eingesetzt werden, sind die Abstufung um
eine feste Anzahl von Rating-Klassen oder die Festlegung einer ma-
ximal zulässigen Rating-Klasse.

Typische Warnhinweise
- **längere, unvereinbarte Überziehungen in der Vergangenheit**
- **Verzögerungen im Zahlungsverhalten**
- **Rücklastschriften und Scheckrückgaben**
- **schlechte Unternehmensentwicklung seit der letzten Bilanz**
- **unzureichende Liquidität**
- **unzureichende Zuverlässigkeit, Vertrags- oder Termintreue**
- **unzureichendes Informationsverhalten**
- **kein aussagekräftiger Liquiditäts-, Finanz- und Investitionsplan**

Die Trennung zwischen K.o.-Kriterien und Warnhinweisen kann
nicht für alle Banken einheitlich nachvollzogen werden. Ein Kriterium, das bei der einen Bank nur zu einer Abstufung des Ratings
führt, kann bei einer anderen Bank bereits die Ablehnung des Kreditantrags nach sich ziehen.

1.4.3 Jahresabschlussanalyse

Die Erstellung einer Jahresabschlussanalyse stellt im Kreditgeschäft
der Banken ein wesentliches Instrument zur Bonitätsbeurteilung
eines Kreditnehmers dar. Damit genügen die Banken insbesondere
§ 18 KWG, nach dem bereits heute Kredite in einer Höhe von mehr
als EUR 250.000 nur gewährt werden dürfen, wenn sich das Kreditinstitut von dem Kreditnehmer die wirtschaftlichen Verhältnisse
offen legen lässt. Dies hat laut KWG insbesondere durch Vorlage der
Jahresabschlüsse zu geschehen (vgl. Kapitel F, Abschnitt 2.1).
Ziel einer Jahresabschlussanalyse ist es, die Grundlage für die Bewertung der Vermögens-, Finanz- und Ertragslage im Rahmen des
Rating-Prozesses zu schaffen. Es sind hierzu in der Vergangenheit
eine Reihe von Kennzahlen entwickelt worden, um die betrieblichen
Vorgänge, die sich im Jahresabschluss widerspiegeln, beurteilen zu

können. Dabei finden Gliederungszahlen (z. B. die Eigenkapitalquote), Indexzahlen (z. B. das Umsatzwachstum) und Beziehungszahlen (z. B. die Anlagendeckung in Prozent) Verwendung, die – vorausgesetzt, sie stellen wichtige Einflussgrößen zur Beurteilung der Bonität eines Unternehmens dar – als quantitative Kriterien in das Rating-Verfahren aufgenommen werden.

Die Jahreabschlussanalyse unterscheidet sich i. d. R. zwischen den Banken kaum, weshalb folgender schematischer Aufbau (vgl. Abbildung 7) skizziert werden kann.

Jahresabschlussanalyse

Datenbasis	Aufbereitung	Auswertung
Unternehmensinterne Unterlagen - Bilanz / GuV (der letzten drei bis fünf Jahre) - Anhang - Lagebericht	**Standardisierte Bewertungsgrundlage** - Strukturbilanz - Struktur-GuV - (Branchen-)Vergleichszahlen	**Kennzahlen** - Vermögenslage - Finanzlage - Ertragslage

Abbildung 7: Struktur der Jahresabschlussanalyse

- *Datenbasis*: Die Datenbasis einer Jahresabschlussanalyse bilden die vom Unternehmen bereitgestellten Unterlagen. Grundsätzlich benötigt werden die Bilanzen sowie GuVs der letzten drei bis fünf Jahre. Um eine detaillierte Analyse durchführen zu können, müssen darüber hinaus die Anhänge sowie die Lageberichte zur Verfügung stehen.

- *Aufbereitung*: Die Aufbereitung der unternehmensinternen Daten ist ein sehr wichtiger Schritt zur Vorbereitung einer Jahresabschlussanalyse und muss mit großer Sorgfalt vorgenommen werden, da nur so die Zuverlässigkeit und die Wirklichkeitstreue der Analyseergebnisse garantiert werden können. Im Zuge der Aufbereitung erstellen Banken häufig eine **Strukturbilanz** und eine **Struktur-GuV**, in denen alle relevanten Größen in standardisierter Form dargestellt werden, um für alle Unternehmen eine einheitliche Bewertungsgrundlage zu haben.[17] Darüber hinaus werden aus den im Rahmen des Prozessschritts „Datenanreicherung" gewonnenen Informationen (Branchen-)**Vergleichszahlen** abgeleitet.

• *Auswertung:* Die in der aufgestellten Strukturbilanz und Struktur-GuV enthaltenen Informationen über das Unternehmen werden nun in Form verschiedener **Kennzahlen** zur Vermögens-, Finanz- und Ertragslage verdichtet. Mit Hilfe dieser ist es im anschließenden Prozessschritt „Bewertung der Kriterien" (vgl. Abschnitt 1.4.4.) möglich, die finanzielle Situation des Unternehmens sowohl im Zeitverlauf der letzten drei bis fünf Jahre als auch im Vergleich zu (branchenüblichen) Durchschnittszahlen zu beurteilen.

Die Jahresabschlussanalyse ist der objektivste Bestandteil eines Rating-Prozesses, da die Eingangsinformationen vorwiegend aus den (testierten) Jahresabschlüssen des Unternehmens stammen und die Auswertung zum großen Teil maschinell vorgenommen wird. Damit ist i. d. R. eine Rekonstruktion der Ergebnisse jederzeit möglich.

Hinweis

Internationale Rechnungslegungsstandards

Nach geltendem Recht müssen in Deutschland Kaufleute im Sinne der §§ 1 und 2 HGB einen Jahresabschluss nach den Vorschriften des HGB aufstellen. Doch internationale Rechnungslegungsstandards gewinnen zunehmend an Bedeutung. So braucht ein Mutterunternehmen, das einen organisierten Markt durch von ihm oder einem seiner Tochterunternehmen ausgegebene Wertpapiere in Anspruch nimmt, einen Konzernabschluss und einen Konzernlagebericht nach den Vorschriften des HGB nicht aufzustellen, wenn diese nach international anerkannten

---

[17] Beispiele zur Aufbereitung der Jahresabschlüsse in den verschiedenen Banken finden sich z. B. in *Meyer, C. (2000).*

Rechnungslegungsgrundsätzen – dazu zählen insbesondere IAS und US-GAAP – aufgestellt worden sind.[18]

Nach der EU-Verordnung zur IAS-Bilanzierung[19] haben alle kapitalmarktorientierten Unternehmen für Geschäftsjahre, die ab dem 01.01.2005 beginnen, Konzernabschlüsse nach IAS aufzustellen. Es bleibt den Mitgliedsstaaten überlassen, die Anwendung der IAS für nicht Kapitalmarkt orientierte Unternehmen zu gestatten bzw. vorzuschreiben.[20]

Die Banken müssen und werden ihre Ansätze zur Jahresabschlussanalyse an diese neuen Regelungen anpassen. Unternehmen, die zwischen verschiedenen Rechnungslegungsstandards zur Aufstellung ihres Jahresabschlusses wählen können, sollten ihre Entscheidung auch vor dem Hintergrund der anstehenden Rating-Prozesse treffen.

1.4.4   Bewertung der Kriterien

Nach Abschluss der Datenerfassung (eingereichte Unterlagen, Kreditgespräch, Betriebsbesichtigung), der Anreicherung der Informationen durch interne und externe Quellen sowie der Aufbereitung der vorgelegten Jahresabschlüsse und Planzahlen im Rahmen der Jahresabschlussanalyse erfolgt die zusammenfassende **Bewertung aller Kriterien**, die schließlich das Rating-Ergebnis determinieren. Diese Phase des Rating-Prozesses ist aus Sicht des Kreditnehmers die entscheidende, da hier der Kreditsachbearbeiter maßgeblichen Einfluss auf das Rating-Urteil ausüben kann.

Die Beurteilung der quantitativen Kriterien erfolgt i. d. R. **relativ zu Durchschnittswerten**, die – je nach Bank – für die Gesamtwirtschaft, die relevante Branche oder eine genau definierte Gruppe von Referenzunternehmen ermittelt werden. Qualitative (und z. T. bzw. ergänzend auch quantitative) Kriterien werden meist anhand eines **Fragebogens** bewertet, der den Firmenkundenberatern zur Feststellung der Bonität eines Unternehmens zur Verfügung steht. Diese

---

[18] Vgl. § 292a HGB. Die Vorschrift bezieht sich auf einen organisierten Markt im Sinne des § 2 Abs. 5 des Wertpapierhandelsgesetzes sowie ausgegebene Wertpapiere im Sinne des § 2 Abs. 1 Satz 1 des Wertpapierhandelsgesetzes.

[19] EG-Abl. L 243 v. 11.09.2002, S. 1.

[20] Vgl. *Grünberger, D./Grünberger, H. (2002).*

Leitfäden enthalten zumeist Fragestellungen, die bei der Bewertung der qualitativen Kriterien mit einzubeziehen sind. Darin wird z. T. vorgegeben, ob und wie etwa die Unternehmensgröße oder die Branche bei der Urteilsfindung zu berücksichtigen sind.

Die im Einzelnen von den Banken herangezogenen Kriterien lassen sich in die vier Gruppen

1. Kennzahlen aus der Jahresabschlussanalyse (Tabelle 5),
2. Beurteilung der Managementqualität (Tabelle 6),
3. Qualitative Unternehmensbewertung (Tabelle 7) und
4. Marktbeurteilung (Tabelle 8)

einteilen. Einige Rating-Kriterien – etwa die Eigenkapitalquote oder die Qualität des Rechnungswesens – kommen in nahezu allen Rating-Verfahren der Banken zum Einsatz und sind in den nachfolgenden Tabellen hervorgehoben. Diese Zusammenstellungen potenzieller Rating-Kriterien können auch für einen Vergleich der Rating-Verfahren verschiedener Banken untereinander und damit eine optimale Vorbereitung auf einen Rating-Prozess bei einer Bank herangezogen werden (vgl. Kapitel F, Abschnitt 1 „Wahl der ‚richtigen' Bank").

I. Kennzahlen aus der Jahresabschlussanalyse

Anhand verschiedener Kennzahlen aus der Jahresabschlussanalyse werden die **Vermögens-, Finanz- und Ertragslage** eines Unternehmens bewertet. In den Ansätzen zur Bonitätsbeurteilung vieler Banken werden hierzu die Durchschnittswerte der relevanten Branche (oder gar Teilbranche) herangezogen. Z. T. erfolgt die Wahl der im Einzelnen betrachteten Kriterien in Abhängigkeit von verschiedenen Sektoren (Dienstleistung, Handel, Produktion u. a.).

Vermögenslage	Ertragslage
▪ Eigenkapitalquote	▪ Jahresüberschuss
▪ Verschuldungsgrad	▪ **Eigenkapitalrentabilität**
▪ Anlagendeckungsgrad	▪ **Umsatzrendite**
▪ Selbstfinanzierungsgrad	▪ **Gesamtkapitalrentabilität**
▪ Rücklagenanteil	▪ Personalaufwandsquote
Finanzlage	▪ Zinsdeckung
▪ **Cashflow-Rate**	
▪ **Liquidität**	
▪ Schuldentilgungsdauer	
▪ Debitoren-/Kreditorenlaufzeit	

Tabelle 5: Kennzahlen aus der Jahresabschlussanalyse

II. Beurteilung der Managementqualität

Die zweite Gruppe „Beurteilung der Managementqualität" befasst sich mit der **Qualität der ersten und zweiten Managementebene**, analysiert die **Führungsstruktur** und bewertet die **Kommunikation und Transparenz** des Unternehmens mit der Bank. Die Beurteilung dieser Kriterien erfolgt oft unter Berücksichtigung der Unternehmensgröße.

Fachliche und persönliche Qualifikation	Nachfolgeproblematik
▪ Branchenerfahrung der Geschäftsführung	▪ **Nachfolgeregelung**
▪ **kaufmännische und technische Qualifikation des Geschäftsführers/ Unternehmers/Managements**	▪ Alter des Unternehmers/der Geschäftsleitung und/oder der Organmitglieder
▪ **Führungsstruktur**	▪ persönliche Angaben
▪ Entscheidungskompetenz	**Kommunikation Unternehmen/Kreditinstitut**
▪ Besetzung/Qualifikation der 2. Führungsebene	▪ Dauer der Kundenbeziehung
▪ Erfahrung, Führungsqualität und Steuerung	▪ Hausbankbeziehung
▪ Zuverlässigkeit	▪ Informationsverhalten/Transparenz
▪ SCHUFA-Auskunft (von den Geschäftsleitungs- und/oder Organmitgliedern)	▪ Zahlungsmoral des Antragstellers
	▪ **Kontoführung und -entwicklung/ Kontodatenanalyse**
	▪ Kapitaldienstfähigkeit

Tabelle 6: Kriterien zur Beurteilung der Managementqualität

III. Qualitative Unternehmensbewertung

Mittels der Merkmale der dritten Gruppe „Qualitative Unternehmensbewertung" wird das Unternehmen ergänzend zu den bereits unter „I. Kennzahlen aus der Jahresabschlussanalyse" diskutierten quantitativen Merkmalen auf **qualitativer Ebene** analysiert. Dabei wird der Fokus insbesondere auf die **Unternehmensorganisation und -entwicklung** gelegt. Allgemeine Merkmale wie die Rechtsform finden dagegen zumeist wenig Berücksichtigung. Wie im Bereich „Beurteilung der Managementqualität" kann auch hier die Unternehmensgröße die Beurteilung maßgeblich beeinflussen.

Unternehmensorganisation	Unternehmensentwicklung
▓ **Qualität des Rechnungswesens**	▓ aktuelle Geschäftsentwicklung/BWA (auch im Branchenvergleich)
▓ **Qualität des Controllings**	
▓ Qualität der Informationen/Transparenz	▓ Trend der Unternehmensentwicklung der letzten drei bis fünf Jahre
▓ Effizienz der Produktion	▓ Auftragseingänge/Auftragsentwicklung
	▓ Ausnutzung/Auslastung
Allgemeines	▓ Strategien und Konzepte
▓ Rechtsform	▓ **Planungs- und Prognosestabilität**
▓ Alter des Unternehmens	▓ Forschung und Entwicklung/Produktinnovation

Tabelle 7: Kriterien zur Beurteilung des Unternehmens

IV. Marktbeurteilung

Um den Überblick über ein Unternehmen zu komplettieren, wird zusätzlich zu der Unternehmenssituation im vierten Segment der Markt beurteilt. Dabei fließen die Beurteilung der **Produkte bzw. Dienstleistungen**, der **Konkurrenz**, der **Abnehmer und Lieferanten** und der **Risiken** mit in das Bewertungsschema ein. Diese Perspektiven zur Beurteilung des Unternehmens im Markt entsprechen im Wesentlichen dem Modell der Wettbewerbskräfte von *Michael E. Porter* (vgl. Hinweis).

Produkt und Dienstleistung	Konkurrenz/Markt
▥ **Produktqualität**	▥ **Konkurrenzsituation (national und international)**
▥ **Produktlebenszyklus**	
▥ Dienstleistungs- und Servicequalität	▥ Konjunkturabhängigkeit und Saison- abhängigkeit
▥ Konkurrenzfähigkeit der Produkte/der Dienstleistungen	
▥ Produktionsanlagen/-abläufe	▥ Branchen- und Marktentwicklung
▥ Preis-Leistungs-Verhältnis	▥ **Marktstellung/Marktanteil**
▥ Substitutionsgefahr	▥ Marktbarrieren
▥ Deckungsbeiträge der einzelnen Pro- dukte	▥ Preisentwicklung der Branche
	▥ **Vertriebskonzept und -organisation**
▥ Sortiment	▥ Aussichten der Branche (kurz-, mittel- und langfristig)
▥ Umweltaspekte	
	▥ Kapitalauslastung
Abnehmer und Lieferanten	**Risiken**
▥ **Abnehmerabhängigkeit**	▥ Export-/Importrisiken
▥ **Lieferantenabhängigkeit**	▥ Wechselkursrisiken
▥ Bonität der Abnehmer	▥ Umwelt-, Haftungs-, Konzern-, Inves- titionsrisiken
▥ Bonität der Lieferanten	
▥ Abhängigkeiten von anderen Branchen	

Tabelle 8: Kriterien zur Marktbeurteilung

Hinweis

Modell der Wettbewerbskräfte von Michael E. Porter

Das Modell der Wettbewerbskräfte von Michael E. Porter (vgl. Abbildung 8) beschreibt das Zusammenspiel der fünf Wettbewerbskräfte 1.) Kunden, 2.) Lieferanten, 3.) Substitutionsprodukte, 4.) neue Anbieter und 5.) Wettbewerb zwischen den derzeitigen (und den potenziellen neuen) Anbietern zur Erklärung des Begriffs „unternehmerischer Erfolg". Das Modell zeigt, „dass der Unternehmenserfolg entscheidend von (exogenen) Marktcharakteristika – den so genannten Wettbewerbskräften – abhängt, die ein Unternehmen kaum beeinflussen kann. Selbst optimal geführte Unternehmen haben es unter ungünstigen Wettbewerbsbedingungen schwer, eine akzeptable Rentabilität zu erreichen."[21]

---

[21] Vgl. *Gleißner, W./Füser, K. (2002)*, S. 80.

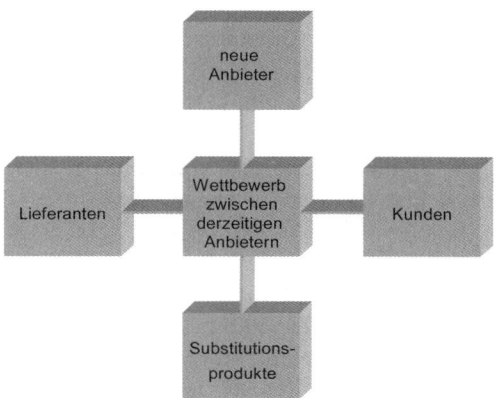

Abbildung 8: Modell der Wettbewerbskräfte gemäß *M. E. Porter*

Bei der Beurteilung der einzelnen Kriterien können (und sollten) u. a. die folgenden Aspekte berücksichtigt werden:

Sektoren (Dienstleistung, Handel, Produktion u. a.):
Die Unternehmensstruktur sowie die Bedeutung einzelner Positionen aus der Bilanz sowie der Gewinn- und Verlustrechnung differieren zwischen den verschiedenen Sektoren z. T. erheblich. So können bzw. sollten die Aufwendungen für Forschung und Entwicklung in einem Groß- oder Einzelhandelsunternehmen nicht im Rahmen einer Beurteilung der Bonität herangezogen werden. Der Aussagegehalt dieser Größe ist bei Handelsunternehmen im Vergleich zu Unternehmen der produzierenden Industrie gering. Von großer Bedeutung ist für diesen Sektor dagegen die Bewertung der Lagerhaltung/-organisation, die im Fall eines Dienstleistungsunternehmens dagegen i. d. R. keine Rolle spielt. Dieser Problematik wird in den Ansätzen einiger Banken dadurch Rechnung getragen, dass für jeden Sektor ein eigenes Rating-Verfahren entwickelt bzw. eingesetzt wird.

Branche/Teilbranche:
Die Berücksichtigung dieses Aspekts ist insbesondere für die Bewertung der Kennzahlen aus der Jahresabschlussanalyse von entschei-

dender Bedeutung, da diese i. d. R. relativ zu einem Durchschnittswert beurteilt werden. Einige Branchen weichen traditionsgemäß hinsichtlich einzelner Kennzahlen deutlich vom Durchschnitt der Gesamtwirtschaft ab. Zu nennen sind in diesem Zusammenhang die hohen Personalaufwandsquoten in innovativen und hochspezialisierten Branchen (z. B. im Maschinen- und Anlagenbau[22]) oder die niedrige Eigenkapitalausstattung des Baugewerbes.

Unternehmensgröße
Die Unternehmensgröße hat i. d. R. sowohl Einfluss auf die Bilanz und die Gewinn- und Verlustrechnung als auch auf die Unternehmensorganisation. Kleinere Unternehmen verfügen relativ zur Unternehmensgröße meist über weniger Eigenmittel bzw. (Fremd-) Finanzierungsmöglichkeiten als große Unternehmen oder gar Konzerne. Zudem sind manche wünschenswerte Unternehmensstrukturen oft erst ab einer bestimmten Unternehmensgröße strukturell umsetzbar.

Rechtsform
Auch die Rechtsform spielt im Rahmen der Beurteilung der Bonität eine Rolle, da über sie die Haftungsverhältnisse beschrieben werden. Während bei einer Personengesellschaft der Kreditnehmer i. d. R. selbst auch mit seinem Privatvermögen in die Haftung genommen wird, haben bei einer Kreditvergabe an eine Kapitalgesellschaft die privaten Vermögensverhältnisse der Vorstände keinen (signifikanten) Einfluss auf die Kreditentscheidung. Diesem Sachverhalt wird oftmals durch den Aufbau spezifischer Rating-Verfahren für einzelne Rechtsformen begegnet.

Darüber hinaus können auch weitere Aspekte, etwa das Unternehmensalter oder der Standort/der regionale Wirtschaftsraum, z. T. erhebliche Auswirkungen auf die quantitative und qualitative Situation eines Unternehmens haben.

---

[22] Vgl. *Füser, K./Heidusch, M. (2002)*, S. 114 f.

1.4.5 Generierung des Rating-Urteils

Nach der Bewertung der einzelnen Kriterien werden diese zum eigentlichen Rating-Urteil verdichtet. Dabei werden in den Banken unterschiedliche bzw. z. T. auch sehr heterogene Schwerpunkte gesetzt. Als Orientierung können die folgenden drei (Merkmals-)Gewichtungen von hypothetischen Modellbanken dienen (vgl. auch Abbildung 9). Für die Ansätze „realer" Banken vgl. Kapitel D.

		X–Bank	Y–Bank	Z–Bank
I.	Finanzielle Situation (aus Bilanz, GuV, BWA)	50 %	15 %	20 %
II.	Prognosen und Prognosestabilität	15 %	10 %	15 %
	Management und Strategie	5 %	25 %	10 %
	Kommunikation und Transparenz	5 %	5 %	5 %
III.	Unternehmensorganisation	5 %	15 %	10 %
	Rechnungswesen und Controlling	5 %	15 %	10 %
IV.	Produkte und Marktstellung	5 %	10 %	15 %
	Branche und Wettbewerbssituation	10 %	5 %	15 %

Abbildung 9: Gewichtung einzelner Kriterien(-gruppen) bei drei hypothetischen Modellbanken

X-Bank

Die X-Bank legt den Schwerpunkt bei der Bonitätsbeurteilung eines Unternehmens auf dessen **finanziellen Verhältnisse** und dabei insbesondere auf die Auswertung der vorgelegten Jahresabschlüsse sowie der Betriebswirtschaftlichen Auswertung. Qualitative Kriterien zu Management, Strategie oder Unternehmensorganisation spielen dagegen eine untergeordnete Rolle. Dadurch wird das Rating-Urteil maßgeblich durch objektive Faktoren determiniert und kann von Dritten leicht nachvollzogen werden. Ein Nachteil dieses Ansatzes liegt darin, dass er stark vergangenheitsorientiert ist, da die Jahresabschlüsse vorwiegend Auskunft über vorangegangene Jahre geben, und wichtige Zukunftspotenziale eines Unternehmens nur anhand von dessen Strategie und Organisation erkannt werden können.

Y-Bank

Der Schwerpunkt im Rating-Verfahren der Y-Bank liegt eindeutig auf den qualitativen Kriterien zur Beurteilung von **Management, Strategie, Unternehmensorganisation** sowie der **Qualität von Rechnungswesen und Controlling.** Die Beurteilung der finanziellen Situation des Unternehmens tritt dagegen deutlich in den Hintergrund. Dieser Ansatz verfolgt auch das Ziel, ein umfassendes Bild eines Unternehmens zu erfassen, ohne sich jedoch von bilanziellen Zahlen allzu sehr beeinflussen zu lassen. Damit ist jedoch eine starke subjektive Komponente verbunden, wodurch das Rating-Urteil oft nicht unmittelbar nachvollzogen und rekonstruiert werden kann.

Z-Bank

Eine dritte Möglichkeit, die durch die Z-Bank repräsentiert werden soll, besteht darin, ein großes Gewicht bei der Ableitung eines Bonitätsurteils darauf zu legen, **was das Unternehmen anbietet**, welcher **Branche** es angehört und wie seine **Produktpalette** ausgestaltet ist. Damit ist der Gedanke verbunden, dass der Markt in hohem Maße die Chancen eines Unternehmens determiniert. Durch diesen Ansatz wird zu einem relativ hohen Prozentsatz ein pauschales Urteil über alle Unternehmen einer Branche getroffen, von dem sich ein einzelnes Unternehmen nur bedingt absetzen kann.

1.4.6   Bewertung von Sicherheiten und Garantien

Die Bewertung der Bonität eines Kreditnehmers erfolgt – wie im Basler Konsultationspapier vorgeschrieben – unabhängig von einer Bewertung der Sicherheiten und Garantien. Daher ermitteln die Banken neben dem (Kreditnehmer bezogenen) Rating ein zweites, isoliertes Urteil über die Sicherheitenlage.

Durch das Basler Konsultationspapier wird festgelegt, bei welchem Ansatz welche Sicherheiten, Garantien und Nettingvereinbarungen berücksichtigt werden dürfen. Zu Art und Höhe der anerkannten Sicherheiten und Garantien können jedoch zur Zeit noch keine abschließenden Angaben gemacht werden, da hierzu bis jetzt noch keine endgültige Vereinbarung vorliegt.

1.5 Sonderfälle

Die Beurteilung der Bonität eines neu gegründeten Unternehmens oder eines Freiberuflers ist mit dem in den vorangehenden Abschnitten beschriebenen Rating-Verfahren nur bedingt möglich. Viele Banken haben daher separate Ansätze entwickelt, die den Spezifika dieser Kundengruppen gerecht werden.

1.5.1 Rating von Existenzgründern

Die meisten Existenzgründer[23] beantragen bereits vor Aufnahme des Betriebs einen Kredit und müssen damit „geratet" werden.[24] In diesem Fall – und auch im ersten Jahr nach der Gründung – kann der Bank jedoch kein Jahresabschluss vorgelegt werden. Die finanziellen Verhältnisse werden daher im Allgemeinen anhand der **Eigenmittelausstattung** sowie, in Abhängigkeit der gewählten Rechtsform, der **privaten Vermögensverhältnisse** des Unternehmensgründers beurteilt.

Das Rating-Urteil stützt sich im Fall einer Existenzgründung vornehmlich auf qualitative Faktoren, die Aussagen über die **Zukunftsfähigkeit des Vorhabens** sowie die **Qualifikation des Gründers** bzw. des Gründungsteams machen. Dazu zählen etwa

- die fachliche und kaufmännische Qualifikation des Gründers,
- die Erfahrungen des Gründers in der Unternehmensleitung,
- die Erfahrungen des Gründers in der Branche des Unternehmens,
- die Risiken des Vorhabens,
- die Zukunftsfähigkeit/der Innovationsgrad der Produkte bzw. Dienstleistungen,
- die Markteintrittsbarrieren der Branche oder
- die Wettbewerbssituation der Branche.

Im Fall einer Existenzgründung muss ein durchdachter und detaillierter **Businessplan** vorgelegt werden, dem alle wesentlichen Aspekte des Vorhabens entnommen werden können (vgl. Kapitel F, Ab-

---

[23] Vgl. *Füser, K. (1998)* sowie *Rasner, C./Füser, K./Faix, W.G. (1997)*.

[24] Existenzgründer sollten stets beachten, dass viele öffentliche Fördermittel (z. B. das DtA Startgeld, vgl. Kapitel H, Abschnitt 4) bereits *vor* der Gründung beantragt werden müssen.

schnitt 2.4). In diesem müssen neben Angaben zu den Mitgliedern des Gründungsteams und zu den geplanten Produkten bzw. Dienstleistungen auch **Planzahlen** für die ersten ein bis zwei Geschäftsjahre sowie die Höhe der zur Verfügung stehenden Eigenmittel enthalten sein.

Die Bonitätsbeurteilung neu gegründeter Unternehmen mittels eines allgemeinen Unternehmensratings ist erst nach mehreren Geschäftsjahren möglich, da die Jahresabschlüsse erst dann (eindeutige) Rückschlüsse auf die wirtschaftlichen Verhältnisse zulassen. In einer Übergangsphase gehen die Informationen aus den Jahresabschlüssen sowie der Betriebswirtschaftlichen Auswertung daher bei den Rating-Verfahren der Banken i. d. R. mit einem deutlich geringeren Gewicht in das Rating-Urteil ein als im Fall etablierter Unternehmen (vgl. Abbildung 10).

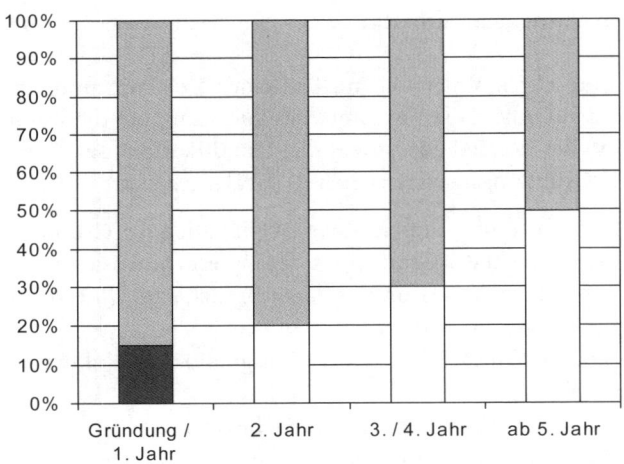

Abbildung 10: Rating neu gegründeter Unternehmen

1.5.2   Freiberufler

Freiberufler sind nicht nach § 242 HGB verpflichtet, Bücher zu führen und einen Jahresabschluss zu erstellen. Banken stützen sich daher zur Beurteilung der finanziellen Verhältnisse von Freiberuflern auf die **Einnahmen-Überschuss-Rechnung,** die seitens dieser zur Ermittlung des Gewinns nach § 4 Abs. 3 EStG aufzustellen ist, sowie einen Überblick über das **betriebliche Vermögen.**

Als qualitative Faktoren gehen auch bei Freiberuflern die **Qualifikation** und die **Erfahrung** maßgeblich in das Rating-Urteil ein. Von Bedeutung sind i. d. R. zudem die persönlichen Verhältnisse, etwa der **Familienstand** oder die Höhe und die Art des **privaten Vermögens.** Das **Alter** des Antragstellers ist hinsichtlich der Nachfolgeproblematik auch hier relevant. Positiven Einfluss auf das Rating-Urteil hat i. d. R. die **Existenz einer Praxis- oder Bürogemeinschaft.**

1.6 Diskussion des Rating-Urteils

Auch wenn Banken schon seit längerem die Bonität eines Kreditnehmers im Rahmen eines Kreditvergabeprozesses sorgfältig prüfen, wurde das Ergebnis – über „kreditwürdig" oder „nicht kreditwürdig" hinausgehend – dem Unternehmen i. d. R. nicht mitgeteilt bzw. im Detail erläutert. In der Vergangenheit hatte das Rating-Ergebnis auch meist nur wenig Bedeutung im Rahmen der Verhandlungen über Kreditkonditionen zwischen Unternehmen und Bank.

Durch das In-Kraft-Treten von Basel II, d. h. den Beginn des Parallellaufs von alter und neuer Regelung, Anfang 2006 (und voraussichtlich hierdurch bedingt auch schon wesentlich früher[25]) wird sich dies grundlegend ändern. Für die Banken wird mit einer besseren (schlechteren) Bonität eines Kreditnehmers – ausgedrückt durch das Rating-Urteil und die damit verbundene einjährige Ausfallwahrscheinlichkeit – eine niedrigere (höhere) Eigenkapitalanforderung verbunden sein, die sie in Form günstigerer (schlechterer) Kreditkonditionen an das Unternehmen weitergeben können. Zukünftig werden Unternehmen daher das begründete Anliegen haben, seitens der Bank ausführliche Informationen über ihr Rating-Ergebnis und die maßgeblichen (negativen) Faktoren zu erhalten.

Ein solches Gespräch nach Durchführung des Ratings sollte vonseiten des Unternehmens als **Chance** aufgefasst werden, um eigene **Schwachpunkte** zu erkennen und **Anregungen** für Verbesserungen

---

[25] Vgl. *FINANCE-Studie (2002)*, S. 4.

zu erhalten. Zudem ist es die optimale Vorbereitung auf einen erneuten bzw. den nächsten Rating-Prozess, der oftmals bereits in absehbarer Zeit ansteht.

Wichtig

- Der Unternehmer sollte auf einem ausführlichen Gespräch über das Rating-Urteil und den Ablauf des Rating-Prozesses bestehen.

- Es sollte sichergestellt sein, dass die für das Rating verantwortlichen Bankmitarbeiter an diesem Gespräch teilnehmen.

- Diese Fragen sollten der Bank gestellt werden:
  - Welche Faktoren haben das Rating-Urteil maßgeblich (negativ) beeinflusst?
  - Wo liegen die Potenziale des Unternehmens?
  - Was sind die Ansatzpunkte, um das Rating des Unternehmens zu verbessern?

- Stimmt das Rating-Ergebnis mit den Erwartungen, die aus den Informationen der Bank über ihr Verfahren abgeleitet wurden, überein? Deutliche Abweichungen sollten angesprochen und mit den Vertretern der Bank diskutiert werden.

- Entsteht der Eindruck, dass die Bank die vom Unternehmen bereitgestellten Informationen nicht vollständig oder zu dessen Nachteil ausgewertet hat, sollte dies geklärt werden. Für Informationen, die der Bank nicht zur Verfügung standen, ist i. d. R. jedoch das Unternehmen selbst verantwortlich!

1.7   Konditionengestaltung

Im Zuge von Basel II wird den Banken aufsichtsrechtlich zwingend vorgeschrieben, die Höhe der vorzuhaltenden Eigenmittel in Abhängigkeit von der Bonität (d. h. dem Rating-Urteil und der damit verbundenen einjährigen Ausfallwahrscheinlichkeit) des Kreditnehmers sowie den gestellten Sicherheiten zu bestimmen. Um die Gestaltung der Konditionen zu verstehen, sollten zu Beginn der Verhandlungen daher die beiden folgenden Punkte geklärt werden:

1. *Welche Ausfallwahrscheinlichkeit korrespondiert mit einer konkreten Rating-Klasse und welches Risikogewicht resultiert daraus?*
   Die Begriffe „Rating-Klasse" und „Ausfallwahrscheinlichkeit" sind untrennbar miteinander verknüpft. Der Zusammenhang

zwischen spezifischen Rating-Klassen und dazugehörigen Ausfallwahrscheinlichkeiten muss von einer Bank unter Beachtung
der Mindestanforderungen des zweiten Basler Konsultationspapiers (in Abhängigkeit vom intern genutzten Rating-Verfahren
und den dazugehörigen historischen Daten) bestimmt werden.
Diese Schätzungen müssen so „stabil" sein, dass die mit einer
Rating-Klasse verbundene Ausfallwahrscheinlichkeit im Zeitablauf nur marginal schwankt, d. h. z. B. über Jahre hinweg mit
1,3 % (± 0,05 %) angegeben werden kann. Das mit einer bestimmten Ausfallwahrscheinlichkeit (d. h. Rating-Klasse) verbundene Risikogewicht wird vom Basler Ausschuss verbindlich
vorgegeben. Die Antwort auf die obige Frage kann somit von der
Bank direkt und eindeutig gegeben werden (vgl. hierzu
Abbildung 4 auf S. 42).

2. *In welcher Höhe werden die gestellten Sicherheiten und Garantien
anerkannt, d. h. zu wie viel Prozent ist das Obligo besichert?*

Auch bei der Anrechnung der Sicherheiten und Garantien müssen sich die Banken zukünftig an die neuen Vorgaben des Basler
Ausschusses halten. Dies schränkt ihren Entscheidungsspielraum
teilweise ein. Einige Banken werden von ihrer bisherigen Praxis
abweichen müssen.

Der Basler Konsultationspapier empfiehlt zudem eine **bonitätsab-
hängige Konditionengestaltung**. In die Konditionengestaltung bzw.
in die Bestimmung des risikoabhängigen Zinssatzes sollen – so die
Vorstellung des Basler Ausschusses – Informationen über den Kreditnehmer und die Fazilität[26] einfließen.

Das Ausmaß der Spreizung der Konditionen wird dabei zukünftig –
so die allgemeine Erwartung – insbesondere durch den Wettbewerb
der Banken untereinander determiniert. Gewährt eine Bank weiterhin an alle Antragsteller Kredite zu einheitlichen Konditionen, so
verliert sie auf Dauer ihre „guten" Kreditnehmer, die bei einer anderen Bank günstigere Konditionen erhalten. Hierzu parallel erfährt sie
einen „Zulauf schlechter Kreditnehmer", die bei anderen Banken
einen höheren Zins zahlen müssten. Kreditinstitute, die nicht risiko-

---

[26] Synonym für Kreditlinie. Kreditgrenze, die einem Kreditnehmer bei einer
Bank oder Sparkasse eingeräumt wird. Vgl. *Gabler Bankenlexikon (1995)*.

abhängige Kreditkonditionen stellen, sind daher auf Dauer nicht überlebensfähig und werden vom Markt gedrängt (Prinzip der „adversen Selektion").[27]

Im Fall eines guten Rating-Ergebnisses ist ein Unternehmen jedoch in einer hervorragenden Verhandlungsposition gegenüber der Bank, da diese an Kreditnehmern interessiert ist, durch die wenig Eigenkapital gebunden wird, d. h. mit denen wenig Eigenkapitalkosten verbunden sind.

1.8 Kreditvertrag

Mit der Unterzeichnung des Kreditvertrags durch Unternehmen und Bank ist der Rating-Prozess zunächst abgeschlossen und das Unternehmen kann – sofern hierzu keine abweichenden Vereinbarungen getroffen wurden – bis Vertragsende über die Kreditsumme zu den ausgehandelten Konditionen verfügen. Das Basler Konsultationspapier fordert jedoch über die Bonitätsbewertung vor Herauslage eines Kredits hinaus eine **mindestens jährliche Erneuerung des Ratings** durch die Bank. Im Fall eines Kreditnehmers mit schlechter Bonität, eines zweifelhaften Kredits oder neuer, wesentlicher Informationen über den Kreditnehmer, sollte die Erneuerung eines Ratings sogar noch öfter, d. h. sobald neue Informationen bekannt werden, erfolgen. Die aktualisierten Rating-Urteile sind jedoch lediglich für die tägliche Risikoermittlung der Bank sowie deren Risikomanagement von Bedeutung; nachträgliche Auswirkungen auf die im Kreditvertrag vereinbarten Kreditkonditionen haben sie nicht, sofern dies nicht explizit im Vertrag vereinbart wurde. Mittlerweile gibt es Konstruktionen, die der Bank bei einer negativen Rating-Veränderung jedoch ein außerordentliches Kündigungsrecht einräumen.

---

[27] Vgl. auch *Gögel, S./Pinn, K. (2001)*, S. 12.

2 Exkurs: Externe Informationsquellen

Aus externen Quellen können Informationen zur Branche (z. B. durch Feri Research), zum Unternehmen (z. B. durch die Verein Creditreform- oder Bürgel-Auskunft) bzw. zu den Personen der Geschäftsleitung (z. B. durch die SCHUFA-Auskunft) gewonnen werden. Im Rahmen eines Rating-Verfahrens werden sie vielfach von den Banken herangezogen. Dadurch können sie einen entscheidenden Einfluss auf ein Rating-Urteil und damit auch auf die Kreditkonditionen haben.

2.1 Feri Research

Feri Research stellt Branchenratings/-prognosen für insgesamt 765 Sparten zur Verfügung. Über das eigentliche Branchenrating hinaus liefert Feri Research umfassende Angaben zum Profil der Branchen, zu ihrer aktuellen Lage und zu den gesamtwirtschaftlichen Rahmenbedingungen.[28]

Zur Ermittlung des Feri Branchen Ratings werden Daten von zwei historischen und fünf prognostizierten Jahren herangezogen, wobei die Erstellung einer Prognose seitens Feri Research auf Basis von konsistenten ökonomischen Modellen erfolgt und als Datenquellen i. d. R. Behörden (etwa statistische Ämter oder Ministerien) sowie Berufs- und Industrieverbände, Wirtschaftsforschungsinstitute und internationale Organisationen dienen. Das Gewicht einzelner Branchenprognosen nimmt, wie Tabelle 9 zu entnehmen ist, mit der Länge des Prognosehorizonts von Jahr zu Jahr ab. Damit wird dem Umstand Rechnung getragen, dass die „Güte der erstellten Prognosen von Jahr zu Jahr schlechter wird". Feri Research stellt somit ein Rating-Urteil zur Verfügung, welches als „über mehrere Jahre verdichtete" Prognose, abgeleitet aus der Branchenhistorie und unabhängigen Prognosen für die nächsten Jahre, interpretiert werden kann.

---

[28] Vgl. auch *Weiß, E. (2001)* zum Feri Branchen Rating.

Zweites historisches Jahr	16,5
Erstes historisches Jahr	16,0
Laufendes Jahr	15,5
Zweites Prognosejahr	14,5
Drittes Prognosejahr	13,5
Viertes Prognosejahr	12,5
Fünftes Prognosejahr	11,5
	100,0

Tabelle 9: Gewichtung zur Summierung der Branchenprognosen über t Jahre (in %)

Die Einordnung der Branchen erfolgt in fünf Rating-Klassen (A - E) und berücksichtigt – unterschiedlich gewichtet (vgl. das folgende Beispiel) – das Wachstum, die Wettbewerbsfähigkeit, die Rentabilität und die Konjunkturabhängigkeit einer Branche. Tabelle 10 zeigt die mit den einzelnen Rating-Klassen verbundenen durchschnittlichen Insolvenzquoten sowie die relative Verteilung der Branchen über die fünf Rating-Klassen.

Rating-Klasse[29]	A	B	C	D	E
Punkte	100–60	59–54	53–47	46–41	40–0
durchschnittliche Insolvenzquote in %[30]	0,4	1,1	1,6	2,0	2,5
Anzahl der Branchen in %	12	16	37	19	16
	28		37		35

Tabelle 10: Verteilung der Branchen nach den Rating-Klassen von Feri Research[31]

---

[29] Die Rating-Klassen von Feri Research können wie folgt interpretiert werden: A: erfolgreiche Branche; B: stabile Branchenentwicklung; C: befriedigende Branchenentwicklung; D: gefährdete Branche; E: erheblich gefährdete Branche.

[30] Die angegebenen durchschnittlichen Insolvenzquoten beziehen sich auf die Jahre 1994 bis 1999.

[31] Vgl. *Weiß, E. (2001)*, S. 446 f.

Beispiel

Feri Branchen Rating

Gesamtbewertung					

Rating - Klasse

C

3. Quartal 2001

Befriedigende Branchenentwicklung
Durchschnittliches Wachstum
Erschwerte Wettbewerbsposition
Durchschnittliche Ertragskraft
Geringe Konjunkturabhängigkeit
--> **Durchschnittliches Branchenrisiko**

Rating - Punkte	A 100-60	B 59-54	C 53-47	D 46-41	E 40-0
			51		

Rating - Entwicklung

Rating - Klasse im...

Vorquartal	C
Vorjahresquartal	C

gut

schlecht

Rating - Punkte (Quartalswerte)

Bewertung nach Umsatzgrößenklassen				

	Vergleich zur Gesamtbewertung			
Unternehmen mit Umsatz von...	besser ++ +	gleich =	schlechter — --	
50 Mio. Euro und mehr	+			
2.5 Mio. bis unter 50 Mio. Euro	++			
bis unter 2.5 Mio. Euro			-	

Bewertung nach Einzelindikatoren			
Indikator	Note	Punkte	Gewicht
Insgesamt	durchschnittlich	51	100%
Wachstum	durchschnittlich	52	40%
Wettbewerbsfähigkeit	durchschnittlich	48	30%
Preise im Inland	sehr schlecht	35	9%
Preise im Ausland	schlecht	43	9%
Importquote	gut	59	6%
Exportquote	sehr gut	63	6%
Rentabilität	durchschnittlich	52	25%
Lohnkostenentwicklung	durchschnittlich	52	14%
Spielraum für Preispolitik	durchschnittlich	53	11%
Konjunkturabhängigkeit	gut	54	5%

Feri AG

Berechnungszeitraum: 1999 - 2005

2.2   Verein Creditreform

Der Creditreform-Bonitätsindex liefert eine Einschätzung des Bonitätsrisikos eines Unternehmens, ausgedrückt durch eine dreistellige Zahl (zwischen 100 und 600). Die Ziffern entsprechen dem gängigen Notensystem („1 = sehr gut" bis „6 = ungenügend"), wobei die zweite und dritte Ziffer eine präzisere Differenzierung der Bonitätseinstufung erlauben. Es gilt: „Je höher der Bonitätsindex ist, desto größer ist das Risiko. Je geringer die Risikopunktezahl ausfällt, desto besser ist die Bonität des zu beurteilenden Unternehmens."[32] Spätestens ab einem Index von 350 beginnt – laut Verein Creditreform – die Klasse der Unternehmen mit einer nur noch ausreichenden Bonität (vgl. Abbildung 11).

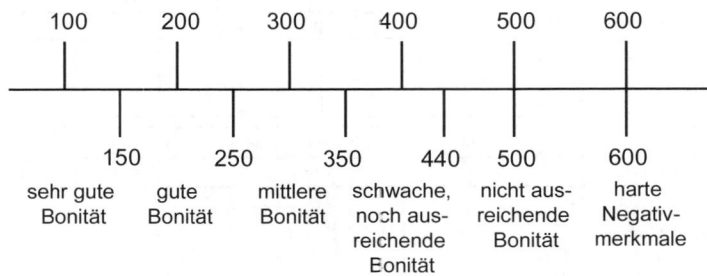

Abbildung 11: Creditreform–Bonitätsindex

Der Creditreform-Bonitätsindex wird aus der Kombination von 15 Merkmalen abgeleitet, die unterschiedlich gewichtet in das Bonitätsurteil eingehen (vgl. hierzu das folgende Beispiel). „Jedes Merkmal bzw. jede Merkmalskombination wurde bei bonitätsgefährdeten

---

[32] *Creditreform (2000).*

und solventen Unternehmen bezüglich seiner Bedeutung für die Bonitätsbewertung untersucht. Hieraus hat sich eine Gewichtung ergeben, die das Bonitätsrisiko zu beurteilender Unternehmen aufzeigt."[33]

Wichtige Quellen für die Creditrefom-Recherche sind:

- öffentliche Register und Verzeichnisse
- Schuldnerverzeichnis
- Insolvenzverfahren
- Bilanzen und Geschäftsberichte
- Tagespresse
- eigene Angaben des Unternehmens
- Lieferanten- und Kontrollrückfragen
- Inkassomeldungen

Die umfassendste Auskunft des Vereins Creditreform ist die Wirtschaftsauskunft, in der neben der Beurteilung der einzelnen Kriterien des Bonitätsindexes auch Angaben über Import- und Exportquote, Aktiv- und Passivpositionen, Immobilien und Bankverbindungen gemacht werden.[34] Anhand des Notensystems sind verschiedene Klassifizierungen in der Wirtschaftsauskunft leicht erkennbar.

---

[33] *Creditreform (2000).*

[34] Weitere Auskunftsformen, die den Bonitätsindex beinhalten, insgesamt jedoch weniger Informationen als die Wirtschaftsauskunft enthalten, sind die Kompaktauskunft und die Telefonauskunft.

Beispiel

Ermittlung des Creditreform Bonitätsindexes

Rechtsform:	GmbH
Branche:	Hoch- und Tiefbau
Unternehmensalter:	19 Jahre
Unternehmensentwicklung:	konstant
Auftragslage:	zufrieden stellend
Zahlungsweise:	vereinbarungsgemäß
Krediturteil:	Verbindung zulässig

Risikofaktoren	Gewichtung %	Klassifikation35					
		1	2	3	4	5	6
Zahlungsweise	20		40				
Krediturteil	25		50				
Unternehmensentwicklung	8			24			
Auftragslage	7			21			
Rechtsform	4				16		
Branche	4		8				
Unternehmensalter	4		8				
Umsatz	2			6			
Umsatz/Mitarbeiter	4			12			
Anzahl der Mitarbeiter	2						
Eigenkapital	4		4				
Kapitalumschlag	4		8				
Zahlungsverhalten Untern.	4		8				
Zahlungsverhalten Kunden	4		8				
Bilanzdaten	4		8				
Summe	100	0	150	63	16	0	0
Bonitätsindex: 229[36]							

---

[35] Die Auftragslage und der Geschäftsgang bilden eine Skala von sehr gut (1) bis sehr schlecht (6), die Unternehmens- und Geschäftsentwicklung liest sich entsprechend von expansiv (1) bis stark rückläufig (6). Beim Krediturteil reicht die Skala von der unbedenklichen Empfehlung (1) bis zur strikten Ablehnung (6). Bei Vorliegen von Negativmerkmalen wird der Schlüsselwert „Zahlungsweise" auf 60 gesetzt. Dies führt automatisch zu einem Bonitätsindex von 600, da die Zahlungsweise (als K.o.-Kriterium) mit einer Gewichtung von 100 % in die Auskunft eingeht.

2.3   Bürgel Wirtschaftsinformationen

In der zentralen Datenbank von Bürgel in Hamburg sind Daten über mehr als 2,7 Mio. Firmen und mehr als 7,7 Mio. Einzelpersonen gespeichert. Ein flächendeckendes Netz von zurzeit 60 Auskunftsstellen in ganz Deutschland recherchiert Informationen und aktualisiert ständig die zentrale Datenbank. Im Geschäftsfeld „Wirtschaftsinformationen" liefert Bürgel Informationen in elektronischer und schriftlicher Form von Unternehmen und Privatpersonen. Hierbei hat Bürgel als eine wichtige Entscheidungshilfe einen Bonitätsindex in die vom Unternehmen generierten Wirtschaftsinformationen integriert.

Das von Bürgel genutzte Beurteilungssystem nutzt die im Unternehmen gespeicherten Daten und beurteilt Firmen vergleichbar dem Vorgehen des Vereins Creditreform nach dem Schulnotenprinzip von 1,0 (sehr gut) bis 6,0 (ungenügend). Bei der Bonitätsbeurteilung werden alle wichtigen Auskunftsmerkmale wie Haftungskapital, Rechtsform, Unternehmensalter, Grundbesitz, Zahlungserfahrungen, Gesamtumsatz, vorhandene Negativmerkmale sowie Mitarbeiterzahl berücksichtigt, wobei die gerade genannten Kriterien unterschiedlich gewichtet werden. Ähnlich zum Verein Creditreform bietet auch Bürgel verschiedene Wirtschaftsauskünfte über Unternehmen an, von denen die Firmen-Vollauskunft die umfangreichste ist.[37]

Als Informationsquellen nutzt Bürgel:

* Handelsregister
* Genossenschaftsregister

---

[36]   Ein Creditreform-Bonitätsindex von 229 entspricht einer guten (bis mittleren) Bonität. Vgl. Abbildung 11.

[37]   Die Firmen-Vollauskunft umfasst folgende Informationen: Rechtsform, Handelsregister-Daten, Anteilseigner, Funktionsträger, weitere Funktionen/ Beteiligungen, Firmenhistorie, Geschäftsgegenstand, Niederlassungen, Beteiligungen, Bonitätsindex, Zahlungserfahrungen, Negativmerkmale, Immobilien, Bankverbindungen, Geschäftszahlen, Fuhrparkdaten. Weitere Auskunftsformen, die den Bonitätsindex beinhalten, sind die Firmen-Kurzauskunft, der Finanzcheck und die Telefonauskunft.

- Vereinsregister
- Schuldnerverzeichnisse
- Veröffentlichungen zu Insolvenzverfahren
- regionale Tagespresse
- wichtige Wirtschaftsmagazine
- Veröffentlichungen von Bilanzen und Geschäftsberichten
- Inkassomeldungen der Bürgel-Auskunftsstellen
- diverse Nachschlagewerke und Datenbanken

Wichtig

Die hier beschriebenen externen Quellen sind auch jedem Unternehmer zugänglich und können wertvolle Informationen im Vorfeld eines Rating-Prozesses liefern. Die wichtigsten Internetadressen:

Feri Research	feri-research.de
Verein Creditreform	www.creditreform.de
Bürgel Auskunft	www.buergel.de

D Beispiele interner Rating-Verfahren

1 Deutsche Bank AG

Das Thema „Rating" diskutiert eine Broschüre[38] der Deutschen Bank AG mit dem Titel „Rating. Fitness-Check für Ihr Unternehmen" sehr umfassend, auf die an dieser Stelle explizit verwiesen wird. Sie kann als ein gelungenes Beispiel für den Dialog einer Großbank mit ihren Firmenkunden angesehen werden. Die Intention der für den direkten Kundendialog konzipierten Broschüre besteht aus unserer Sicht nicht darin, das Rating-Verfahren der Deutschen Bank AG im Detail zu beschreiben, was der Leser bzw. Interessierte vom Grunde her auch nicht erwarten kann, sondern den „Rating-Gedanken an sich" großen Firmenkunden nahe zu bringen.

Wie der oben genannten Broschüre zu entnehmen ist (vgl. Abbildung 12), ohne hier jedoch auf inhaltliche und methodische Details eingehen zu wollen/können, bestimmt die Deutsche Bank AG zunächst anhand von quantitativen und qualitativen Kriterien einen Unternehmensrisikofaktor, der „verknüpft" mit weiteren Kriterien (z. B. einer Bewertung der Sicherheiten) die Kreditentscheidung determiniert.

---

[38] Vgl. *Deutsche Bank (2001).*

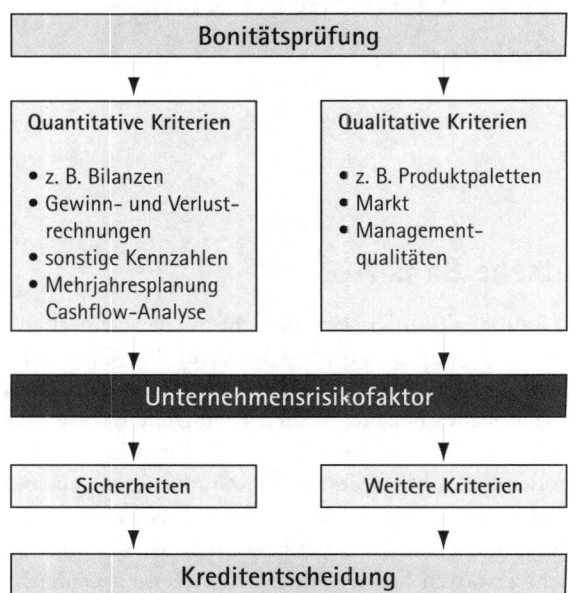

Abbildung 12: Struktur des Rating-Verfahrens der Deutschen Bank AG[39]

Weitere Details über das Rating-Verfahren der Deutschen Bank AG sind der oben genannten Broschüre zu entnehmen.[40]

Wertvolle Informationen liefert die Deutsche Bank AG zum Thema „Vorbereitung auf das Rating", die nachfolgend zusammengestellt sind.

Vorbereitung auf das Rating

Zur Durchführung eines Ratings werden von der Deutschen Bank AG zumindest die folgenden Unterlagen und Informationen benötigt:[41]

---

[39] Vgl. *Deutsche Bank (2001)*, S. 16.

[40] Vgl. auch *Presber, R./Stengert, U. (2002)*, S. 70-72, sowie *Jezorek, S. H. (2001)*.

[41] Vgl. *Deutsche Bank (2001)*, S. 17.

- Darstellung der Unternehmensstrategie
- detaillierte Präsentation der einzelnen Geschäftsbereiche mit einer Aufgliederung nach Segmenten, Produkten, Regionen etc.
- Unterlagen zur Unternehmensorganisation
- Geschäftsberichte und (testierte) Jahresabschlüsse der vergangenen drei Jahre
- aktuelle „Zwischenzahlen"
- mittel-/langfristige Planungen (GuV, Bilanz, Cashflow)

Für die konkrete Vorbereitung auf ein Rating-Gespräch bei der Deutschen Bank AG kann darüber hinaus der folgende Leitfaden hilfreich sein:[42]

Marktstellung/Wirtschaftliches Umfeld
Beschreiben Sie die Positionierung Ihres Unternehmens im Markt, den Zustand und die Entwicklung Ihrer Branche. Gehen Sie dabei u. a. auch auf folgende Punkte ein:

- Qualität des Produktangebots
- Vertriebsstärke
- Marktbedeutung/Konkurrenz
- Abhängigkeiten
- Branchenaussichten

Managementqualität
Beschreiben Sie die Aufstellung der Unternehmensorganisation, die strategische Ausrichtung sowie individuelle Managementerfahrungen – auch unter Berücksichtigung folgender Fragestellungen:

- Nachvollziehbarkeit langfristiger Unternehmenskonzeption und Strategie
- Erfahrung, Führungs- und Steuerungsqualität
- Aufstellung des Managements
- Qualität des Rechnungswesens und Informationsverhalten

---

[42] Vgl. *Deutsche Bank (2001)*, S. 34 f.

Finanzwirtschaftliche Situation
Wie stark ist die Finanzkraft des Unternehmens? Wie steht es um deren Nachhaltigkeit und die finanzielle Flexibilität? Stehen diese im Einklang mit der Strategie des Unternehmens? Welche finanziellen Reserven bestehen?

- haftende Eigenmittelquote
- Gesamtkapitalrentabilität
- Brutto-Cashflow im Verhältnis zu den Nettoverbindlichkeiten
- Liquiditäts-/Finanzstruktur
- Umsatz-/Betriebsleistungsentwicklung
- Brutto-Cashflow im Verhältnis zu der Betriebsleistung
- Entwicklung seit zuletzt vorgelegtem Jahresabschluss

2 Dresdner Bank AG

Im Rating-Verfahren der Dresdner Bank AG[43] setzt sich die Bonitätsbewertung aus insgesamt **neun Teilratings** zusammen (vgl. Abbildung 13), wobei jedes Teilrating durch mehrere Kriterien determiniert wird. Die Datengrundlage für diese Teilratings bilden verschiedene **Datenbanksysteme, Informationen aus dem Kundenkontakt** und, in unterstützender Form, **strukturierte Fragebögen**. Zunächst werden maschinell Vorschläge für jedes Teilrating sowie – daraus abgeleitet – für das Rating-Ergebnis erstellt, die anschließend durch den Rating-Ersteller übernommen oder korrigiert werden können. Eine eventuelle Berücksichtigung der **Sonderfaktoren** kann zudem zu einer möglichen Auf- bzw. Abwertung führen.
Die einzelnen Teilratings gehen mit unterschiedlichen Gewichten in das abschließende Rating-Urteil ein. So haben die Ertrags- und Finanzlage sowie die Vorwegangaben/Prognosen eine größere Bedeutung als die Kundenbeziehung oder die Rechtsform. Die im Einzelnen bewerteten Kriterien sind in Tabelle 11 auf S. 86 zusammengestellt.

---

[43] Vgl. *Füser, K./Heidusch, M. (2002)*, S. 62 ff.

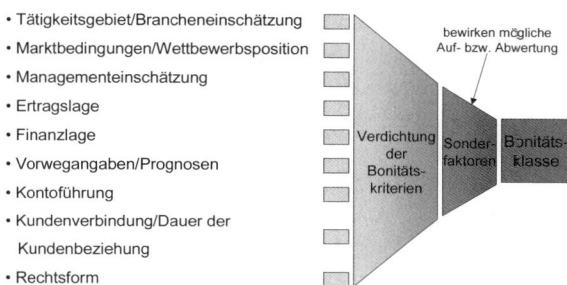

• Tätigkeitsgebiet/Brancheneinschätzung

• Marktbedingungen/Wettbewerbsposition

• Managementeinschätzung

• Ertragslage

• Finanzlage

• Vorwegangaben/Prognosen

• Kontoführung

• Kundenverbindung/Dauer der
   Kundenbeziehung

• Rechtsform

bewirken mögliche
Auf- bzw. Abwertung

Verdichtung der Bonitäts-kriterien   Sonder-faktoren   Bonitäts-klasse

**Abbildung 13: Struktur des Rating-Verfahrens der
Dresdner Bank AG**

Das Teilrating „**Tätigkeitsbereich/Brancheneinschätzung**" liefert
eine erste Bewertung des Unternehmens vor dem Hintergrund seiner Branchenzugehörigkeit. Dabei wird die Auswirkung des Bran-
chenumfelds auf die Unternehmensentwicklung mittels einer Brancheneinschätzung sowie der Analyse der Lieferanten- und Kunden-
abhängigkeitsstruktur bewertet.

Die individuelle Situation des Unternehmens innerhalb der Branche
und der Vergleich mit direkten Wettbewerbern auf dem jeweiligen
Markt werden im Teilrating „**Marktbedingungen/Wettbewerbspo-
sition**" weiter untersucht. Wichtige Aspekte sind hierbei der Marktanteil im Inland, der Exportanteil, die Streuung des Abnehmerkrei-
ses und die Differenzierungsmöglichkeiten des Produkts bzw. der
Dienstleistung (etwa durch Spezialisierung).

Die Nachfolgeregelung, die Qualität der Führungsstruktur sowie die
Planungs- und Prognosesicherheit sind Beispiele dafür, welche Faktoren das Teilrating „**Managementeinschätzung**" beeinflussen. Insbesondere wird in diesem Teilrating hoher Wert auf die Früherkennung von Marktveränderungen, auf die Zuverlässigkeit, Informationsbereitschaft und Branchenerfahrung der Geschäftsführung sowie
auf die Qualität der 2. Führungsebene gelegt.

Anschließend wird das Unternehmen selber anhand des Jahresabschlusses genauer analysiert. Ausgehend von der Auswertung der Gewinn- und Verlustrechnung werden relevante Kennziffern im Teilrating „**Ertragslage**" – beispielsweise die Umsatzentwicklung und -steigerung, das bereinigte Betriebs- und Geschäftsergebnis, der Jahresüberschuss oder der Brutto-Cashflow – beurteilt und zu einem Teilrating verdichtet.

Als weiteres Teilrating fließt die „**Finanzlage**" in die Bewertung ein. Wichtige Kennziffern – u. a. die Haft- und Eigenmittelquote, der Verschuldungsgrad und die Liquidität – werden mittels einer umfassenden Bilanzanalyse gewonnen und im **Vergleich zum Branchendurchschnitt** bewertet.

Teilrating	Kriterien
Tätigkeitsgebiet/Brancheneinschätzung	■ Einfluss des Branchenumfelds auf die Unternehmensentwicklung ■ kurzfristige Aussichten der Branche ■ Branchenabhängigkeiten
Markbedingungen/Wettbewerbsposition	■ individuelle Situation des Unternehmens ■ Vergleich mit direkten Wettbewerbern
Managementeinschätzung	■ Führungsstruktur ■ Nachfolgeregelung ■ Planungs- und Prognosesicherheit
Ertragslage	■ Auswertung der GuV und Verwendung relevanter Kennzahlen
Finanzlage	■ Bilanzanalyse und Verwendung relevanter Bilanzkennzahlen
Vorwegangaben/Prognosen	■ Entwicklung seit dem letzten Jahresabschluss ■ künftige Entwicklung von Umsatz, Ertrags- und Finanzlage ■ Prognosequalität und Plausibilität
Kontoführung	■ bewegliche Kontoführung? ■ Kontoüberziehungen (Dauer/Höhe) ■ angemessene Geschäftsumsätze?
Kundenbindung/Dauer der Kundenbeziehung	■ Dauer der Geschäftsverbindung
Rechtsform	■ Identifikation/persönliche Haftung des Unternehmers

Tabelle 11: Kriterien des Rating-Verfahrens der Dresdner Bank AG

Neben der aktuellen Bewertung der Unternehmenslage fließt die zukünftige Unternehmensentwicklung – betrachtet im Teilrating
„**Vorwegangaben/Prognosen**" – in das Rating-Verfahren der
Dresdner Bank AG ein. Dazu werden nicht nur quantitative Prognosen zur künftigen Entwicklung von Umsatz, Ertrags- und Finanzlage herangezogen, sondern auch die Prognosequalität beurteilt.

Abschließend werden weitere – vorwiegend qualitative Kriterien –
betrachtet, die eine fundiertere Bewertung des Unternehmens sicherstellen. So wird etwa die **Kontoführung** im gleich lautenden
Teilrating bewertet. Dabei wird in erster Linie untersucht, ob eine
„bewegliche" Kontoführung vorzufinden ist, in welcher Weise angemessene Geschäftsumsätze getätigt werden und inwiefern es zu Kontoüberziehungen kam.

Der Bekanntheitsgrad des Kunden seitens der Dresdner Bank AG
wird im Teilrating „**Kundenbeziehung**" gewertet. Ausschlaggebend
ist dabei die Dauer der Geschäftsverbindung zum Kreditinstitut.
Eine lange Geschäftsverbindung wirkt sich i. d. R. positiv auf das
Teilrating aus, eine sehr kurze Verbindung hingegen negativ. Der
wesentliche Aspekt im Teilrating „**Rechtsform**" ist die persönliche
Haftung der Gesellschafter.

In einzelnen Fällen kann es vorkommen, dass Faktoren, die bislang
nicht berücksichtigt wurden, erfasst werden. Insbesondere werden
etwa hohe **Umweltrisiken**, hohe **Gewährleistungsrisiken** oder ein
möglicher Verlustausgleich durch die Konzernmutter als Faktoren
herangezogen. Diese Sonderfaktoren können zu einer Auf- bzw.
Abwertung im Rating um mehrere Stufen führen.

Das folgende Fallbeispiel der Maschinenbau GmbH auf verdeutlicht
die Nutzung des Rating-Verfahrens der Dresdner Bank AG in der
Praxis.

Beispiel

Bonitätsbeurteilung der Maschinenfabrik GmbH anhand des Rating-Verfahrens der Dresdner Bank AG

Tätigkeitsgebiet/Brancheneinschätzung | 4 |

- Das Jahr 2000 war für den Maschinenbau in der EU das konjunkturell stärkste Jahr der letzten zehn Jahre. Mittlerweile ist die Branche allerdings in den Sog der rückläufigen Weltkonjunktur geraten.
- Die bereits im Herbst 2000 einsetzende Nachfrageabschwächung wurde durch Abarbeitung von hohen Auftragsbeständen zunächst nicht produktionswirksam. Seit Frühjahr 2001 folgt die Erzeugung aber den rückläufigen Geschäftsabschlüssen und lag zuletzt unter Vorjahresstand.
- Die Binnennachfrage verfehlt im Mittel der ersten sieben Monate 2001 ihr Vorjahresniveau real um etwa 2 bis 3 %. Die Bestellungen aus Drittstaaten lagen zuletzt aber noch knapp über dem Vorjahreswert.
- Trotz nicht zu übersehender Risiken bleibt die Aussicht auf eine Rückkehr der Aufwärtsbewegung erhalten, sie wird vermutlich aber erst zu Beginn 2002 einsetzen und weniger stark ausfallen als im Jahr 2000.

Marktbedingungen und Wettbewerb | 3 |

- Herstellung und Vertrieb von Spezialmaschinen
- breit gestreuter Abnehmerkreis, insbesondere chemische und pharmazeutische Industrie sowie Nahrungsmittelhersteller
- Exportanteil ca. 60 %, davon rund die Hälfte EU, rund ein Viertel USA, Rest vor allem Fernost
- Marktanteil im Inland ca. 35 %, weltweit ca. 25 %, Hauptkonkurrenten ein deutsches sowie zwei italienische Unternehmen

Managementeinschätzung | 2 |

- Geschäftsführung durch branchenerfahrenen GF aus der Familie; erfahrene und langjährige Mitarbeiter in der zweiten Ebene
- Marktveränderungen werden frühzeitig erkannt und umsetzbare Konzepte entwickelt
- hohe Zuverlässigkeit und Informationsbereitschaft, Prognosen erweisen sich als zutreffend

Ertragslage | 3 |

- Umsatzsteigerung im Jahr 2000 um 10 % auf DM 70 Mio.
- Brutto-Cashflow DM 6,5 Mio. über Branchendurchschnitt
- Jahresüberschuss DM 3,5 Mio.

Finanzlage | 3 |

- haftende Mittel 35 %
- Anlagendeckungsgrad im Branchendurchschnitt
- Verschuldungsgrad deutlich besser als Branchendurchschnitt

Vorwegangaben und Prognosen | 3 |

- Prognose 2001: Umsatz- und Ertragssteigerung um ca. 4 %
- BWA per 06/2001 bestätigt diese Angaben
- bisherige Prognosen werden eingehalten = zuverlässige Prognosequalität

Kontoführung | 2 |

- keine Negativmerkmale bei Kontoführung
- angemessene Einbindung der Bankgeschäfte

Kundenbeziehung | 1 |

- Kunde seit zehn Jahren

Rechtsform | 4 |

- Haftungsbeschränkung (GmbH)
- privater Vermögenshintergrund der Gesellschafter

Verdichtung der Bonitätskriterien | 3 |

Sonderkriterien:

Auf-/Abwertung um | 0 | Stufen

Endgültige Bonitätsbewertung | 3 |

3 Commerzbank AG

Im Gegensatz zu den meisten Rating-Verfahren basiert der Ansatz der Commerzbank AG[44] zur Bonitätsbeurteilung eines Unternehmens nicht auf mathematisch-statistischen Verfahren, sondern auf einem **wissensbasierten DV-System**, dem *„Commerzbank Debitoren Expertensystem"*, kurz Codex. Dieses DV-System, das speziell für den

---

[44] Die Darstellung basiert auf *Kögel, K. (1999)* und *Munsch, M./Weiß, B. (2001)*. Vgl. auch *Füser, K./Heidusch, M. (2002)*, S. 65 ff.

Mittelstand[45] entwickelt wurde, garantiert durch die Standardisierung der Bewertungskriterien und Gewichte eine einheitliche Beurteilung aller Unternehmen und ermöglicht ein manuelles Eingreifen während der maschinellen Bewertung innerhalb bestimmter Bandbreiten.

Das Rating-System der Commerzbank AG besteht aus den **vier Modulen**

- Finanzanalyse,
- Potenzialanalyse,
- Branchenbewertung sowie
- Konzernintegration.

Die Einzel-/Gesamtergebnisse dieser vier (Teil-)Ratings werden einheitlich nach dem Schulnotenprinzip von „1" bis „6" skaliert und mit einer zusätzlichen Dezimalstelle ausgedrückt bzw. verfeinert. Anschließend werden die Rating-Urteile der vier Module verdichtet. Das DV-System Codex legt dabei die Gewichte der einzelnen Indikatoren in Abhängigkeit von ihrer Bedeutung sowie dem Verhältnis zu anderen Indikatoren fest.

Im Rahmen der **Finanzanalyse** werden Informationen aus dem Jahresabschluss verarbeitet. Nach der Erfassung einzelner Positionen aus den Bilanzen, den Gewinn- und Verlustrechnungen (GuV) und den Anhängen der letzten drei bis fünf Geschäftsjahre werden von Codex im Rahmen einer **Jahresabschlussanalyse** maschinell Kennzahlenwerte erstellt, in Kategorien eingeteilt und die Ausprägungen dieser für ein Unternehmen ermittelten Kennzahlen zu den vorliegenden Kennzahlenwerten einer Gruppe von **Referenzunternehmen** in Relation gesetzt und beurteilt. Referenzunternehmen gehören derselben Branche, Rechts- und Umsatzgrößenklasse an. Besteht die Möglichkeit, dass Kennzahlenwerte verschiedene Interpretationen zulassen, generiert Codex Fragestellungen, die von einem Firmenkundenberater anhand vorgegebener Antwortmöglichkeiten beantwortet werden müssen. Codex verbessert oder verschlechtert danach die Beurteilung dieser Kennzahl. Eine **manuelle Änderung** des Ana-

---

[45] Der Mittelstand wird von der Commerzbank AG anhand des Umsatzes (zwischen EUR 2,5 Mio. und EUR 750 Mio.) definiert.

lyseergebnisses innerhalb einer bestimmten Bandbreite ermöglicht es dem Firmenkundenberater zudem, auf **unternehmensspezifische Besonderheiten** einzugehen. Die sich an die quantitative Jahresabschlussanalyse anschließende **Analyse des Anhangs** bewertet das **Bilanzierungsverhalten** des Unternehmens und geht über Ab- bzw. Zuschläge in das Gesamtergebnis zur „Finanzanalyse" ein. Sind der Commerzbank AG neun Monate nach der letzten Finanzanalyse keine aktuellen Zahlen (v. a. zur Ertragslage des Unternehmens) verfügbar, so wird die aktuelle Finanzbewertung automatisch mit der Note 6 belegt. Eine Übersicht über die berechneten Kennziffern zur Finanzanalyse ist Abbildung 14 zu entnehmen.

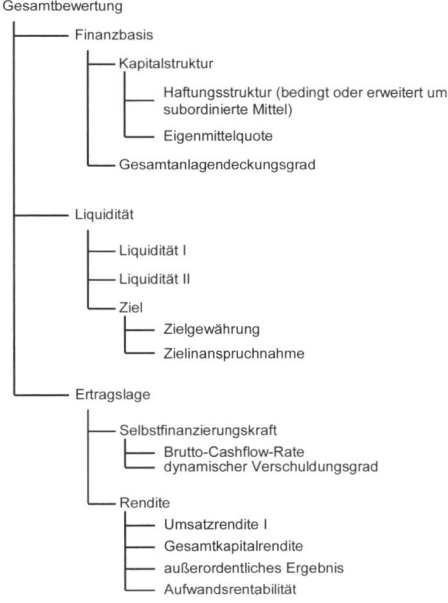

Abbildung 14: Codex-Bewertungsstrukur zur Finanzanalyse[46]

---

[46] Vgl. *Kögel, K. (1999)*, S. 25.

Nach der Finanzanalyse wird mit Hilfe von Codex eine **Potenzialanalyse,** die die qualitativen Merkmale („soft facts") eines Unternehmens bewertet, durchgeführt. In Abhängigkeit vom Unternehmenstyp (Alter, Branche, Umsatzgröße) vom Risiko (Ergebnis der Finanzanalyse) werden aus über 200 Potenzialkriterien Fragen zu den Markt-, Führungs- und Produktionspotenzialen generiert (vgl. Abbildung 15). Zur objektiven Beurteilung werden dem Firmenkundenberater insbesondere abgeleitete Fragen, z. B. aus zuvor gewonnenen Erkenntnissen der Finanzanalyse, in einem interaktiven Dialog gestellt. So wird in der Potenzialanalyse beispielsweise nach der Beurteilung des Standorts des Unternehmens im Vergleich zu den Konkurrenten gefragt, wenn die räumlichen Expansionsbedingungen zuvor mit „schwierige Bedingungen" beschrieben wurden.

Codex-Potenzialanalyse

Risikodimensionen

Markt	Führung	Produktion

Risikobereiche

Standort und Umwelt	Management	Fertigung und Technologie
Markt, Branche, Konkurrenz	Rechnungswesen	Beschaffung und Lagerhaltung
Produkte und Sortiment	Personal und Organisation	Forschung und Entwicklung
Kunden, Vertrieb und Absatz	Unternehmensplanung	Investitionen

Abbildung 15: Risikodimensionen und -bereiche der Codex-Potenzialanalyse[47]

Im dritten Modul **„Branchenbewertung"** werden die Zukunftsaussichten anhand eines speziellen Prognosemodells beurteilt. Dabei werden die letzten zwei, das aktuelle und die folgenden vier Jahre

---

[47] Vgl. *Kögel, K. (1999)*, S. 26.

anhand volkswirtschaftlicher Rahmendaten und konkreter Aussagen des Unternehmers untersucht. Im Einzelnen werden etwa die folgenden Aspekte betrachtet:

- Wachstum
- Wettbewerbsfähigkeit
- effektive Stärke
- Lohnkostenentwicklung
- preispolitischer Spielraum
- Konjunkturabhängigkeit

Die wirtschaftlichen und/oder rechtlichen Abhängigkeiten eines Unternehmens von einem Konzern werden abschließend im Modul „**Konzern-/Gruppenintegration**" mit dem Ziel analysiert, die Konzernverflechtungen eines Unternehmens und die daraus resultierenden Folgen zu untersuchen. Mit Hilfe eines interaktiven Dialogs wird am Ende des Bewertungsprozesses mittels Codex ein „konzernabhängiges Rating" bestimmt.

4 HypoVereinsbank AG

Das Rating-Urteil der HypoVereinsbank AG[48] setzt sich aus den **zwei Teilratings** „wirtschaftliche Verhältnisse" und „Unternehmenssituation" zusammen, die jeweils auf einer achtstufigen Skala bewertet werden (vgl. Abbildung 16). Die abschließende Einstufung erfolgt in eine von **acht Bonitätsklassen** (vgl. Abbildung 17), wobei das deutlich größere Gewicht auf den wirtschaftlichen Verhältnissen liegt.

---

[48] Vgl. *Füser, K./Heidusch, M. (2002)*, S. 68 ff.

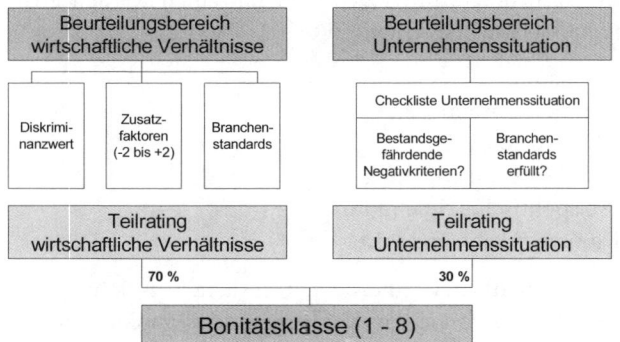

Abbildung 16: Struktur des Rating-Verfahrens der HypoVereinsbank AG

Den Kern des Teilratings „wirtschaftliche Verhältnisse" bildet ein Diskriminanzwert, der sich aus Kennzahlen der folgenden sechs Analysebereiche des Jahresabschlusses zusammensetzt:

- Verbindlichkeitenstruktur (z. B. Finanzaufwand/Verbindlichkeiten)
- Vermögens-/Kapitalstruktur (z. B. Verschuldung/Sachanlagevermögen, Eigenkapitalquote)
- Finanzkraft (z. B. Cashflow/Verbindlichkeiten)
- Rentabilität (z. B. Gesamtkapital-/Betriebsleistungsrentabilität)
- Liquidität (z. B. flüssige Mittel/kurzfr. Verbindlichkeiten)
- Kapitalumschlag (z. B. Umsatz/kurzfr. Verbindlichkeiten)

Darüber hinaus werden verschiedene **Zusatzfaktoren** – etwa die aktuelle Geschäftsentwicklung oder die Qualität des Jahresabschlusses einschließlich der Bilanzpolitik – berücksichtigt, durch die das Teilrating „wirtschaftliche Verhältnisse" um zwei Punkte variiert werden kann. In die Bewertung dieses ersten Teilratings fließen zudem **Branchenstandards** ein.

HVB	S&P		einjährige Ausfallwahrscheinlich-keit in %
1	AAA	exzellent	0,01
1	AA	ausgezeichnet	0,03
2	A	sehr gut	0,1
3-4	BBB	gut	0,2
4-5	BB	durchschnittlich	0,25
6-7	B	schwach	6,6
8	CCC-C	gefährdet	20

Abbildung 17: Bonitätsklassen der HypoVereinsbank AG

Die vorwiegend weichen Faktoren, die in das Teilrating „Unternehmensentwicklung" einfließen, sind in vier Bereiche gegliedert und werden anhand einer Checkliste bewertet. Neben Kriterien zum Umfeld von **Markt/Produkte/Branche** und **Management** fließen auch die **finanziellen Verhältnisse** sowie **spezielle Risiken**, etwa die Betriebsgröße oder das Alter des Unternehmens, in die Bewertung des zweiten Teilratings ein (vgl. Abbildung 18).

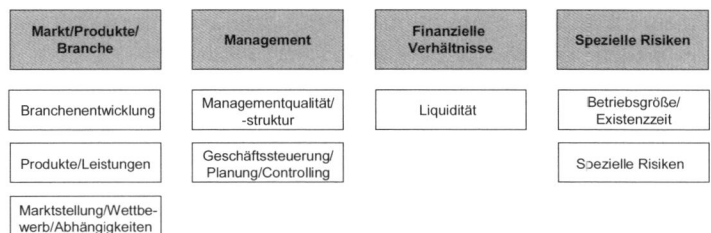

Abbildung 18: Teilrating „Unternehmenssituation" der HypoVereinsbank AG

Als Beispiel für den Aufbau und den Umfang der Checkliste zur Beurteilung der weichen Faktoren kann der folgende Fragenkatalog zum Kriterium „Produkte/Leistungen" dienen:

- Inwieweit sind die Produkte/Leistungen geeignet, die Existenz des Unternehmens am Markt zu sichern?
- Wie sieht der Unternehmer die Wettbewerbsfähigkeit seiner Produkte/Leistungen im Markt?
- Marktdefinition
- Marktstruktur (Konkurrenz)
- Stärken und Schwächen gegenüber der Konkurrenz
- Was unternimmt der Unternehmer, um seine Produkte/Leistungen weiterzuentwickeln bzw. neue Produkte auf den Markt zu bringen, um auch sich ändernden Marktbedürfnissen gerecht zu werden?
- Wie beurteilt der Unternehmer seine Produkte hinsichtlich Umweltverträglichkeit?
- Was ist die stoffliche Zusammensetzung der Produkte?
- Verpackung (Entsorgung)
- Wie werden eventuelle Auflagen/Anforderungen von staatlicher oder sonstiger Seite her erfüllt? (TÜV, Gesundheitsamt)

Auch wenn diese Fragestellungen z. T. aus Sicht des Unternehmers formuliert sind, wird die HypoVereinsbank AG nicht „blind" auf dessen Angaben vertrauen. Vielmehr wird durch diese Formulierungen zum Ausdruck gebracht, dass vom Unternehmer erwartet wird, verschiedene Sachverhalte glaubhaft zu dokumentieren und der Bank die notwendigen Unterlagen zur Verfügung zu stellen.

5   Union Bank of Switzerland AG

Die Union Bank of Switzerland AG (UBS AG)[49] verfügt als international tätiges Kreditinstitut schon heute über ein Rating-System, das (nach Aussagen der Bank) als Basel II-konform bezeichnet werden kann. Die internen Richtlinien der UBS AG zur Risikomessung stimmen mit den wesentlichen Komponenten der Neuregelung des

---

[49] Die Darstellung basiert auf UBS AG (1998), UBS AG (2001) und Wolf, M. (2000). Vgl. auch Füser, K./Heidusch, M. (2002), S. 70 ff.

Basler Ausschusses überein, wie sie nach dem heutigen Diskussionsstand zu erwarten sind.[50]
Die Kreditnehmer werden im Rating-Verfahren der UBS AG in insgesamt **14 Rating-Klassen** eingeteilt, die in etwa der Klassifizierung
der beiden großen Rating-Agenturen Standard & Poor's und Moody's entsprechen (vgl. Tabelle 12). Die letzten zwei Kategorien (D3,
D4) sind für Forderungen bestimmt, die bereits als gefährdet oder
Not leidend bezeichnet werden können.

Rating-Klassen der UBS AG	Internationale Rating-Agenturen	
	S&P	Moody's
C1	AAA, AA+	Aaa, Aa1
C2	AA, AA-, A+	Aa2, Aa3, A1
C3	A, A-	A2, A3
C4	BBB+, BBB	Baa1, Baa2
C5	BBB-	Baa3
C6	BB+	Ba1
C7	BB	Ba2
C8	BB-	
C9	B+	Ba3
D0	B	B1
D1	B-	B2
D2	CCC bis C	B3, Caa
D3	D	D
D4	D	D

Tabelle 12: Rating-Klassen der UBS AG

Innerhalb des Rating-Verfahrens der UBS AG, das auf **spezielle
Kundensegmente** zugeschnitten ist[51], werden die **drei Bereiche**

- „Finanzielle Themen",
- „Nicht finanzielle Themen" sowie
- „Individuelle Themen"

---

[50] Vgl. *UBS AG (2001)*, S. 62.
[51] Vgl. *UBS AG (2001)*, S. 61.

analysiert und zu einem Rating-Urteil verdichtet. Auswertungen von historischen, statistischen Daten innerhalb der UBS AG haben ergeben, dass die Kombination von finanziellen und nicht finanziellen Faktoren die größte Genauigkeit bei der Vorhersage des Risikoprofils eines potenziellen Kreditnehmers liefert. Aus diesem Grund wird den beiden ersten Bereichen ein wesentlich höheres Gewicht zugewiesen.

Im ersten Bereich „**Finanzielle Themen**" werden auf Grundlage fünf zentraler Kennzahlen aus der Jahresabschlussanalyse die finanziellen Rahmenbedingungen hinterfragt. Anhand dieser „hard facts" wird eine vergangenheitsbezogene Quantifizierung und Beurteilung der Unternehmensleistung ermöglicht. In einem weiteren Bereich werden die **nicht finanziellen Themen** zusammengefasst. Diese Aggregation umfasst hauptsächlich die Managementbeurteilung sowie die zukünftigen Planungen und Investitionen.

Im dritten Bereich des Rating-Verfahrens der UBS AG werden „**Individuelle Themen**" behandelt. Zentraler Punkt ist dabei die Bewertung der Transparenz des Kreditnehmers gegenüber dem Kreditinstitut. Die UBS AG fordert hierzu vom Kreditantragsteller

- einen Businessplan,
- allgemeine Informationen zur Branche und den Märkten sowie
- revidierte Jahresrechnungen

an. Dabei sollen dem Businessplan die Unternehmensstrategie und -positionierung, die Investitions- und Liquiditätsplanung sowie eine Analyse der Stärken/Schwächen, Chancen/Gefahren entnommen werden können. Darüber hinaus fließen die Konzernstruktur und die Branchenaussichten als Kriterien in die Bewertung ein. Eine komplette Übersicht der in das Rating-Verfahren der UBS AG eingehenden Kriterien ist Tabelle 13 zu entnehmen.

1. Finanzielle Themen

Verschuldungs-potenzial	▪ Wie hoch sind die Schulden im Verhältnis zum Cashflow? ▪ Wie schnell können die Schulden zurückgezah t werden?
Produktivität und Profitabili-tät	▪ In welchem Verhältnis steht der Umsatz zu den finanziellen Verpflichtungen?
Liquidität	▪ Wie hoch ist das Verhältnis zwischen den leicht verwert-baren Aktiven und den kurzfristigen Bankverbindlichkeiten?
Finanzierungs-verhältnis EK/FK	▪ Wie ist das Verhältnis zwischen Fremd- und Eigenkapital?

2. Nicht finanzielle Themen

Corporate Governance	▪ Wie ist die Organisation des Managements? ▪ Wie sind die Aufgaben innerhalb des Managements ver-teilt?
nicht betriebli-che/betriebliche Investitionen	▪ Wie hoch sind die nicht betrieblichen Investitionen vergli-chen mit den betrieblichen Investitionen?
Budget-Planung	▪ Wie sieht die Budget-Planung aus? ▪ Wie gut stimmen die effektiven Ergebnisse mit der Planung überein?
externe Fakto-ren	▪ Wie geht die Unternehmung mit den verschiedenen exter-nen Faktoren um (Ökologie, ...)?

3. Individuelle Themen

Transparenz	▪ Findet eine frühzeitige Anvisierung der UBS im Fall von Problemen statt? ▪ Existiert ein Businessplan (Unternehmensstrategie, -positio-nierung, Budgets, Investitions- und Liquiditätsplanung, Stärken/Schwächen, Chancen/Gefahren)? ▪ Liegen revidierte Jahresrechnungen ergänzt durch betriebli-che Rechnungsausweise wie Spartenrechnung vor?
Konzernstruktur und/oder Grup-penverflechtung	
Branchenaus-sichten	▪ Stehen allgemeine Informationen zur Branche und den Märkten (eigene Beurteilung, Chancen und Gefahren, Kon-kurrenzsituation etc.) zur Verfügung?

Tabelle 13: Kriterien des Rating-Verfahrens der UBS AG

Untersuchungen der UBS AG haben ergeben, dass das Finanzrating eines Unternehmens eng mit dem relevanten **Branchenrating** korreliert ist, die Finanzzahlen eines Unternehmens somit bereits einen Großteil der Brancheninformationen enthalten. Das Rating-Verfahren der UBS AG stützt sich daher vorwiegend auf die konkrete finanzielle Situation eines Unternehmens und sieht das Branchenrating nur als einen Ausdruck dafür, wohin sich die Branche – von ihrem gegenwärtigen Zustand aus – entwickeln wird.

6   Baden-Württembergische Bank AG

Die Baden-Württembergische Bank AG verwendet bereits seit 1997 ein Rating-Verfahren für Firmenkunden, das weitgehend Basel II-konform ist.[52] Der hierbei verwendete Rating-Bogen, dem auch die im Einzelnen innerhalb des Rating-Verfahrens der BW Bank verwendeten Kriterien entnommen werden können, ist am Ende dieses Abschnitts abgebildet.

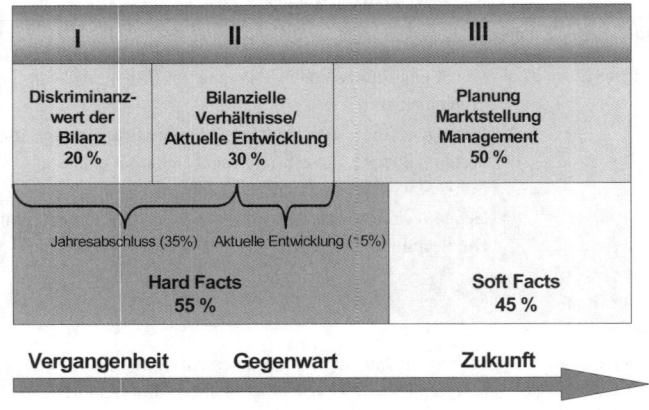

Abbildung 19: Die drei Teilratings des BW Bank-Ratings

---

[52] Die Darstellung basiert auf *Füser, K./Heidusch, M. (2002)* und *Meyer, C. (2000).*

Das Rating-Verfahren setzt sich aus **drei Teilratings** – „Diskriminanzwert der Bilanz", „Bilanzielle Verhältnisse/aktuelle Entwicklung" und „Planung/Marktstellung/Management" – zusammen (vgl. Abbildung 19). Bemerkenswert ist, dass die Analyse des Jahresabschlusses nur zu 35 % in die Bonitätsbeurteilung eingeht und die Bewertung von Planung, Marktstellung und Management mit 50 % gewichtet wird.

Die Einteilung erfolgt in insgesamt **zehn Bonitätsklassen** (vgl. Abbildung 20), von denen zwei Sanierungs- und Abwicklungsfälle charakterisieren. Die einzelnen Kriterien werden anhand von Checklisten überprüft und mit einer von fünf Ausprägungen – gut, zufrieden stellend, noch ausreichend, schlecht, unbekannt – bewertet. Dabei erfolgt die Beurteilung der einzelnen Kriterien jeweils unter **Berücksichtigung der Branche**.

BW Bank	Erläuterung
BKL 1	außerordentlich gute Bonität
BKL 2	sehr gute Bonität
BKL 3	gute Bonität
BKL 4	über dem Durchschnitt liegende Bonität
BKL 5	befriedigende, durchschnittliche Bonität
BKL 6	noch ausreichende Bonität
BKL 7	erhöhtes Risiko
BKL 8	deutlich erhöhtes Risiko
BKL 9–10	Sanierungs- und Abwicklungsfälle

Abbildung 20: Bonitätsklassen (BKL) der BW Bank[53]

Die Analyse des Jahresabschlusses setzt sich aus zwei Komponenten zusammen. 20 % der Bewertung macht der **Diskriminanzwert** aus, der aus unterschiedlichen Kapital-, Cashflow- und Verschuldungskennziffern berechnet wird.[54] Mit weiteren 15 % werden die **bilanziellen Verhältnisse** gewichtet. Dazu werden ergänzende Mabila-Kennzahlen (10 %) und die Umsatzentwicklung im Branchenvergleich (5 %) betrachtet.

---

[53] Vgl. *Füser, K./Heidusch, M. (2002)*, S. 72.

[54] Das im BW Bank-Rating verwendete Verfahren beruht auf *Hüls, D. (1995)*.

Neben den vergangenheitsbezogenen Angaben zur wirtschaftlichen Lage des Unternehmens geht die **aktuelle Geschäftsentwicklung**, die z. B. einer aktuellen BWA entnommen wird, mit 10 % in die Bonitätsbeurteilung ein. Zusätzlich wird die Kontoführung bewertet und mit 5 % gewichtet.

Mit insgesamt 50 % liegt ein großes Gewicht auf dem Teilrating III, das sich mit Planung, Marktstellung und Management beschäftigt und zum überwiegenden Teil „soft facts" heranzieht. Je 5 % entfallen auf die Kriterien „**Planung**" und „**Kapitaldienstfähigkeit**". Von größerer Bedeutung ist der Bereich „**Produkt/Leistung**" (10 %), in dem sowohl die Produkt- und Leistungsstruktur als auch die Marktentwicklung und der Wettbewerb beurteilt werden. Ingesamt 30 % entfallen auf die Bereiche „**Managementqualität**" und „**Fähigkeiten des Unternehmens**", womit neben der Jahresabschlussanalyse ein zweiter Schwerpunkt gesetzt wird.

Beispiel

Rating-Bogen der Baden-Württembergischen Bank AG[55]

Bonitätsbeurteilung für Firmenzielkunden

Bonitätsklassifizierung mit Kontoführung

Kunden-Nr.:	Erstellungsdatum:
Kunde:	

Diskriminanzwert (bzw. Ersatzkennzahlen bei fehlendem D-Wert) per: — Teilrating I

Diskriminanzwert (20 %)	1	2	3	4	5	6	7	8	9	10
Stichtag										
Trend										

Diskriminanzwert-Ersatzkenn-zahlen (20 %)	gut	zufrieden stellend	noch aus-reichend	schlecht	unbekannt
Anlagendeckungsgrad					
Mittelbindungsquote					
Cashflow-Rate nach Steuern					
Personalaufwandsquote					

Bilanzielle Verhältnisse (Mabila-Kennzahlen und Branchenvergleich) — Teilrating II

Ergänzende Mabila-Kennzahlen (10 %)
Haftende EK-Quote
Betriebsrentabilität
Dynamischer Verschuldungsgrad
Liquiditätsgrad II

Umsatzentwicklung im Branchenvergleich (5 %)

Aktuelle Geschäftsentwicklung/Kontoführung

Aktuelle Geschäftsentwicklung (10 %)
Kontoführung (5 %)

Planung, Marktstellung, Management — Teilrating III

Planung (5 %)
Kapitaldienstfähigkeit (5 %)
Produkt/Leistung (10 %)
Produkt-/Leistungsstruktur
Marktentwicklung/Wettbewerb
Managementqualität (15 %)
Vision, Zielvorstellungen
Anpassungsfähigkeit
Entscheidungskompetenz
Zuverlässigkeit
Planungsqualität/Controlling
Fähigkeiten des Unternehmens (15 %)
Führungsstruktur
Innovation/F&E/Geschäftsideen
Logistik
Produktions-/Servicequalität
Marketing, Vertrieb
Beherrschung sonstiger Risiken

Bonitätsklasse (BKL)

Bonitätsklassenabstufung wegen ≤ Konzernverhältnis ≤ sonst. Jahresabschlussinformationen

Unterschrift FKB   Unterschrift FKS

Begründung bei vom Team abweichender Beurteilung

[55] Vgl. *Meyer, C. (2000)*, S. 114.

7   IKB Deutsche Industriebank AG

Als Spezialinstitut für langfristige Unternehmensfinanzierung verfügt die IKB Deutsche Industriebank AG[56] schon seit vielen Jahren über ein System zur Bonitätseinstufung ihrer Kunden. Das nachfolgend beschriebene Rating-Verfahren für den Mittelstand wird nach Auskunft der Bank in Kooperation mit externen Rating-Agenturen sukzessive verbessert. Dadurch ist sichergestellt, dass es ständig den aktuellen Anforderungen (z. B. Basel II) angepasst wird.

Die Struktur des Rating-Verfahrens der IKB Deutsche Industriebank AG zeigt Abbildung 21. Zur Beurteilung der Bonität wird bei diesem Ansatz zunächst aus den **drei Teilratings**

- „Bisherige Unternehmensplanung",
- „Mittelfristige Unternehmensplanung" und
- „Qualitative Erfolgsfaktoren"

eine Vorbewertung eines Kreditnehmers mit Hilfe von Schulnoten zwischen „1" und „5" abgeleitet. Die abschließende Bonitätsbeurteilung, die ebenfalls zwischen „1" und „5" skaliert ist, kann im Fall nicht ausreichender Liquidität – sie wird mittels der Buchstaben A, B, oder C ausgedrückt – von dieser Vorbewertung negativ abweichen.

---

[56] Die Darstellung des Rating-Verfahrens der IKB Deutsche Industriebank AG basiert auf öffentlich zugänglichen Informationen (vgl. *www.ikb.de*). Insbesondere stützen sich die Ausführungen auf *IKB Information – Vor neuen Herausforderungen: Rating für den Mittelstand* sowie *v. Puttkamer, G.-J. (2002)* und *Momburg, C. (2002)*. Vgl. auch *Füser, K./Heidusch, M. (2002)*, S. 74 ff.

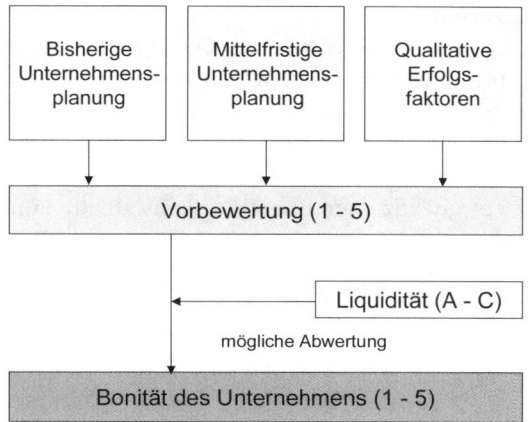

Abbildung 21: Struktur des Rating-Verfahrens der IKB Deutsche Industriebank AG

In das erste Teilrating „**Bisherige Unternehmensentwicklung**" gehen die Kennziffern **Eigenmittelquote, Gesamtkapitalrendite** und **Verschuldungsgrad** ein, die auf Basis der drei letzten Jahresabschlüsse bewertet werden. Zur Beurteilung der **mittelfristigen Unternehmensplanung** werden – basierend auf den Unternehmensplanzahlen – dieselben drei Kennziffern wie zur Bewertung der bisherigen Unternehmensentwicklung herangezogen. Darüber hinaus wird beurteilt, ob in der Vergangenheit die Weichen für eine **nachhaltige Verbesserung des Bilanzbilds** gestellt wurden, woraus eine Anhebung der Teilbewertung resultieren kann. Im umgekehrten Fall kann ein Abschlag in der Bewertung der mittelfristigen Unternehmensplanung vorgenommen werden. Das dritte Teilrating „**Qualitative Erfolgsfaktoren**" wird mithilfe des folgenden Fragenkatalogs ermittelt.

Fragenkatalog (qualitative Faktoren)

1. Führungsstruktur

- Ist die fachliche/branchenmäßige Qualifikation des Managements in technischer wie auch in kaufmännischer Hinsicht nachhaltig erwiesen?
- Besteht innerhalb des Managements/Gesellschafterkreises Interessenidentität?
- Existiert ein qualifizierter Beirat/Aufsichtsrat mit Einflussmöglichkeiten?
- Ist aus der Altersstruktur des Managements oder der Gesellschafter eine geregelte Nachfolge erkennbar?
- Ist die (Organisations-)Struktur des Unternehmens in der Lage, sich kurzfristig auf Wettbewerbsveränderungen einzustellen?

2. Controlling

- Ist im Unternehmen (bzw. in der Unternehmensgruppe) eine Controllingfunktion implementiert (abgestimmte Planungs- und Steuerungsprozesse, Soll-Ist-Vergleiche inklusive Abweichungs- und Ursachenanalyse)?
- Verfügt das Unternehmen über eine zeitnahe Mehrjahresplanung (Investitions-, Finanz- und Ertragsplanung)?
- Existiert ein Debitorenmanagement (Bonitätsprüfung, Kontrolle der Zahlungsfristen, Kreditversicherung)?
- Werden die verbundenen Unternehmen mit wesentlichem Einfluss auf die Ertragslage zeitnah überwacht?
- Bestehen ungedeckte Fremdwährungsrisiken?

3. Unternehmenskonzept

- Unterzieht sich und entspricht das Unternehmen den Anforderungen des KonTraG (Gesetz zur Kontrolle und Transparenz im Unternehmensbereich)?
- Wie stellt sich die Unternehmensstrategie dar?
- Existiert eine fortlaufende/rollierende strategische Planung, in die die aktuelle konjunkturelle Lage und Veränderungen der Branchenkonjunktur einfließen?
- Sind die strategischen Ziele (z. B. Wachstumsziel) im Hinblick auf die aktuelle Unternehmens- und Marktsituation realistisch?

4. Marktposition

- Wie definiert sich die Marktstellung des Unternehmens im Verhältnis zu seinen Wettbewerbern?
- Wie stellt sich der für den Kreditnehmer relevante Absatzmarkt dar?
- Ist das Produktportfolio hinsichtlich Produktlebenszyklen und Variantenvielfalt ausgewogen?
- Bestehen Abhängigkeiten von einzelnen Kunden oder Lieferanten?

5. Produktion

- In welchem Zustand befinden sich die Produktionsanlagen und -maschinen?
- Besteht bei der Verfügbarkeit und der Preisentwicklung von Rohstoffen und Rohprodukten hinreichend planerische Sicherheit und könnten diese gegebenenfalls über Substitutionsmöglichkeiten aufgefangen werden?
- Besteht ein Qualitätssicherheitssystem zur Überwachung der eigenen Produktqualität (u. a. zur Vermeidung von Produkthaftungsrisiken)?
- Stehen die erforderlichen Patente und Lizenzen im Eigentum des Unternehmens bzw. hat das Unternehmen eine uneingeschränkte und „einredefreie" Nutzungsmöglichkeit?
- Wird bestehenden Umweltrisiken durch Umweltschutz- und Sicherheits-Audits sowie Schutzeinrichtungen in ausreichendem Maße Rechnung getragen?

6. Liquidität

- Erfolgt eine zeitnahe/fortlaufende Liquiditätsplanung unter Berücksichtigung von bestehenden Kreditlinien, liquiden Aktiva?
- Ist die Liquiditätslage aufgrund ausreichender freier Linien/Guthaben für einen überschaubaren Zeitraum einwandfrei?
- Können Investitionsentscheidungen aufgrund der Liquiditätslage nur in Abhängigkeit von neuen Vollfinanzierungsmöglichkeiten getroffen werden?
- Kam es in den letzten beiden Jahren zu Bedienungsstörungen bei Fremdverbindlichkeiten oder konnten diese nur durch Neukredite verhindert werden?

Diese ersten drei Teilratings werden zu einer **Vorbewertung** verdichtet, wobei **schlechte Teilbewertungen** überproportional gewichtet werden. Parallel dazu wird die **Liquiditätslage des Unternehmens** – speziell die zeitnahe Liquiditätsplanung, die freien Kreditlinien bzw. Guthaben, das unbelastete Vermögen und das Zahlungsverhalten – betrachtet (vgl. Tabelle 14). Im Fall einer guten Liquiditätslage (Liquidität A) wird die Vorbewertung als Gesamtbeurteilung übernommen. Der ungünstigste Fall (Liquidität C) zieht eine Abwertung bis in die unterste Rating-Kategorie 5 nach sich (vgl. hierzu auch das folgende Beispiel eines IKB-Mittelstand-Ratings).

Liquidität A	▪ zentrale Liquiditätsplanung ▪ ausreichend freie Linien und Guthaben ▪ unbelastetes Vermögen ▪ einwandfreies Zahlungsverhalten zu erwarten	Vorbewertung wird übernommen
Liquidität B	▪ teilweise Nichterfüllung der Kriterien von A	Abwertung der Vorbewertung
Liquidität C	▪ überwiegende Nichterfüllung der Kriterien von A	Abwertung auf Bonität 5.0

Tabelle 14: Liquiditätsbeurteilung der IKB Deutsche Industriebank AG

Im Rahmen der neuen aufsichtsrechtlichen Richtlinien von Basel II wird das Mittelstands-Rating der IKB Deutsche Industriebank AG nach Angaben der Bank größtenteils übernommen. Die IKB erwartet im Normalfall keine pauschale Veränderung der Bonitätsbewertung der Unternehmen. Allerdings können, so die IKB, einzelne Aspekte, die im Basler Papier gefordert und zukünftig im Rating-Prozess der IKB Beachtung finden werden, trotz guter Gesamtbewertung zu einer Abwertung der derzeitigen Bonitätseinstufung des Unternehmens führen. Dazu zählen

- die kritische Bewertung von **Unternehmensgröße** und **Diversifikationsgrad** hinsichtlich Produktprogramm und/oder Absatzmärkten,

- eine stärkere Gewichtung der **Marktsituationen** einzelner Branchen im internationalen und gesamtwirtschaftlichen Vergleich sowie
- eine kritische Bewertung der **Eigenkapitalquote**, die in Deutschland im internationalen Vergleich, nicht zuletzt aufgrund der steuerlichen Behandlung von Eigenkapital, signifikant unterdurchschnittlich ist.

Beispiel

IKB-Mittelstands-Rating

Kunde:	Muster GmbH	Wert	Note
1. Bisherige wirtschaftliche Entwicklung			**3,5**
	a. Eigenmittelquote (in %)	29,45	1,0
	b. Gesamtkapitalrendite (in %)	1,20	4,5
	c. Verschuldungsgrad (in Jahren)	1,80	2,0
2. Mittelfristige Unternehmensplanung			**2,5**
	a. Plan-Eigenmittelquote (in %)	29,11	1,0
	b. Plan-Gesamtkapitalrendite (in %)	5,89	3,5
	c. Plan-Verschuldungsgrad (in Jahren)	1,60	2,0
3. Qualitative Erfolgsfaktoren			**2,5**
	a. Führungsstruktur		3.0
	b. Controlling		2,0
	c. Unternehmenskonzept/Strategie		3,0
	d. Stellung des Kreditnehmers am Markt		2,0
	e. Produktion		2,0
4. Liquidität			**A**
Rating			**3,0**

8   DSGV – Sparkassen

Zukünftig wird in allen Sparkassen ein einheitliches Rating-Verfahren zum Einsatz kommen, das vom Deutschen Sparkassen- und Giroverband (DSGV)[57] im Hinblick auf Basel II entwickelt worden ist.[58] Das Verfahren unterscheidet bei der Wahl der Kriterien und/ oder Gewichte sowohl hinsichtlich der Unternehmensgröße (Nettoumsatz) als auch hinsichtlich der Sektoren „Dienstleistung", „Handel", „Produktion" und „Sonstige" (vgl. Abbildung 22).

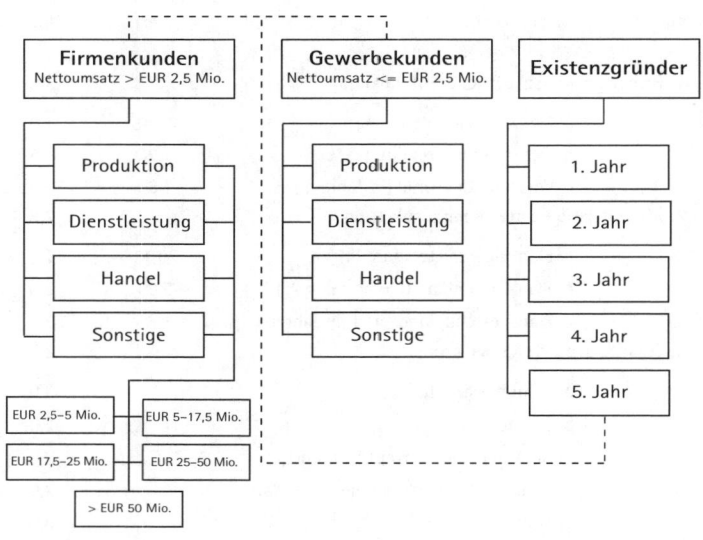

Abbildung 22: Einteilung des DSGV-Rating-Verfahrens (Ausschnitt; nicht dargestellt sind Geschäftskunden und freie Berufe)

---

[57] Der Deutsche Sparkassen- und Giroverband (DSGV) ist der Dachverband der Sparkassen-Finanzgruppe, vertritt deren Interessen und legt die strategischen Ziele fest. Vgl. *www.dsgv.de.*

[58] Vgl. *Schäfer, H./Stuhlinger, M. (2002), Kirchhof, F.-E. (2002)* und *Füser, K./ Heidusch, M. (2002),* S. 77 ff.

Die Einteilung der Unternehmen erfolgt in eine von insgesamt **18 Rating-Klassen**, wobei das Risiko der Engagements in den Klassen „16" und schlechter als nicht mehr vertretbar angesehen wird (vgl. Abbildung 28). Die Struktur des Rating-Verfahrens ist für alle Segmente identisch und in Abbildung 23 dargestellt.

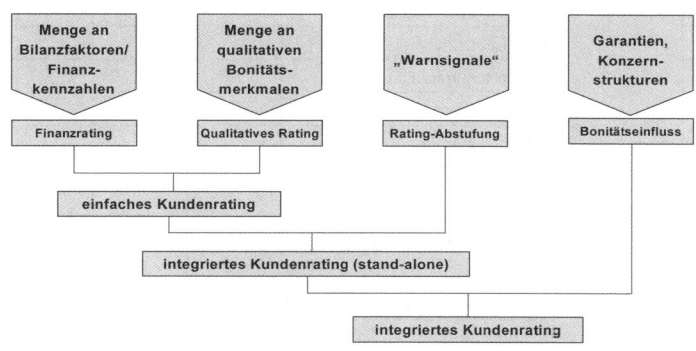

Abbildung 23: Struktur des DSGV-Ratings

Beim **Finanzrating** werden die in Abbildung 24 aufgeführten **Merkmale zur Finanz-, Ertrags- und Vermögenslage** betrachtet.
Wie Abbildung 25 zu entnehmen ist, nimmt die Bedeutung der Vermögenslage mit steigendem Nettoumsatz zu, wohingegen die Finanzlage weniger Einfluss auf das Rating-Ergebnis hat. Bei Unternehmen mit einem Nettoumsatz von unter EUR 5 Mio. wird Wert auf eine gute Liquidität gelegt, was sich in einer relativ hohen Gewichtung der Kreditorenkennzahl widerspiegelt. Hauptfaktor zur Beurteilung der Vermögenslage ist die Eigenkapitalquote. Bei kleinen Unternehmen (Nettoumsatz EUR 2,5 Mio.) liegt das Hauptgewicht auf der Finanzkraft. Bei größeren Unternehmen gewinnen dagegen die Kapitalbindung sowie die Fremdkapitalstruktur zunehmend an Bedeutung.

		Gewerbekunde		Firmen-kunden	
Ertragslage	Return on Investment			x	
	Rohertragsquote	x			
	Zinsaufwandsquote	x		x	
	Mietaufwandsquote	x	**	x	
Vermögens-lage	Eigenkapitalquote	x		x	
	Liquiditätskennzahl	x			
	Lagerkennzahl			x	*
	Lagerdauer			x	*
	Kapitalbindung	x		x	
	Fremdkapitalstruktur	x		x	
Finanzlage	Cashflow: Kennzahl 1	x		x	
	dynamisches Betriebser-gebnis	x			
	Cashflow: Kennzahl 2			x	
	Kreditorenlaufzeit	x	*	x	*

* Nur für die Sektoren „Handel", „Produktion" und „Sonstige".
** Nur für den Sektor „Dienstleistung".

Abbildung 24: Merkmale im DSGV-Finanzrating

Im qualitativen Rating werden im Wesentlichen harte qualitative Faktoren betrachtet, d. h. solche, die objektiv beurteilt werden können. Hierbei sind insbesondere das **Alter der Kundenbeziehung** sowie eventuelle **Kontoüberziehungen** in der Vergangenheit von Bedeutung. Bei Gewerbekunden wird zudem großer Wert auf eine **zeitnahe Debitorenbuchhaltung** gelegt. Darüber hinaus geht die **Rechtsform** entscheidend in das Rating-Urteil ein. Bei größeren Unternehmen (Umsatz > EUR 50 Mio.) liegt der Schwerpunkt auf der Bewertung der **Ergebnis-, Finanz- und Liquiditätsplanung,** dem **Controlling** sowie der **internen Revision.** Entscheidend ist überdies, ob – wenn von Bedeutung – die **Nachfolge** gesichert ist. Planung und Nachfolgeregelung gehen bei kleinen Unternehmen weniger in das qualitative Rating ein. Sie erzeugen jedoch einen Warnhinweis (s.u.) und können das Gesamtrating dadurch maßgeblich (negativ) beeinflussen.

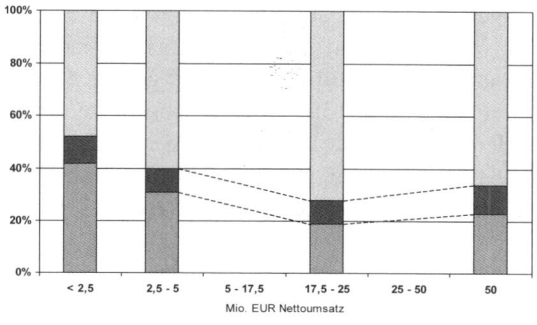

**Abbildung 25: Gewichtung der Rating-Kriterien im
DSGV-Finanzrating (Produktion)**

Weiche qualitative Faktoren werden nur bei Unternehmen mit einem Nettoumsatz von mehr als EUR 17,5 Mio. herangezogen (Abbildung 27). Die Gewichtung der **Bilanz- und Kontodaten** verändert sich kaum. In dem Maße allerdings, in dem sich die Bedeutung der weichen qualitativen Faktoren bei zunehmender Unternehmensgröße der Firmenkunden erhöht, vermindert sich der Einfluss der harten qualitativen Faktoren. Dabei gehen Kriterien zur **Unternehmensführung**, zur **Planung und Steuerung**, zu **Markt und Produkt** sowie zur **Wertschöpfungskette** in das qualitative Gesamturteil ein (vgl. Abbildung 26).

Eine **Bewertung der Branche** wird im Fall von Unternehmen mit weniger als EUR 17,5 Mio. Nettoumsatz nicht vorgenommen. Bei größeren Unternehmen wird die Branchenentwicklung im Rahmen der Bewertung von Markt und Marktposition dagegen explizit berücksichtigt.

Nach der Verdichtung von Finanzrating und qualitativem Rating zum **einfachen Kundenrating** (vgl. Abbildung 23) werden beim DSGV-Rating **Warnsignale** untersucht, die unabhängig von allen anderen Faktoren zu einer Verschlechterung des Ratings führen können (vgl. Abbildung 28). Zu einer Abstufung um ein bis drei Rating-Klassen kommt es z. B. bei **ununterbrochenen Überziehungen**, bei der **Verzögerung vereinbarter Leistungsraten** oder Last-

schriftrückgaben. Hat ein Gewerbekunde mit nur einem Geschäftsführer die Nachfolge nicht geregelt und sind Anzeichen für eine Beeinträchtigung seiner körperlichen und geistigen Leistungsfähigkeit zu erkennen, so führt dies zu einer Abstufung um eine Rating-Klasse. Andere Warnsignale führen zu einer Deckelung bei Rating-Klasse 13. Beispiele hierfür sind etwa **Kontopfändungen, Scheckrückgaben** oder die **Kündigung eines Kredits** bei einer anderen Bank.

Unternehmens-führung	Strategie	■ Plausibilität der Unternehmens-führung ■ Strategiemanagement
	Management	■ persönliche/fachliche Qualifikation der 1. Managementebene ■ Qualifikation der 2. Managementebene ■ Zusammenarbeit/Kommunikation innerhalb des Managements
	Personal	■ Personalmanagement ■ Personalzufriedenheit ■ Arbeitsmarktsituation ■ spezifische personelle Risiken
Planung und Steuerung	Informationspolitik	■ Unterlagen des Unternehmens ■ Auskunftsverhalten
	Planung	■ GuV-/Bilanzplanung ■ Finanz- und Liquiditätsplanung ■ Investitionsplanung
	Controlling	■ Unternehmenssteuerungskonzept ■ Kostenrechnung ■ unterjähriges Berichtswesen ■ Liquiditätsmanagement ■ Risikofrüherkennungssystem

Markt und Produkt	Produkt	■ Produktsortiment ■ Qualität der Produkte/Dienstleistungen
	individuelle Marktstellung	■ Marktposition ■ Konkurrenzsituation ■ Stabilität des Wettbewerbs
	allgemeine Branchenentwicklung	■ Marktwachstum ■ Branchenrentabilität ■ Innovationsgeschwindigkeit ■ Marktschwankungen
	Absatzmarkt	■ Auftragsbestand ■ Kapazitätsauslastung ■ Bonität der Kunden ■ Abhängigkeit von Kunden
	Abhängigkeiten/ spezifische Risiken	■ politisch-rechtliche Risiken ■ gesellschaftliche Trends ■ sonstige Risiken
Wertschöpfungskette	Organisation	■ Aufbauorganisation ■ Ablauforganisation ■ Qualitätsmanagement
	Forschung und Entwicklung	■ Umfang ■ Effektivität
	Einkauf und Lagerhaltung	■ Einkaufskonditionen ■ Qualität der Lieferanten ■ Abhängigkeit von Lieferanten ■ Lagermanagement
	Produktion und Leistungserstellung	■ Produktionsanlagen ■ Prozess der Leistungserstellung
	Marketing und Vertrieb	■ Marketingkonzept ■ Vertriebssteuerung

Abbildung 26: Weiche qualitative Kriterien im DSGV-Rating (mittlere und große Firmenkunden)

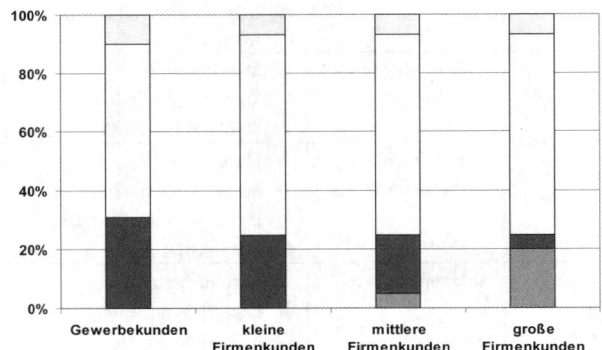

Abbildung 27: Gewichtung der Rating-Kriterien des DSGV nach Firmengröße

Das Konzept des **Haftungsverbunds** bezieht sich im DSGV-Rating sowohl auf Kreditnehmer, die zu einem Konzern gehören, als auch auf solche, bei denen die öffentliche Hand Gesellschafter ist. Erhält der Konzern ein besseres Rating als der Kreditnehmer, so ist bei einer normalen Verflechtung alleine das Kreditnehmerrating maßgebend. Im Fall einer stärkeren Verflechtung kann dieses um eine Rating-Klasse aufgewertet werden. Das Konzernrating bzw. das der öffentlichen Hand kommt nur dann zum Tragen, wenn eine starke Verflechtung vorliegt.

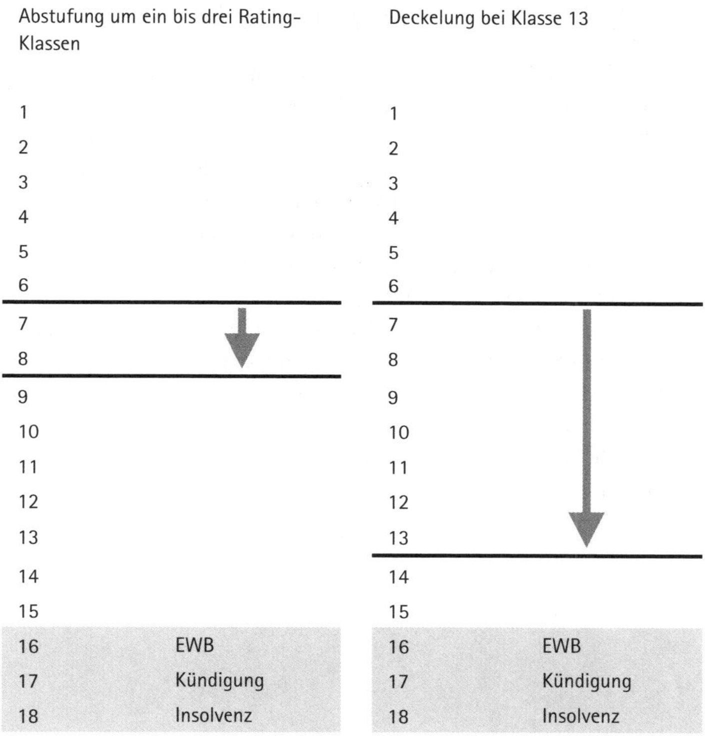

Abstufung um ein bis drei Rating-
Klassen

Deckelung bei Klasse 13

	Abstufung		Deckelung	
1		1		
2		2		
3		3		
4		4		
5		5		
6		6		
7		7		
8		8		
9		9		
10		10		
11		11		
12		12		
13		13		
14		14		
15		15		
16	EWB	16	EWB	
17	Kündigung	17	Kündigung	
18	Insolvenz	18	Insolvenz	

**Abbildung 28: Mögliche Auswirkungen von Warnhinweisen im
Rating-Verfahren der Sparkassen**

E

9 BVR – Volks- und Raiffeisenbanken

Im bisherigen Verfahren zur Kreditwürdigkeitsprüfung der Volks-
und Raiffeisenbanken wurden alle Engagements im Firmenkunden-
geschäft über ein einziges Rating-System abgebildet. Da dieser Ansatz der Bandbreite des Kreditgeschäfts im Genossenschaftssektor
nicht mehr gerecht wird, wurden (bzw. werden) vom Bundesverband der Deutschen Volksbanken und Raiffeisenbanken (BVR)[59]
spezielle Rating-Verfahren für verschiedene Segmente im Firmen-
kundenkreditgeschäft entwickelt (vgl. Abbildung 29).[60] Die Bonitätseinstufung erfolgt – für alle Segmente einheitlich – in **25 Rating-
Klassen**, die in Tabelle 15 zusammen mit den dazugehörigen Ausfallwahrscheinlichkeiten sowie der daraus resultierenden Eigenkapitalanforderung gemäß dem IRB-Basisansatz (LGD = 50 %) für
einen Kredit über EUR 5 Mio. dargestellt sind (vgl. auch Abbildung
4 auf S. 42).

---

[59] Der Bundesverband der Deutschen Volksbanken und Raiffeisenbanken (BVR)
ist der Spitzenverband der genossenschaftlichen Finanzwirtschaft in Deutschland und die Interessenvertretung der Volks- und Raiffeisenbanken auf bun-
desweiter und internationaler Ebene. Vgl. *www.bvr.de.*

[60] Die Darstellung basiert auf *Stuhlinger, M. (2001), Schäfer, H./Stuhlinger, M.
(2002)* und *Erxleben, S./Krob, B. (2002).* Vgl. auch *Füser, K./Heidusch, M.
(2002),* S. 82 ff.

Segmentbezeichnung		Definition	Größenabgrenzung
Privatkun-den	Massengeschäft	Privatpersonen und sehr kleine Gewerbetreiben-de mit unbe-schränkter persönlicher Haftung	bis zu EUR 1 Mio. investier-bares Vermögen
	gehobene Privat-kunden		Teil des Massengeschäfts mit investierbarem Vermö-gen über EUR 1 Mio.
	privater Hypothe-kenkredit		keine Größenabgrenzung
	nicht bilanzieren-de Gewerbekun-den		bis zu EUR 500.000 Umsatz
Firmen-kunden	Mittelstand	Gewinnorien-tierte juristische Personen mit mehr als fünf Jahren Ge-schäftsbetrieb, deren Geschäft zu einem we-sentlichen Teil außerhalb der Bereiche Land-wirtschaft, Fi-nanzdienstleis-tung und Immo-bilien liegt	bis zu EUR 5 Mio. Umsatz
	Oberer Mittel-stand		EUR 5 Mio. bis EUR 1 Mrd. Umsatz
	große Firmenkun-den		über EUR 1 Mrd. Umsatz
	ausländische Kunden		bis zu EUR 1 Mrd. Umsatz
Start-ups	Start-ups	Unternehmen mit weniger als fünf Jahren Geschäftsbetrieb	bis zu EUR 7,5 Mio. Umsatz

Abbildung 29: Rating-Segmente der Volks- und Raiffeisenbanken (Ausschnitt)[61]

---

[61] Vgl. *Erxleben, S./Krob, B. (2002)*, S. 31.

Rating-Klasse	Bezeichnung	Ausfallwahrschein-lichkeit (PD) in %	Eigenkapitalanfor-derung in TEUR[62]
1a	sehr gute Bonität	0,01	41,4
1b		0,02	58,8
1c		0,03	72,3
1d		0,04	84,0
1e		0,05	94,3
2a	gute Bonität	0,07	112,2
2b		0,10	134,9
2c		0,15	166,0
2d		0,23	205,7
2e		0,35	252,1
3a	befriedigende Bonität	0,50	297,2
3b		0,75	354,1
3c		1,10	412,6
3d		1,70	484,8
3e		2,60	565,1
4a	ausreichende Bonität	4,00	668,8
4b		6,00	804,5
4c	kritische Bonität	9,00	990,9
4d	sehr kritische Bonität	13,50	1.228,4
4e	äußerst kritische Bonität	20,00	1.498,4
5a	mehr als 90 Tage Überziehung	100,00	
5b	EWB	100,00	
5c	Zinsfreistellung	100,00	
5d	Insolvenz	100,00	
5e	zwangsweise Abwick-lung/Ausbuchung	100,00	

Tabelle 15: Rating-Klassen des zukünftigen BVR-Ratings[63]

---

[62] Nach dem IRB-Basisansatz („November-Formel", vgl. Anhang 1) bei einem Kredit über EUR 5 Mio. (LGD = 50 %).

[63] Vgl. *Stuhlinger, M. (2001)*, S. 19.

Im Folgenden wird das (zukünftige) BVR-Rating für das Segment „Mittelstand" beschrieben, das für Unternehmen zum Einsatz kommt, die seit mehr als fünf Jahren existieren und einen Umsatz von bis zu EUR 5 Mio. aufweisen. Die Struktur dieses Ansatzes zeigt Abbildung 30. Das hier beschriebene Mittelstandsrating gliedert sich in **sieben Teilbereiche**, von denen die ersten vier – Jahresabschluss, private Vermögensverhältnisse, Kontoführung und Betriebswirtschaftliche Auswertung (BWA) – die aktuelle Vermögens-, Finanz- und Ertragslage beurteilen. In den Bereichen Markt/Branche, Unternehmen/Management und Unternehmensplanung geht es ergänzend um die Bewertung der zukünftigen Unternehmensentwicklung.

Rating der Volksbanken/Raiffeisenbanken		
vergangenheitsbezogene und aktuelle Vermögens-, Finanz- und Ertragslage	1. Jahresabschluss	Kernrating
	2. Private Vermögensverhältnisse	
	3. Kontoführung	positive bzw. negative Modifikatoren
	4. Betriebswirtschaftliche Auswertung (BWA)	
zukünftige Unternehmensentwicklung	5. Markt/Branche	
	6. Unternehmen/Management	
	7. Unternehmensplanung	

Abbildung 30: Struktur des BVR-Ratings für das Segment „Mittelstand"

Die Beurteilung der **wirtschaftlichen Verhältnisse** erfolgt über eine Scoringfunktion, die auf Basis von verdichteten Bilanz- und GuV-Daten arbeitet und derzeit von fünf Kennzahlen – je eine zur Vermögens-, Finanz- und Liquiditätslage und zwei Kennzahlen zur Ertragslage, vgl. Tabelle 16 – abhängt. Sind die **privaten Vermögensverhältnisse** von Bedeutung, so wird für sie ein eigener Teilscore bestimmt. Zusammen mit dem Teilscore „Jahresabschluss" ergibt

sich zunächst ein **Kernrating**. Alle übrigen Kriterien wirken dann
modifizierend – positiv oder negativ – auf dieses Kernrating ein.

Kennzahl	Beschreibung	Berechnung	Typisches Spektrum
Vermögens-lage	bilanzielle Eigenkapital-quote zuzüglich der gesamten Rückstellungen	$\dfrac{\text{bilanzielles Eigenkapital} + \text{Rückstellungen}}{\text{Gesamtkapital}}$	-10 - 40 %
Ertragslage I	um Abschreibungspolitik korrigierte betriebliche Gesamtkapitalrendite	$\dfrac{\text{Betriebsergebnis vor Steuern} + \text{planmäßige AfA}}{\text{Gesamtkapital}}$	2 - 20 %
Ertragslage II	um Zinsaufwand, Kosten- und Ertragssteuern und die im Mittelstand typi-sche Verzerrung im Per-sonalkostenbereich korri-gierte Gesamtkapital-rentabilität	$\dfrac{\text{JÜ} + \text{Personal- und Zinsaufwand} + \text{Steuern gesamt}}{\text{Gesamtkapital}}$	25 - 90 %
Liquiditäts-lage	Über-/Unterdeckung der gesamten Forderungen und liquiden Mittel ge-genüber den kurzfristigen Verbindlichkeiten	$\dfrac{\text{Forderungen} + \text{flüssige Mittel} - \text{kurzfristige Verbind-lichkeiten}}{\text{Gesamtkapital}}$	-41 - 10 %
Finanzlage	Prozentanteil der Ge-samtleistung, der für Zinsaufwendungen ver-wendet wird	$\dfrac{\text{Finanzergebnis (Betei-ligungs-/Zinserträge} - \text{Zinsaufwand)}}{\text{Gesamtkapital}}$	-3 - 0 %

**Tabelle 16: Kennzahlen im BVR-Rating für das Segment
„Mittelstand"**[64]

Zur Beurteilung der verbleibenden Bereiche bestehen Scorecards
bzw. strukturierte Fragebögen. Zum Bereich „**Kontoführung**" werden z. B. die folgenden Fragen gestellt:

● Hat die Bank einen umfassenden Blick auf die Kontobewegungen
des Kreditnehmers?

● Wie stellt sich die Kontosaldenentwicklung im Zeitablauf dar?

---

[64] Vgl. *Stuhlinger, M. (2001)*, S. 17.

- Sind gewisse Negativmerkmale aufgefallen?

Im Rahmen der Beurteilung der **Betriebswirtschaftlichen Auswertung** innerhalb des BVR-Ansatzes für das Segment „Mittelstand" geht es darum festzustellen, ob sich seit dem letzten Jahresabschluss Veränderungen bezüglich der wirtschaftlichen Verhältnisse des Kreditnehmers ergeben haben. Darüber hinaus wird bewertet, ob unterjährige BWAs erstellt und diese der Bank zeitnah zur Verfügung gestellt werden.

In die Beurteilung des Bereichs „**Markt/Branche**" gehen Angaben zur **Abnehmer- und Lieferantenstruktur**, zur **Konkurrenzintensität** und zum **Produkt/Sortiment** ein. Im Einzelnen werden die folgenden Fragestellungen betrachtet:

- Wie viele Kunden hat das Unternehmen?
- Wie hoch ist der Umsatz des Hauptkunden bzw. der drei wichtigsten Kunden?
- Wie viele Lieferanten hat das Unternehmen?
- Auf wie viele Kunden entfällt der Hauptmaterialeinsatz bzw. Hauptwareneinsatz?
- Gibt es bedeutende Liefer- und Absatzverträge?
- Wie viel Prozent der Umsätze werden in Fremdwährung abgewickelt?
- Wie viele direkte Konkurrenten hat das Unternehmen?
- Wie viele Produktgruppen hat das Unternehmen?
- Wie lange sind die Produktlebenszyklen?

Im Bereich „Unternehmen und Management" geht es um die fachliche und persönliche Eignung der Führungskräfte, die Organisationsstruktur des Unternehmens sowie die Qualität des Rechnungswesens und die Informationspolitik. Darüber hinaus werden

- die Risiken, denen der Kreditnehmer ausgesetzt ist,
- die Existenz einer Kostenstellen- und Kostenartenrechnung,
- die Existenz einer Vor- und Nachkalkulation,
- die Existenz eines geordneten Forderungswesens,
- das Verhalten des Kunden in Bezug auf Informationen und Absprachen und
- das Vorhandensein bestimmter Versicherungen

beurteilt. Art und Umfang der Planung im Bereich Bilanz, Ergebnis, Investitionen, Finanzen und Liquidität werden im Teilscore „**Planung**" bewertet. Fragestellungen sind in diesem Zusammenhang:

- Ist im Unternehmen ein formaler, jährlicher Planungsprozess etabliert?
- In welchem Umfang liegen Planungen vor?
- In welcher Qualität und Regelmäßigkeit liegen Planungen vor?

Vorbereitung auf ein Rating
Zur optimalen Vorbereitung auf ein Rating bei einer Volks- oder Raiffeisenbank sollte der in Anhang 2 abgebildete Fragenkatalog herangezogen werden. Darüber hinaus sind der Bank die folgenden Unterlagen vorzulegen.[65] Was die Bank im Einzelnen benötigt, hängt jedoch von den Umständen bzw. der Komplexität des Einzelfalls ab.

- Jahresabschlüsse der letzten drei Jahre (soweit es sich nicht um eine Existenzgründung handelt)
- weitere Angaben zum Jahresabschluss (sofern nicht im Anhang enthalten):
  – Anlage- und Verbindlichkeitenspiegel
  – angewandte Abschreibungsmethoden
  – angewandte Bewertungsmethode für das Vorratsvermögen
  – Aufstellung der Kundenforderungen und/oder der Lieferantenverbindlichkeiten nach Fälligkeit (zum Bilanzstichtag)
  – Höhe der Geschäftsführer- und Ehegattengehälter
  – Höhe der an Gesellschafter oder Ehegatten bezahlten Mieten
- Einnahmen-Überschuss-Rechnung (bei nicht bilanzierungspflichtigen Unternehmen, z. B. Freiberufler, Kleingewerbetreibende) mit Aufstellung des betrieblichen Vermögens und der betrieblichen Verbindlichkeiten
- aktuelle betriebswirtschaftliche Auswertung (BWA) einschließlich Summen- und Saldenliste
- aktuelle Aufstellung des Forderungsbestands und der Lieferantenverbindlichkeiten nach Fälligkeit
- aktuelle Aufstellung des Warenbestands

---

[65] Vgl. *Badischer Genossenschaftsverband (2001)*, S. 20.

- aktuelle Übersicht der vorliegenden Aufträge
- Umsatz-, Kosten- und Ertragsplanung für das laufende und die kommenden ein bis drei Jahre
- Liquiditätsvorschau für die nächsten sechs bis zwölf Monate
- Investitionsplan (bei vorgesehenen Investitionen)
- Handelsregisterauszug (soweit zutreffend)
- Gesellschafterverträge (soweit vorhanden)
- Unterlagen zu den Kreditsicherheiten, z. B. Objektunterlagen, Gutachten, Nachweise
- private Vermögens- und Verbindlichkeitenaufstellung
- aktueller Einkommensteuerbescheid und gegebenenfalls -erklärung
- Angaben zum ehelichen Güterstand und gegebenenfalls Ehevertrag
- möglicherweise weitere Unterlagen in Abhängigkeit von der Art des Unternehmens bzw. des Vorhabens

10 Bankhaus Wölbern & Co.

Am Beispiel des Bankhaus Wölbern & Co. in Hamburg soll das Rating-Verfahren einer kleineren Privatbank diskutiert werden.[66] Das im Folgenden dargestellte Verfahren ist seit Mai 2001 im Einsatz und in seinem Aufbau schon weitestgehend Basel II-konform. Nach Angaben der Bank ist es aber nicht auszuschließen, dass noch kleine Änderungen vorgenommen werden müssen, wenn die endgültige Fassung des Konsultationspapiers aus Basel vorliegt. Die generelle Vorgehensweise, die nachfolgend vorgestellt wird, soll laut Auskunft der Bank aber beibehalten werden.

Die Struktur des Verfahrens, das sich in eine rein quantitative Auswertung des Jahresabschlusses und eine qualitative Bewertung des Kreditnehmers gliedert, ist in Abbildung 31 dargestellt. Die Gewichtung der **fünf Teilbereiche** – „Wirtschaftliche/Finanzielle Verhältnisse", „Bilanzpolitik", „Management- und Unternehmensbeurtei-

---

[66] Die Darstellung basiert auf *Füser, K./Heidusch, M. (2002)*, S. 85 ff.

lung", „Markt und Branche, Produkt und Dienstleistung", „Zukünftige Unternehmensentwicklung" – zeigt Abbildung 32.

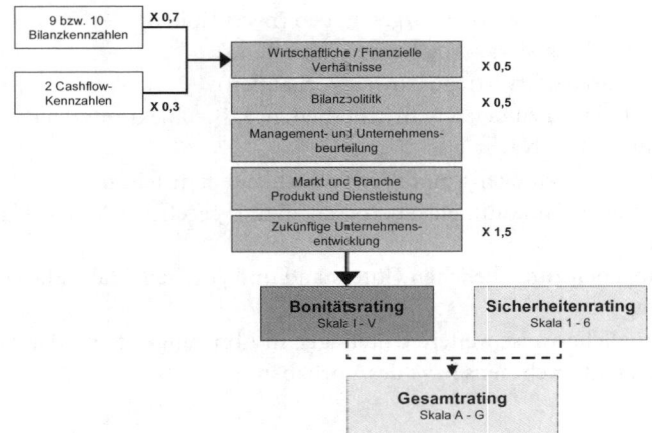

Abbildung 31: Struktur des Rating-Verfahrens des Bankhaus Wölbern & Co.[67]

Jeder der fünf Bereiche wird anhand mehrerer Kriterien bzw. Kennzahlen bewertet. Die Bonitätsnote eines Bereichs bestimmt sich aus dem einfachen Durchschnitt der Bewertung von bis zu 20 Kriterien.[68] Liegen zu einem Kriterium keine Informationen vor, so wird dieses mit der Note „IV" bewertet. Zu allen qualitativen Kriterien sind feste Formulierungen vorgegeben, die eine sichere Beurteilung erlauben. Diese sind in Anhang 3 aufgeführt.

---

[67] Vgl. *Füser, K./Heidusch, M. (2002)*, S. 86.
[68] Die Bewertung erfolgt durch Noten von I bis V.

Bilanzkennzahlen	Cashflow-Kennziffern
▪ Eigenkapitalquote	▪ operativer Netto-Cashflow II in Relation zum EK
▪ Liquidität I	
▪ Liquidität II	▪ Cashflow-Zinsdeckung [operativer Netto-Cashflow II + Zinsertrag relativ zum Zinsaufwand)
▪ Eigenkapitalrentabilität	
▪ Umsatzrentabilität	
▪ Rohertragsquote	
▪ Debitorenlaufzeit/Tage	
▪ Kreditorenlaufzeit/Tage	
▪ Lagerdauer/Tage	
▪ Zinsdeckung	

Tabelle 17: Kennzahlen zur Beurteilung der wirtschaftlichen und finanziellen Verhältnisse

Die **wirtschaftlichen und finanziellen Verhältnisse** werden auch in diesem Rating-Verfahren anhand verschiedener Kennzahlen[69] aus der Bilanz und der GuV beurteilt (vgl. Tabelle 17). Die momentanen wirtschaftlichen Verhältnisse haben im Vergleich zu den in anderen Banken eingesetzten Rating-Verfahren einen verhältnismäßig geringen Einfluss auf das Rating-Ergebnis (11%). Dagegen wird die **Bilanzpolitik**, ausgedrückt durch die Abschreibungsmethode und die Inanspruchnahme von Aktivierungswahlrechten, vergleichsweise stark mit 11 % berücksichtigt (vgl. Abbildung 32).

Der Schwerpunkt der Bonitätsanalyse liegt eindeutig auf der aktuellen und **zukünftigen Unternehmensentwicklung**. Berücksichtigt wird sowohl die Entwicklung seit der letzten Bilanz im Vergleich zum Branchendurchschnitt als auch die Investitions- und Finanzierungspolitik des Unternehmens.

Großen Wert wird darüber hinaus auf die Bewertung von **Markt und Branche** sowie **Produkt und Dienstleistung** gelegt. Hier werden nicht nur die Markt- und Branchenentwicklung, die Marktstruktur, die Marktzugangsbedingungen, eventuelle Marktregulierungen oder die Konjunkturabhängigkeit bewertet, sondern auch die Produktion und das Produkt/Sortiment selbst. Die fachlichen

---

[69] Je nach Branche werden neun bzw. zehn Bilanzkennzahlen ermittelt. Liegen mindestens zwei Bilanzen/GuVs vor, werden zusätzlich zwei Cashflow-Kennzahlen gebildet.

und persönlichen Eigenschaften des Unternehmers sowie das Rechnungswesen/Controlling oder die Aufbau- und Ablauforganisation sind unter dem Bereich „**Management- und Unternehmensbeurteilung**" zusammengefasst, der mit 22 % in das Gesamturteil eingeht.

22%

22%   34%

11%   11%

☐ Wirtschaftliche/finanziel e Verhältnisse
■ Bilanzpolitik
☐ Management- und Unternehmensbeurteilung
☐ Markt und Branche, Produkt und Dienstleistung
■ Zukünftige Unternehmensentwicklung

Abbildung 32: Gewichtung im Rating des Bankhaus Wölbern & Co.[70]

Das Rating-Verfahren des Bankhaus Wölbern & Co. beinhaltet so genannte „**K.o.-Kriterien**", die einen starken Einfluss auf das Gesamturteil haben können. Unter „K.o.-Kriterien" werden im Rating-Verfahren des Bankhaus Wölbern & Co. einzelne, festgelegte Kriterien verstanden, für die eine Bewertung mit „V" dazu führt, dass der gesamte Bewertungsbereich dieses schlechteste Urteil erhält. In Tabelle 18 sind diese „K.o.-Kriterien" aufgelistet, nähere Angaben zu den Bedingungen finden sich in Anhang 3. Hervorzuheben ist, dass neben üblichen Negativmerkmalen wie Liquiditätsproblemen oder einer schlechten Abnehmerstruktur auch persönliche Eigenschaften

---

[70] Vgl. *Füser, K./Heidusch, M. (2002)*, S. 87.

des Unternehmers – Zuverlässigkeit/Vertragstreue/Termintreue, Informationsverhalten – als „K.o.-Kriterium" gewertet werden. Darüber hinaus kann sich eine schlechte Markt- und Branchenentwicklung deutlich negativ auf das Rating-Urteil auswirken.

Unternehmensbeurteilung	■ Zuverlässigkeit/Vertragstreue/Termintreue ■ Informationsverhalten ■ Nachfolge (erforderlich ab 60 Jahren) ■ Aussagefähigkeit durch: Liquiditätsplan, Finanzplan, Investitionsplan, Budget
Markt und Branche/ Produkt und Dienst- leistung	■ Markt- und Branchenentwicklung ■ Abnehmer ■ Export ■ Lieferanten ■ Import
Zukünftige Unterneh- mensentwicklung	■ Unternehmensentwicklung seit letzter Bilanz ■ Liquidität

Tabelle 18: „K.o.-Kriterien" des Bankhaus Wölbern & Co.

E   Externes Rating

Viele Unternehmer sind sich – wie Befragungen belegen – der vielfältigen Funktionen, die Ratings für ihre Unternehmen haben können, nicht bewusst. Ein externes Rating ist daher in der deutschen Unternehmenslandschaft immer noch eher die Ausnahme als die Regel.

Ein externes Rating[71] ist ein **Bonitätsurteil** über ein „Rating-Objekt", i. d. R. ausgedrückt durch ein Symbol. „Geratet" werden können sowohl Schuldner (**Emittenten-Rating**, z. B. Unternehmen oder Staaten) als auch genau definierte Finanztitel (**Emissionsrating**, z. B. Wertpapiere oder Investmentfonds). Externe Ratings werden von neutralen, unabhängigen Agenturen erstellt, die weder auf der Kapitalgeber- noch auf der Kapitalnehmerseite als Marktteilnehmer auftreten. Das Rating-Urteil einer externen Agentur ist *keine* Empfehlung für Investoren zum Kaufen, Verkaufen oder Handeln eines Finanztitels und auch keine Garantie für das Unternehmen, Fremdkapital zu günstigen Konditionen zu erhalten. Es trägt jedoch maßgeblich zur Steigerung von Transparenz und Vergleichbarkeit für Investoren und Gläubiger hinsichtlich des mit einem bestimmten Finanzgeschäft verbundenen Risikos bei.

1   Nutzen und Adressaten

Für viele mittelständische Unternehmen stellt sich heute die Frage, ob für sie ein externes Rating interessant ist. Diese Frage kann nicht pauschal beantwortet werden, sondern muss von jedem Unternehmen individuell unter Berücksichtigung der aktuellen Situation sowie der strategischen Planungen für die nächsten Jahre entschieden werden. Um Klarheit darüber zu gewinnen, ob man sich als Unternehmen extern „raten" lassen sollte, empfiehlt es sich, den Entschei-

---

[71] Vgl. hierzu auch die einführende Definition des Begriffs „Rating" in Kapitel B.

dungsbaum „Externes Rating – ja oder nein" (Abbildung 33) einmal zu durchlaufen.

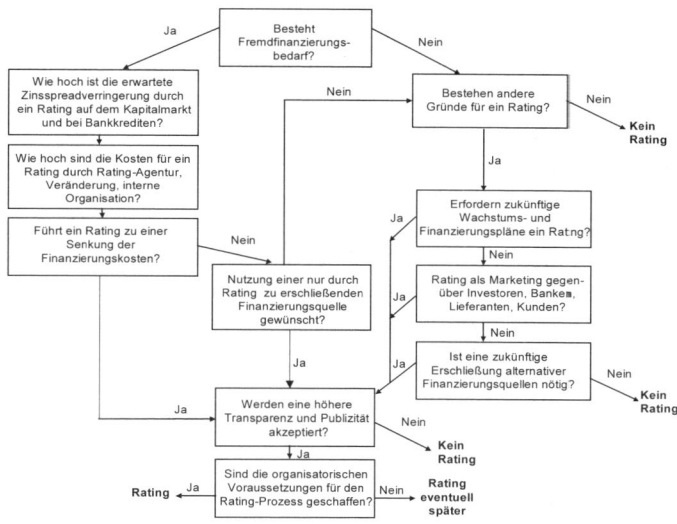

Im Zuge der Umsetzung des Basler Konsultationspapiers (Basel II) werden Ratings externer Agenturen zunehmend an Bedeutung gewinnen, da sie – so wird bzw. wurde vielerorts argumentiert – von Banken, sofern diese den Standardansatz wählen, zur Berechnung der Eigenkapitalunterlegung von Kreditrisiken heranzuziehen sind. Dennoch folgt aus dem Bedarf einer Fremdfinanzierung über einen Bankkredit *nicht* die zwingende Notwendigkeit zur Einholung eines externen Ratings. Zu beachten sind in diesem Zusammenhang vielmehr die beiden folgenden Punkte.

• Nicht alle Banken werden sich für die Anwendung des Standardansatzes entscheiden und damit bei der Risikobeurteilung auf ein externes Rating zurückgreifen. Nach heutigem Stand beabsichtigt ein Großteil der Banken – insbesondere die Großbanken, die

---

[72] Vgl. *Füser, K./Meireis, K. (2001)*, S. 35.

Sparkassen sowie die Volks- und Raiffeisenbanken – einen der IRB-Ansätze zu wählen und damit ihre eigenen Rating-Verfahren anzuwenden.

- Banken dürfen (auch im Rahmen des Standardansatzes) nur solche Ratings verwenden, die von einer aufsichtsrechtlich anerkannten Agentur erstellt worden sind. Für diese Anerkennung ist in Deutschland die BAFin (Bundesanstalt für Finanzdienstleistungsaufsicht, vgl. Hinweis in Kapitel B, Abschnitt 2.2) unter Beachtung der im Basler Konsultationspapier formulierten Mindestanforderungen zuständig. Neben den internationalen Agenturen (Moody's, Standard & Poor's, Fitch Ratings[73]) streben u. a. die folgenden deutschen Agenturen den Status als ECAI (*External Credit Assessment Institution*, Bonitätsbeurteilungsinstitut) an:[74]

- Creditreform Rating AG
- GDUR-Mittelstandsrating AG
- Global-Rating GmbH
- Hermes Rating GmbH
- RS Rating Services AG
- URA Unternehmens Ratingsagentur AG

Es besteht somit zunächst keine Notwendigkeit, sich extern raten zu lassen und ein Rating-Urteil zu veröffentlichen.

Über ein (veröffentlichtes) Rating kann jedoch prinzipiell eine Vielzahl von Adressaten angesprochen werden, die aus unterschiedlichen Gründen an der Bonität eines Unternehmens interessiert sind (vgl. Abbildung 34). Unterschieden werden kann zwischen **primären Adressaten**, die – wie der Unternehmer, die Aktionäre oder die Kreditgeber – ein originäres Interesse an einer Beurteilung der wirtschaftlichen Fähigkeiten des Unternehmens haben, und **sekundären**

---

[73] Die Rating-Agentur Fitch Ratings hat in den letzten Jahren mehrfach ihren Namen geändert. In der Zeit von 1997 (Zusammenschluss von Fitch Investor Services mit IBCA) bis 2000 (Zusammenschluss mit Duff & Phelps) firmierte sie unter dem in der Literatur weit verbreiteten Namen Fitch IBCA. Von 2000 bis Anfang 2002 war der offizielle Firmenname lediglich Fitch. Vgl. *The Bond Buyer*, Vol. 339, No. 31314 (2002).

[74] Vgl. *Everling, O. (2002a)*, S. 18.

Adressaten, bei denen eher ein „Mitnahmeeffekt" im Vordergrund
steht (z. B. Kunden, Lieferanten, Öffentlichkeit).[75]

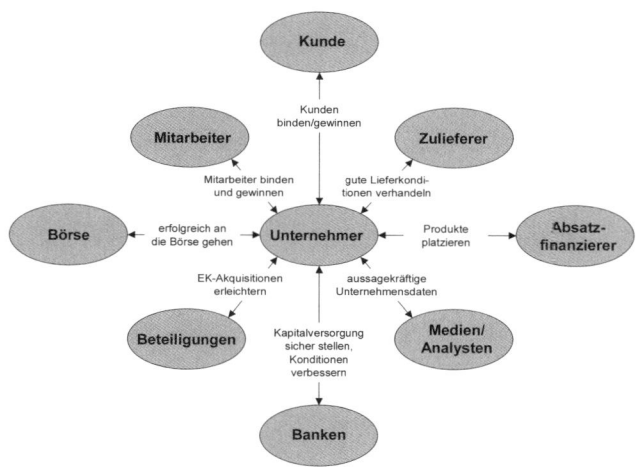

Abbildung 34: Nutzen und Adressaten eines externen Ratings[76]

Ein externes Rating lohnt sich somit aus Sicht des Unternehmens
i. d. R. nur dann, wenn die Gesamtheit der durch das Rating erzielten Vorteile die Kosten für das Rating mindestens kompensiert. Insbesondere entstehen über die eigentlichen **Rating-Gebühren** hinaus
noch **unternehmensinterne Kosten**, da mit der Vorbereitung und
der Datenerhebung ein erheblicher Aufwand verbunden sein kann.
Außerdem fallen in regelmäßigen, meist jährlichen Abständen zusätzliche Kosten für die jeweiligen Folgeratings an.

---

[75] Vgl. *Everling, O. (2002)*, S. 102 ff.
[76] Vgl. *www.ura.de.*

2   Ablauf externer Rating-Prozesse

Im folgenden Abschnitt soll der idealtypische Ablauf eines Rating-Prozesses einer externen Agentur beschrieben werden (vgl. Abbildung 35).[77] Kern eines solchen Prozesses ist ein Analysegespräch mit dem Management des Unternehmens, das sich i. d. R. über mindestens ein bis zwei Tage erstreckt.

Während die Erstellung des Rating-Urteils einer Bank i. d. R. in einen Kreditvergabeprozess fest eingebunden ist, ist die Bonitätsbeurteilung durch eine externe Agentur i. d. R. weitestgehend losgelöst von einer konkreten Verwendung des Urteils zu sehen. In den meisten Fällen beauftragt das zu beurteilende Unternehmen die Agentur mit der Erstellung eines Ratings. Seltener geht die Initiative von anderen (primären) Adressaten – etwa Aktionären oder Gläubigern – aus.

Am Anfang des Rating-Prozesses steht i. d. R. ein ausführliches **Informationsgespräch**, in dem die Regeln zur Zusammenarbeit zwischen Agentur und Unternehmen besprochen werden. In diesem Rahmen werden die von der Agentur benötigten Unternehmensunterlagen sowie der zeitliche Ablauf des Rating-Prozesses fixiert. Verbunden mit diesem Informationsgespräch ist die Ausarbeitung und Unterzeichung des **Rating-Vertrags**, der den Beginn des eigentlichen Rating-Prozesses markiert.

> **Die Rating-Agentur erbringt aus Sicht des Unternehmens eine Dienstleistung, die sie – im Allgemeinen unabhängig vom abschließend erteilten Rating-Urteil – in Rechnung stellt. Daher sollten während des gesamten Rating-Prozesses und insbesondere im Rahmen der ersten Gespräche seitens des Unternehmens die eigenen Erwartungen an den Ablauf offen angesprochen werden.**

---

[77] Vgl. auch *Everling, O./Gromer, S. (2001)*, S. 118 ff. und *Everling, O. (2002)*, S. 95 ff.

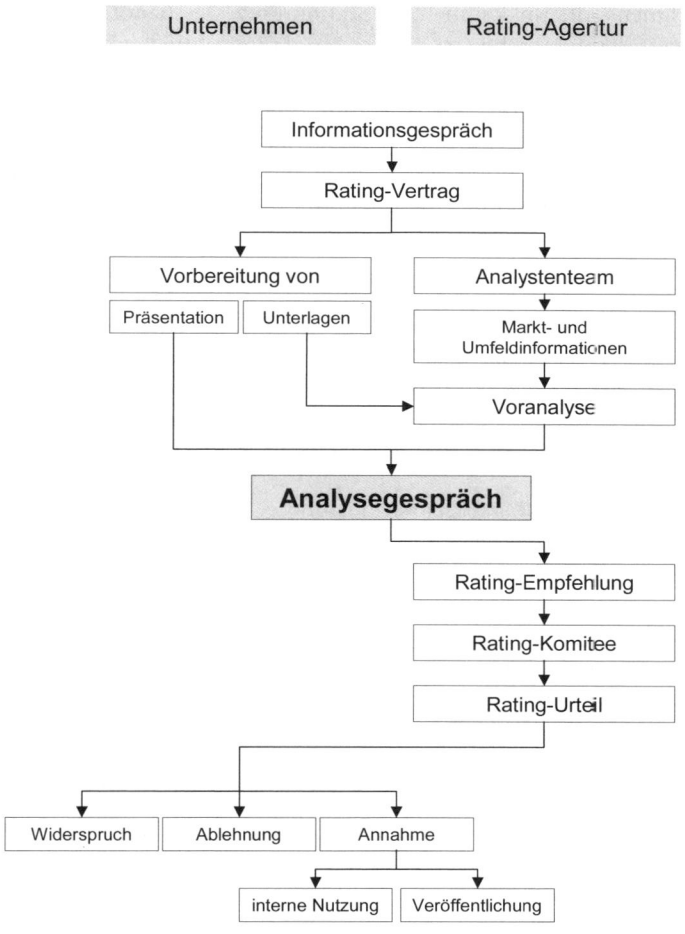

Abbildung 35: Ablauf des Rating-Prozesses einer externen Agentur (schematisch)

Im Anschluss an die ersten Gespräche ist es die Aufgabe des Unternehmens, die im Rahmen des Rating-Prozesses **benötigten Unterlagen** (Jahresabschlüsse der letzten Jahre, aktuelle BWA, Beschreibung von Organisation und Produkten u. a.) zusammenzustellen und der Rating-Agentur frühzeitig, d. h. mindestens zwei Wochen vor dem Termin des Analysegesprächs, zur Verfügung zu stellen. Gleichzeitig sollte seitens des Unternehmens eine **Präsentation** ausgearbeitet werden, die eine umfassende Darstellung des Unternehmens im Rahmen des Analysegesprächs ermöglicht.

Wichtig

- Jede Präsentation braucht eine klare Struktur. Die Zuhörer möchten zu Beginn der Darstellungen wissen, was sie erwartet und in welcher Verbindung die einzelnen Abschnitte zueinander stehen. Als Orientierung kann die folgende Gliederung dienen:
  - Einleitung/Kurzzusammenfassung
  - Unternehmensdaten
  - Produkt und Dienstleistungen
  - Unternehmensorganisation und –strategie
  - finanzielle Situation
  - Ziele und Planungen für die nächsten drei bis fünf Jahre
- Die Präsentation des Unternehmens sollte nicht nur durch Fakten und Inhalt überzeugen, sondern auch durch das Layout.
- Auf die Vorbereitung der Präsentation sowie der schriftlichen Unterlagen sollte viel Sorgfalt verwendet werden. Sinnvoll ist – neben der Beauftragung eines Rating-Advisors (vgl. Abschnitt 3) – die Bildung eines Projektteams, das mit dieser Aufgabe betraut wird.

Nach Auftragserteilung stellt die Rating-Agentur ein **Analystenteam** aus i. d. R. zwei bis drei Spezialisten unterschiedlicher Bereiche zusammen, das individuell auf die Besonderheiten und Erwartungen des zu beurteilenden Unternehmens abgestimmt ist. Wünsche bezüglich der Zusammensetzung dieses Teams sollten nach Möglichkeit bereits vor der Unterzeichnung des Rating-Vertrags geäußert werden.

Während das Unternehmen für die Bereitstellung der unternehmensinternen Informationen verantwortlich ist, stellt die Rating-Agentur die relevanten **Markt- und Umfeldinformationen** zusammen. Dazu werden öffentlich zugängliche und agenturinterne Informationen ausgewertet. Als Vorbereitung auf das Analysegespräch führt das Analystenteam i. d. R. eine **Voranalyse** durch, deren Grundlage die vom Unternehmen vorgelegten Dokumente sowie die Ergebnisse der eigenen Recherche bilden. Dabei werden die Vorstellungen des Unternehmens kritisch auf Plausibilität geprüft, d. h. die Planungen des Unternehmens werden beispielsweise mittels eines agentureigenen Prognosemodells auf ihre Stichhaltigkeit und Widerspruchsfreiheit hin untersucht.

Nach dieser ersten Datenanalyse erfolgt i. d. R. eine **Untersuchung im Betrieb**, deren Umfang von der Betriebsgröße abhängt. Diese Untersuchung findet zumeist in Form von **Analysegesprächen** mit der Geschäftsführung und/oder leitenden Mitarbeitern statt.

> **Das Analysegespräch dient der Abrundung, Ergänzung und abschließenden Vervollständigung des Eindrucks aus der schriftlichen Analyse. Somit ist eine gewissenhafte Vorbereitung des Managements auf diesen Termin von enormer Bedeutung.**

Das Analysegespräch konzentriert sich sachlich kritisch auf die von den Analysten für die Bonitätsbeurteilung als zentral erachteten Aspekte. Es sollte als Dialog – etwa über aktuelle Branchenentwicklungen – verstanden werden, der auch für das Unternehmen aus Benchmarking-Gesichtspunkten einen erheblichen Mehrwert beinhalten kann. Weiterhin umfasst dieses Gespräch auch viele vertrauliche Punkte, z. B. werden die Höhe der stillen Reserven diskutiert oder die Konzernstrategie besprochen. Die Agentur ist bezüglich aller vertraulichen Informationen über das Unternehmen zu strenger Geheimhaltung verpflichtet.

Im Anschluss an das Analysegespräch werden seitens des Analystenteams der Rating-Agentur die Faktoren identifiziert, die den größten Einfluss auf die Bonität des Unternehmens haben. Dazu werden auch die Erfahrungen aus der Beurteilung von Vergleichsunternehmen („peer-group") herangezogen. Zur Unterstützung setzen externe Rating-Agenturen sowohl qualitative als auch quantitative (z. B. statistische) Verfahren ein.

Die grundlegenden Rating-Kriterien, wie in Tabelle 19 dargestellt, sind für externe und interne Ratings annähernd identisch. Beim internen Rating werden zusätzlich die Kontodaten sowie die Geschäftsbeziehung zur Bank mit in die Analyse einbezogen. Die Berücksichtigung dieser Kriterien ist den Rating-Agenturen naturgemäß jedoch nicht möglich.

Managementkompetenz/Führungsinstrumente	Wirtschaftliche Rahmenbedingungen
▓ Eigentümerstruktur/-stabilität ▓ Unternehmensnachfolge ▓ Managementphilosophie/-kompetenz ▓ IT-Umfeld ▓ Controllinginstrumente ▓ Kompetenz zur Vermarktung von Produktideen ▓ Humankapital, Mitarbeiterkompetenz, Fluktuation	▓ Wettbewerbssituation ▓ Länderrisiken ▓ Marktpotenziale und -restriktionen ▓ Struktur der Beschaffungsmärkte ▓ regulatorisches Umfeld, industriepolitischer Rahmen
Geschäftschancen und -risiken	**Finanzielle Verhältnisse**
▓ Kundenmanagement ▓ Produktmanagement ▓ Produktionsstandard ▓ Absicherung von Haftungsrisiken ▓ Innovationsmanagement – Alleinstellungsmerkmale ▓ dezidierte Marktkenntnis ▓ Lieferantenmanagement, Beschaffungsseite	▓ Plausibilität der Unternehmensplanung ▓ Planungsgenauigkeit ▓ Finanzierungs-/Bankenbudget ▓ Liquiditätsplanung ▓ Risikomanagement ▓ Identifikation notwendiger Kennzahlen

Tabelle 19: Rating-Kriterien – eine Übersicht[78]

Am Ende des Analyseprozesses steht die **Rating-Empfehlung** des Analystenteams, die zusammen mit einer ausführlichen Dokumentation an das **Rating-Komitee** übergeben wird. Dieses Gremium, dem i. d. R. neben dem Vorstand der Rating-Agentur weitere erfah-

[78] Vgl. *Gleißner, W./Füser, K. (2002)*, S. 83.

rene Analysten angehören, trifft nach umfassender Beratung und Diskussion das endgültige **Rating-Urteil**, das dem analysierten Unternehmen umgehend mitgeteilt wird.

> **Es steht dem Unternehmen frei, das Rating zu akzeptieren, abzulehnen oder aber Widerspruch einzulegen, was jedoch mit einer erneuten Analyse verbunden wäre.**

Falls das Unternehmen mit der Rating-Entscheidung nicht einverstanden ist, kann es gegen das Rating **Widerspruch einlegen** und der Agentur ergänzende Informationen vorlegen. In diesem Fall überprüft die Agentur, ob sie so grundlegend und neu sind, dass die Notwendigkeit einer Revision des Rating-Urteils besteht. Entscheidet sich das Unternehmen für die Ablehnung des Ratings, so ist der Rating-Prozess beendet. Die im Vertrag vereinbarte Rating-Gebühr wird aber auch in diesem Fall in voller Höhe fällig.

Wird das Rating-Urteil angenommen, muss das Unternehmen bestimmen, ob das Ergebnis lediglich unternehmensintern genutzt oder aber der Öffentlichkeit zugänglich gemacht werden soll. Soll das Rating-Urteil veröffentlicht werden, erfolgt i. d. R. binnen 24 Stunden eine Pressemitteilung über alle relevanten Publikationskanäle der Wirtschaft. Die Publikation des **Rating-Berichts** schließt sich innerhalb der folgenden Wochen an. Dieser Bericht enthält keine Unterlagen, die dem Rating-Komitee zur Feststellung des Ratings vorlagen, sondern ausschließlich Texte, die vom Unternehmen auf sachliche Richtigkeit geprüft und für die Veröffentlichung freigegeben worden sind. Um zu gewährleisten, dass alle wesentlichen Zielgruppen erreicht werden, sollte das Unternehmen eine **Publikationsstrategie** erarbeiten, in der festgelegt wird, wann eine Veröffentlichung in welcher Zeitung bzw. Zeitschrift erfolgen soll oder mit welchen Pressevertretern eventuell Interviews geführt werden sollen.

Die Rating-Agentur begleitet das Unternehmen i. d. R. auch nach dem erstmaligen Rating weiter. Sie überprüft das Rating-Urteil jährlich, wenn nicht aufgrund von besonderen Ereignissen eine unterjährige Überprüfung erforderlich erscheint.

3 Rating-Advisory

Rating-Agenturen können ein Unternehmen nicht bezüglich der Vorbereitung und Optimierung eines Ratings beraten, ohne dadurch ihre Neutralität und Objektivität zu verlieren. Diese Aufgaben können von einem **Rating-Advisor** übernommen werden, dessen Beauftragung insbesondere für solche Unternehmen empfehlenswert ist, die sich erstmalig einem Rating-Prozess stellen. Wie die Analysten der Rating-Agentur verpflichtet sich auch der Rating-Advisor zur vertraulichen Behandlung aller im Rahmen des Rating-Prozesses anfallenden Informationen.

> **Rating-Advisory ist die ganzheitliche systematisch-koordinierte Planung und Steuerung der Aktivitäten beim Rating-Interessenten zur Erreichung eines optimalen Rating-Ergebnisses.**[79]

In Deutschland wird das Rating-Advisory i. d. R. von unabhängigen Consultingfirmen und zunehmend auch von Wirtschaftsprüfungsgesellschaften übernommen. International verfügen meist große Investmentbanken über eine eigene Gruppe für das Rating-Advisory. Die Aufgaben eines Rating-Advisors lassen sich in drei Phasen einteilen (vgl. Abbildung 36):

Aktivitäten zur Entscheidung für ein Rating:
Bereits im Vorfeld des eigentlichen Rating-Prozesses kann der Rating-Advisor wertvolle Hilfestellungen geben. Aufgrund seiner i.d.R. langjährigen Erfahrung ist es ihm möglich, den potenziellen Nutzen eines Ratings einzuschätzen und somit zusammen mit dem Unternehmen den **primären Rating-Zweck** festzulegen. Hat sich das Unternehmen für die Durchführung eines Ratings entschieden und sind die potenziellen Zielgruppen fixiert, unterstützt der Rating-Advisor das Unternehmen bei der Wahl der richtigen Agentur.

---

[79] Vgl. *Meyer-Parpart, W. (2001)*, S. 499.

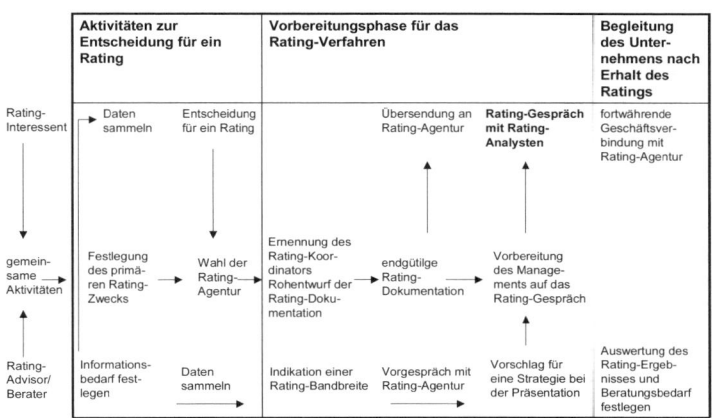

Abbildung 36: Zusammenarbeit mit dem Rating–Advisor[80]

Vorbereitungsphase für das Rating

Kern der Vorbereitung auf ein Rating sind die Zusammenstellung der Rating-Dokumentation sowie die Ausarbeitung der Rating-Präsentation. Dabei arbeitet der Rating-Advisor eng mit dem vom Unternehmen bestimmten **Rating-Koordinator** zusammen. Er bringt jedoch lediglich seine Erfahrung beratend ein; für die Inhalte ist letztlich das Unternehmen selbst verantwortlich. Insbesondere entscheidet das Unternehmen, welche Informationen es an die Rating-Agentur weitergeben möchte. Auf Wunsch des Unternehmens kann der Rating-Advisor eine **Rating-Bandbreite** ermitteln, in die das Rating-Ergebnis des Unternehmens voraussichtlich fallen wird. Am Analysegespräch zwischen Rating-Agentur und Unternehmen ist der Rating-Advisor höchstens passiv beteiligt, d. h. er ist i. d. R. Zuhörer und gibt dem Unternehmen im Anschluss ein Feedback über den Verlauf des Gesprächs.

---

[80] Vgl. *Meyer-Parpart, W. (2001)*, S. 500.

Begleitung des Unternehmens nach Erhalt des Ratings
Die Zusammenarbeit zwischen Rating-Advisor und Unternehmen
bleibt i. d. R. auch nach Abschluss des Rating-Prozesses bestehen.
Dabei erstrecken sich die Aufgaben des Rating-Advisors neben der
Begleitung möglicher Folgeratings vor allem auf die Auswertung des
Rating-Ergebnisses sowie die Ableitung des Beratungsbedarfs.

Die Rating-Agenturen überlassen i. d. R. dem Unternehmen die
Entscheidung, ob ein Rating-Advisor herangezogen wird. Vielfach,
insbesondere im Fall mittelständischer Unternehmen, begrüßen sie
die Beauftragung eines Advisors, da er ihnen einen Teil der Arbeit
abnehmen kann sowie einen reibungslosen und effizienten Ablauf
des Rating-Prozesses garantiert.

4 Beispiele externer Agenturen

Die Landschaft der Rating-Agenturen ist vielfältig. Während die in-
ternationalen Agenturen (vgl. Tabelle 20) in zahlreichen Ländern
vertreten sind, ist der Tätigkeitsbereich der in den letzten Jahren in
Deutschland gegründeten „Agenturen für den Mittelstand" (vgl.
Tabelle 21) auf die nationale Ebene bzw. den deutschsprachigen
Raum beschränkt. Einige dieser Agenturen werden in den folgenden
Abschnitten vorgestellt.

	Kosten für erstmaliges Emittentenrating (EUR)[81]	Adresse
Moody's	60.000	www.moodys.de
Standard & Poor's	50.000	www.standardandpoors.de
Fitch Ratings[82]	35.000	www.fitchratings.com

Tabelle 20: Internationale Rating-Agenturen

[81] Die Angaben sind übernommen aus „HVB Rating Advisory, Ein Informa-
tionsleitfaden zum Thema Rating/Rating Advisory", S. 14.
[82] Vgl. Fußnote 73 auf Seite 132.

	Zielgruppe	Kosten (EUR)	Adresse
URA Unternehmens Ratingagentur AG	mittelständische Unternehmen	ab 18.400	*www.ura.de*
Hermes Rating GmbH	mittelständische Unternehmen mit Jahresumsatz zwischen EUR 25 Mio. und 1 Mrd.	ab 15.000	*www.rating-alliance.de*
Creditreform Rating AG	mittelständische Unternehmen	ab 8.000	*www.creditreform-rating.de*
GDUR Mittelstandsrating AG	Kleinunternehmen (Umsatz EUR 1 Mio. bis ca. 7 Mio.)	ab 2.000	*www.gdur.de*
	mittelgroße Mittelstandsunternehmen (Umsatz EUR 7 Mio. bis ca. 27 Mio.)	ab 8.000	
	große Mittelstandsunternehmen (Umsatz über EUR 27 Mio.)	ab 17.000	
RS Rating Services AG	mittelständische Unternehmen	ab 9.000[83]	*www.rating-services.de*

Tabelle 21: Rating-Agenturen für den Mittelstand[84]

Ein Vorteil der internationalen Agenturen liegt in ihrer langjährigen Erfahrung sowie der damit verbundenen großen Akzeptanz auf dem Kapitalmarkt – ein Aspekt, der bei der Wahl der „richtigen" Agentur

---

[83] Die Kosten für ein u-Rating betragen mindestens EUR 9.000, für ein e-Rating mindestens EUR 2.500. Vgl. *www.rating-services.de.*

[84] Vgl. *Braun, P. (2002) (Hrsg.)*, Abschnitt 4.4. Für die darin gemachten Angaben sind die einzelnen Agenturen selbst verantwortlich.

nicht vernachlässigt werden sollte. Das Rating der deutschen Agenturen ist dagegen auf die Spezifika des Mittelstands ausgerichtet und damit einhergehend mit erheblich weniger Kosten verbunden.

4.1   Standard & Poor's

Standard & Poor's[85] ist als eine der großen internationalen Rating-Agenturen an 21 Standorten vertreten und beschäftigt heute weltweit ca. 5.000 Mitarbeiter. Das deutsche Büro in Frankfurt, in dem etwa 50 Mitarbeiter (darunter 25 Analysten) beschäftigt sind, wurde 1992 eröffnet. Von hier werden derzeit etwa 500 Ratings[86] in Deutschland, Österreich und der Schweiz betreut.

Geschichte von Standard & Poor's

1860	Gründung einer Vorläufergesellschaft von Standard & Poor's durch Henry Poor (Herausgeber von „The History of Railroads and Canals of the United States") Bereitstellung von Finanzinformationen
1916	erste Ratings für Firmenanleihen und Staatsanleihen durch das Standard Bureau
1941	Zusammenschluss mit Poor's Publishing zur Standard & Poor's Corporation
1966	Verkauf von Standard & Poor's an das Verlagshaus The McGraw-Hill Companies Inc.
Januar 1992	Eröffnung des ersten deutschen Büros in Frankfurt/Main

Im Rahmen der Bonitätsbeurteilung eines Industrieunternehmens durch Standard & Poor's werden im Wesentlichen zwei Faktoren analysiert. In die vorwiegend qualitative Bewertung des **Geschäftsrisikos** des Unternehmens fließen Kriterien zu den Branchencharakteristika, zur Wettbewerbsposition sowie zum Management ein. Die Analyse des **Finanzrisikos** umfasst dagegen vorwiegend quantitative

---

[85] Vgl. *www.standardandpoors.de.*

[86] Darunter sind Ratings aus den Bereichen Financial Institutions, Corporate, Public Sector, Insurance, Infrastructure Finance und Structured Finance. Vgl. *www.standardandpoors.de.*

Aspekte (vgl. Tabelle 22). Die Bewertung der einzelnen Kriterien erfolgt durch ein Benchmarking mit weltweit vergleichbaren Unternehmen, die die so genannte „peer-group" („Vergleichsgruppe") bilden.

Geschäftsrisiko	
Analyse der Branchencharakteristika	*Analyse des Managements*
Feststellung bzw. Einschätzung von:	Einschätzung in Bezug auf
▓ Kernbranche	▓ Industrieerfahrung
▓ Wettbewerbssituation	▓ Führung
▓ Konjunkturzahlen	▓ Glaubwürdigkeit
▓ Wachstumschancen	▓ Risikobereitschaft
▓ Anfälligkeit bei Technologiewandel	
▓ Anfälligkeit bei etwaigen staatlichen	**Finanzrisiko**
Regulierungen	Konzentration auf
Analyse der Wettbewerbsposition	▓ Rechnungslegung und deren Anwendungen
▓ Einfluss von	▓ Finanzpolitik des Unternehmens
▓ Marktanteilen	▓ Rentabilität
▓ Marketing	▓ Planzahlen
▓ Technologie	▓ Cashflow-Projektionen
▓ Forschung	▓ finanzielle Flexibilität
▓ Kosteneffizienz	

Tabelle 22: Rating-Kriterien von Standard & Poor's[87]

4.2 Moody's

Moody's Investor's Services[88] ist eine international tätige Rating-Agentur, die u. a. Bonitätsbeurteilungen festverzinslicher Wertpapiere und deren Emittenten erstellt. Die Agentur beschäftigt weltweit rund 800 Analysten sowie 1.500 Angestellte in 15 Büros und ist in 110 Ländern tätig. Das deutsche Büro in Frankfurt/Main wurde 1991 gegründet und ist im Rahmen der regionalen Verantwortung für die deutschsprachigen Länder Europas zuständig. Bis heute hat das Büro u. a. Ratings von mehr als 50 großen und mittelständis-

---

[87] Vgl. *www.standardandpoors.de.*
[88] Vgl. *www.moodys.com.*

chen Industrieunternehmen veröffentlicht. Darin nicht enthalten ist die große Zahl vertraulich erteilter Ratings.

Geschichte von Moody's

1900	Gründung von Moody's Investor's Services durch John Moody
	Veröffentlichung von „Moody's Manual of Industrial and Miscellaneous Securities"
1909	Analyse von Eisenbahnunternehmen und deren Anleihen
1913	Ausweitung der Geschäftstätigkeit auf die Analyse von Industrieunternehmen und Versorgungsunternehmen
1914	Umwandlung von Moody's Investors Service in eine AG
seit 1970	weitere Ausweitung der Geschäftstätigkeit auf Ratings von Handelspapieren und Bankeinlagen
1991	Eröffnung des ersten deutschen Büros in Frankfurt/ Main

Zur Beurteilung der Bonität eines industriellen Emittenten werden von Moody's im Wesentlichen die folgenden Komplexe untersucht:

• Branchentrends
• politisches und regulatorisches Umfeld
• Qualität des Managements und dessen Risikobereitschaft
• operative und wettbewerbliche Stellung
• finanzielle Situation und Liquiditätsquellen
• Unternehmensstruktur
• Unterstützung durch die Muttergesellschaft
• Ereignisrisiko

Die Rating-Symbole für Emittentenratings von Moody's und Standard & Poor's sind in Kapitel B, Abschnitt 1, Abbildung 1 dargestellt.

4.3 URA Unternehmens Ratingagentur AG

Die URA Unternehmens Ratingagentur AG[89] mit Sitz in München wurde 1998 unter dem Dach des Bildungswerks der Bayerischen Wirtschaft e. V. und einer privaten Wirtschaftsprüfungsgesellschaft gegründet und unterhält in Deutschland zahlreiche Repräsentanzen.[90] Sie ist damit nach Eröffnung der Büros US-amerikanischer Agenturen sowie ersten Initiativen von wissenschaftlicher Seite an deutschen Hochschulen die älteste Rating-Agentur in Deutschland. Bis Ende 2000 wurden von der URA AG insgesamt 39 mittelständische Unternehmen aus unterschiedlichen Branchen mit einem Jahresumsatz von EUR 3,5 Mio. bis EUR 500 Mio. beurteilt.

Das **URA Unternehmens-Rating** ist nach Aussagen der Agentur genau auf den Bedarf und die Struktur von mittelständischen Unternehmen ab EUR 10 Mio. Umsatz und mindestens 50 Mitarbeitern ausgerichtet. Für kleine und mittlere Unternehmen (Umsatz bis zu EUR 10 Mio. und weniger als 50 Mitarbeiter) wurde ein eigener Ansatz, das **URA Rating KMU**, entwickelt.

In das Rating-Urteil gehen Kriterien zu den folgenden sechs Bereichen ein (Gewichtung für URA Unternehmens-Rating):

1. Management und Organisation (20 %)
2. Personal (15 %)
3. Finanzwirtschaft (40 %)
4. Produkt und Märkte (15 %)
5. Produktions- und Informationstechnologie (5 %)
6. Standort und Ökologie (5 %)

Neben der Verdichtung der einzelnen Kriterien zu einer von insgesamt 21 Rating-Klassen (vgl. Abbildung 37) erfolgt eine Darstellung der Ergebnisse in einem ausführlichen Rating-Bericht. Als Analysten setzt die URA Unternehmens Ratingagentur erfahrene Experten aus der Wirtschaft ein, die nach Möglichkeit in der Region des auftraggebenden Unternehmens ihrem Hauptberuf als Unternehmensber-

---

[89] Vgl. *www.ura.de* und *Probst, M.R. (2001)*.

[90] Repräsentanzen der URA Unternehmens Ratingagentur AG finden sich derzeit in Hamburg, Münster, Dortmund, Düsseldorf, Wiesbaden, Nürnberg und Stuttgart.

ater, Steuerberater oder Wirtschaftsprüfer nachgehen. Alle Analysten der URA AG verpflichten sich zur Einhaltung der Grundsätze des Rating Cert e. V. (vgl. Hinweis).

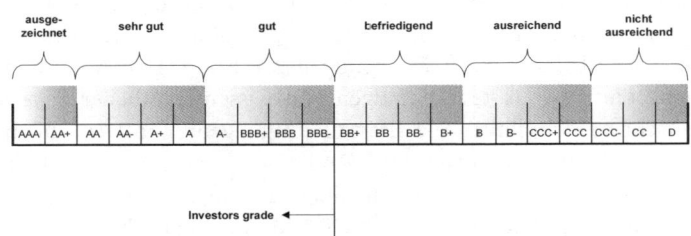

Abbildung 37: Rating-Skala der URA Unternehmens Ratingagentur AG

Auf Wunsch des beauftragenden Unternehmens wird diesem seitens der URA AG ein Rating-Advisor (Unternehmensberater, Steuerberater, Wirtschaftsprüfer oder vereidigter Buchprüfer) zur Seite gestellt, der das Unternehmen mit dem Rating-Prozess vertraut macht, es währenddessen begleitet und im Anschluss bei der Analyse des Rating-Ergebnisses unterstützt.

Hinweis

Rating Cert e. V.

Der Rating Cert e. V. ist ein wirtschaftsfördernder, gemeinnütziger Verein, der es sich zum Ziel gesetzt hat, „allgemeingültige Qualitätsstandards für die Durchführung von Unternehmensratings für den Mittelstand zu entwickeln"[91]. Die 1999 aufgestellten Rating-Grundsätze orientieren sich an vergleichbaren Regelwerken anderer Berufsgruppen (z. B. Wirtschaftsprüfer) und sind in die folgenden Abschnitte gegliedert:

---

[91] *www.ratingcert.de.*

1. Allgemeine Pflichten der Rating-Agentur
2. Erhebungsgrundsätze
3. Beurteilungsgrundsätze
4. Allgemeine Pflichten des Analysten

Die Mitglieder des Rating Cert e. V. – Initiatoren neuer Rating-Agenturen, Vertreter bestehender Agenturen sowie Analysten oder Berater, die in der Rating-Branche tätig sind – ve̱pflichten sich zur Einhaltung der Grundsätze; Sanktionsmöglichkeiten gibt es derzeit nicht.

4.4   Creditreform Rating AG

Die Creditreform Rating AG[92], eine hunderprozentige Tochter des Verbands der Vereine Creditreform, erstellt Ratings für mittelständische Unternehmen. Der Rating-Prozess, der von der Auftragserteilung bis hin zur endgültigen Fertigstellung des Ratings etwa vier bis sechs Wochen in Anspruch nimmt, gliedert sich in die drei Teilbereiche Finanzanalyse, Brancheneinschätzung und Managementgespräch (vgl. Abbildung 38).

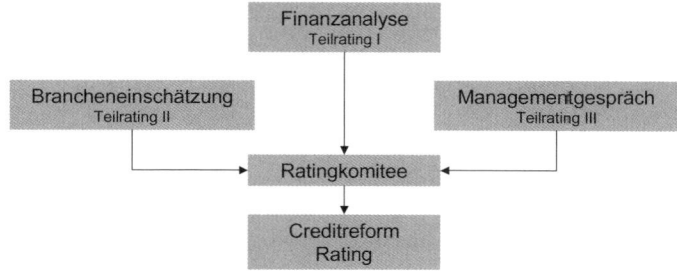

Abbildung 38: Rating-Prozess der Creditreform Rating AG

Im Rahmen des ersten Teilratings „**Finanzanalyse**" werden die Jahresabschlüsse der letzten drei bis fünf Jahre ausgewertet. Mittels

---

[92] Vgl. *www.creditreform-rating.de* und *Huber, A./Frickhöfer, J. (2001)*.

eines modernen Systems der Bonitätsbewertung werden vorwiegend Kennzahlen aus den Bereichen „Vermögen", „Kapital", „Finanzkraft" und „Rentabilität" analysiert. Das zweite Teilrating „**Branchenanalyse**" ergibt sich aus der Bewertung des wirtschaftlichen Umfelds des Unternehmens. Wesentlich sind dabei Branchendaten zu Insolvenzen sowie Angaben zur Anzahl von Existenzgründungen. Zur Beurteilung der überwiegend qualitativen Faktoren des dritten Teilratings „**Managementgespräch**" besuchen die Analysten der Creditreform Rating AG das Unternehmen vor Ort und klären in checklistengestützten Interviews mit leitenden Mitarbeitern Fragen zu Unternehmensperspektiven und Strategiekonzepten, Mitarbeitern, Management, Produkt, Markt, Kunden und Lieferanten sowie Finanz- und Investitionsplanung. Eine Übersicht der wesentlichen Kriterien des Creditreform Ratings zeigt Tabelle 23.

Das beurteilte Unternehmen erhält ein Rating-Zertifikat, das die wichtigsten Bestandteile der Analyse sowie das Rating-Urteil selbst enthält. Darüber hinaus nennt die Creditreform Rating AG in einem Rating-Bericht alle für das Zustandekommen des Rating-Urteils wesentlichen Informationen und beschreibt, wie die Analysten zu ihrem Urteil gelangt sind.

Finanzwirtschaft	Produkte und Markt
▪ Ausstattung mit Eigenkapital	▪ Marktpotenzial
▪ Finanzierung der Anlagen	▪ Marktpositionierung
▪ Ausnutzung der Kreditlinien	▪ Branchenrisiken
▪ Cash Management	▪ Produktqualität
▪ Forderungsmanagement	▪ Entwicklungsfähigkeit
	▪ Wettbewerb
Erfolgswirtschaft	**Prozesse**
▪ Entwicklung der Renditen	▪ Prozessstrukturen
▪ Abschreibungs- und Rückstellungs-	▪ Qualität der Anlagen und Ausla-
politik	stung
▪ Investitionspolitik	▪ Logistik
▪ Aufwandsrelationen	▪ IT-Strukturen
▪ Fixkostenbelastung	
▪ Margen	
Management	**Kunden und Lieferanten**
▪ Organisations- und Führungsstruk-	▪ Vertriebsstrukturen
turen	▪ Anteile wichtiger Debitoren und
▪ Nachfolgeregelungen	Kreditoren
▪ Fluktuation	▪ Auftragslage und Entwicklung
▪ Personalentwicklung	▪ Forderungsausfälle
▪ Strategie und Planung	▪ Zahlungsverhalten
▪ Controlling	
▪ Risikomanagement	

Tabelle 23: Kriterien der Creditreform Rating AG

F Optimale Vorbereitung auf ein Rating

Auch in den kommenden Jahren werden die meisten Unternehmen wiederholt bzw. „in den üblichen Zyklen" in Verhandlungen mit ihrer Bank über Kreditverlängerungen oder die Gewährung neuer Kredite treten. Bereits vor 2006, dem Start von Basel II, werden die Banken dabei ihre modifizierten oder neu entwickelten Rating-Verfahren verwenden. Für die Unternehmen bedeutet dies, dass sie sich bereits heute – und nicht erst 2006 – umfassend auf die mit den anstehenden Kreditverhandlungen verbundenen Rating-Prozesse vorbereiten müssen. Dieses Kapitel gibt dazu Antwort auf die folgenden Fragen:

- Bei welcher Bank soll der Kreditantrag gestellt werden? Wie kann man die Rating-Verfahren der verschiedenen Banken vergleichen? Vgl. hierzu Abschnitt 1.
- Welchen Anforderungen müssen die vom Unternehmen eingereichten Unterlagen genügen? Welche Aspekte müssen bei der Erstellung beachtet werden? Vgl. hierzu Abschnitt 2.
- Ist das Unternehmen „Fit for Rating"? Eine erste Einschätzung kann mit der im Anhang enthaltenen Checkliste (Kopiervorlage „Fit for Rating?") gewonnen werden. Um detaillierter zu erfahren, mit welchem Rating-Urteil das Unternehmen in etwa rechnen kann, sollte das von Ernst & Young entwickelte Easy-Rating durchgeführt werden (vgl. Abschnitt 3). Dazu können entweder die Kopiervorlagen „Easy-Rating" oder das Excel-Tool auf der beiliegenden CD genutzt werden.

1 Wahl der „richtigen" Bank

Mit der Entscheidung für eine Bank, bei der ein Kreditantrag gestellt werden soll, geht indirekt die durch den Kreditnehmer nicht beeinflussbare „Wahl" eines Rating-Verfahrens einher, anhand dessen die Bonität eines Unternehmens beurteilt wird und dessen Ergebnis (zukünftig) maßgeblichen Einfluss auf die Kreditkonditionen hat. Daher sollten im Vorfeld eines Kreditantrags ausführliche Informationen über die Rating-Ansätze verschiedener Banken eingeholt werden, um – auch aus dieser Sicht – die „optimale" Bank für das eigene Unternehmen finden zu können.

Einige der benötigten Angaben können den **Kundeninformationsbroschüren** der verschiedenen Banken entnommen werden, die z. T. leider aber auch Fragen unbeantwortet lassen. Empfehlenswert ist daher der Besuch der **Informationsveranstaltungen** der Banken zum Thema „Basel II", die seit Monaten verstärkt angeboten werden. Da auch bei solchen öffentlichen Veranstaltungen nur bedingt auf die spezifischen Belange eines einzelnen Unternehmens eingegangen wird bzw. werden kann, sollte auf jeden Fall ein rein **informativer Termin** bei mehreren Banken in Erwägung werden, um mehr über die Rating-Verfahren in Erfahrung bringen zu können. Zu bedenken ist in diesem Zusammenhang, dass auch die Bank ein Interesse daran hat, das Unternehmen als Kunden zu gewinnen. Sie möchte einen Kredit „verkaufen".

Die grundlegende Frage hinsichtlich der Wahl der richtigen Bank bezieht sich auf den Ansatz, für den sich die Bank im Zuge der Umsetzung von Basel II entschieden hat. Banken, die den **Standardansatz** anwenden, müssen das Rating-Urteil einer externen Agentur zur Bestimmung der Höhe der Eigenkapitalunterlegung für Kreditrisiken heranziehen oder, falls das Unternehmen nicht „geratet" ist, von einem einheitlichen Risikogewicht von 100 % ausgehen. Damit stellt sich für das Unternehmen die Frage, ob ein externes Rating durchgeführt werden soll, was mit z. T. nicht unerheblichen Kosten und einer für viele mittelständische Unternehmen ungewohnten Transparenz verbunden ist (vgl. hierzu Kapitel E). Andernfalls muss abgeschätzt werden, ob die pauschalisierte Risikoeinstufung von 100 %, die für alle Unternehmen ohne externes Rating gilt, zu einem Nachteil in Form schlechterer Konditionen führen kann. Die Kosten und Konsequenzen eines externen Ratings im Vergleich zur pauschalisierten Behandlung sollten sorgfältig gegeneinander abgewogen werden (vgl. Abbildung 33 auf S. 131).

Hat sich die Bank jedoch für die Umsetzung des **IRB-Basisansatzes** bzw. des **fortgeschrittenen IRB-Ansatzes** entschieden (was nach heutigem Stand die Mehrzahl der Banken getan hat bzw. tun wird), so muss sie zur Berechnung der aufsichtsrechtlich vorgeschriebenen Eigenkapitalunterlegung auf das Rating-Urteil (bzw. die ermittelte einjährige Ausfallwahrscheinlichkeit) ihres internen Verfahrens zurückgreifen. Um zu beurteilen, ob dieses den Spezifika des eigenen Unternehmens gerecht wird bzw. ob es zu einem ungerechtfertigt schlechten Rating-Urteil führen könnte, sollten die folgenden drei Fragen beantwortet werden. Zur Unterstützung der Beantwortung dieser Fragen sind in den Kopiervorlagen „Wahl der ‚richtigen' Bank" sowie auf der beiliegenden CD (vgl. Tabelle 1) Checklisten enthalten, die für mehrere, als Kreditgeber infrage kommende Banken zum Vergleich ausgefüllt werden sollten.

Welche Kriterien werden verwendet?
Einige Kriterien, z. B. die Eigenkapitalquote, die Managementqualität oder die Branche, werden von allen Banken zur Bonitätsbeurteilung eines Unternehmens herangezogen. Andere dagegen, z. B. verschiedene Aufwandsquoten, die Qualifikation der Mitarbeiter oder spezielle Risiken, finden nur in den Rating-Verfahren einiger Banken Verwendung. Daher sollten die wesentlichen Rating-Kriterien verschiedener Banken vergleichend gegenübergestellt werden. Bei der Beurteilung des Rating-Verfahrens einer Bank aus Sicht des Unternehmens sollte dann insbesondere darauf geachtet werden, dass beim Rating die Faktoren berücksichtigt werden, bei denen das Unternehmen besondere Stärken aufweist.

Wie werden die einzelnen Kriterien bewertet? Was sind die Vergleichsmaßstäbe?
Neben der Frage, *welche* Kriterien im Rahmen der Bonitätsbeurteilung eines Unternehmens herangezogen werden, ist entscheidend, *wie* diese bewertet werden. Die Vergleichmaßstäbe (z. B. Durchschnittswerte zur Beurteilung finanzieller Kennzahlen), anhand derer das eigene Unternehmen gemessen wird, können sich sowohl auf die Gesamtwirtschaft als auch auf eine genau definierte Gruppe von Unternehmen beziehen, die etwa derselben Branche (bzw. demsel-

ben Sektor wie Dienstleistung, Handel oder Produktion), Rechtsform und Umsatzgrößenklasse angehören. Auch hier sollte eine Gegenüberstellung der Bewertungsmaßstäbe der Rating-Verfahren verschiedener Banken durchgeführt werden.

Welchen Einfluss haben die einzelnen Kriterien auf das Rating-Ergebnis?

In traditionellen Verfahren zur Bonitätsbeurteilung von Unternehmen geht die Bewertung der finanziellen Verhältnisse des Unternehmens, etwa beurteilt anhand der Jahresabschlüsse der letzten Jahre, mit einem Gewicht von 50 % und mehr ein. Modernere Verfahren, wie sie im Zuge der Einführung von Basel II entwickelt worden sind bzw. derzeit noch entwickelt werden, legen dagegen oftmals großen Wert auf qualitative Faktoren. Junge, innovative Unternehmen dürften sich gerade durch diese Verfahren adäquat beurteilt fühlen, wohingegen die traditionelleren Verfahren den Strukturen solider, traditionsreicher Unternehmen eher gerecht werden. Auch wenn die Banken die Gewichtung der einzelnen Kriterien nicht angeben (wollen/können), sollte versucht werden, den Einfluss einzelner Themenblöcke auf das Rating-Urteil im Vergleich mehrerer Banken(gruppen) in Erfahrung zu bringen (vgl. Abbildung 9 auf S. 65).

Das Rating-Verfahren sollte jedoch – und das wird betont – nicht das einzige Kriterium für oder gegen eine Bank sein. So kann sich z. B. eine langjährige vertrauensvolle und erfolgreiche Zusammenarbeit positiv auf das Rating-Urteil auswirken. Kennt die Bank das Unternehmen dagegen nicht, wird sie einzelne Kriterien – wie z. B. die Kontoführung oder die Kommunikationsbereitschaft des Managements – i. d. R. nur konservativ, d. h. schlechter bewerten.

2 Benötigte Unterlagen

Die vom Unternehmen eingereichten Unterlagen dienen der Bank – neben verschiedenen internen und externen Quellen – als Grundlage zum Rating. Sowohl ihr Inhalt als auch Ihre Qualität können daher maßgeblichen Einfluss auf das Rating-Urteil haben. Alle gemachten Angaben müssen **vollständig**, **nachvollziehbar**, **wahrheitsgemäß** und **aktuell** sein. Hat die Bank den begründeten Verdacht, dass die eingereichten Unterlagen diesen Anforderungen nicht genügen, so wird sie einzelnen Kriterien nur die schlechteste Wertung („worst case"-Annahme) geben (können).

In den folgenden Abschnitten werden die Unterlagen, die von nahezu allen Banken im Rahmen eines Rating-Prozesses angefordert werden, beschrieben. Dabei wird sowohl auf ihre Bedeutung zur Beurteilung der Bonität als auch auf ihre originäre Funktion zur Unternehmenssteuerung eingegangen. Darüber hinaus enthalten diese Abschnitte Hinweise und Beispiele zu ihrer Erstellung.

Die im Einzelnen benötigten Angaben sind abhängig von der Bank sowie dem konkreten Engagement. Zudem schwanken die Erwartungen der Banken an Form und Umfang der eingereichten Unterlagen. Im Vorfeld des eigentlichen Rating-Prozesses sollten daher die Anforderungen der Bank geklärt werden. Zur Unterstützung können dazu die Kopiervorlagen „Benötigte Unterlagen" herangezogen werden (vgl. Tabelle 4 auf S. 49).

2.1 Jahresabschlüsse

Jeder Kaufmann gemäß §§ 1 und 2 HGB muss nach §§ 242 ff. HGB einen Jahresabschluss nach den Grundsätzen ordnungsmäßiger Buchführung aufstellen sowie diesen eigenhändig unterschreiben. § 18 KWG verpflichtet Banken, sich die wirtschaftlichen Verhältnisse eines Kreditnehmers – insbesondere durch Vorlage dieser Abschlüsse – offen legen zu lassen, bevor sie einen Kredit von insgesamt mehr als EUR 250.000 gewähren. Nach den Grundsätzen ordnungsmäßiger Geschäftsführung hat sich das Kreditinstitut jedoch auch bei Engagements unterhalb der Offenlegungspflicht des § 18 KWG über die aus der Kreditvergabe herrührenden Risiken ein klares Bild zu verschaffen.[93] Die sich hieraus ergebenden Anforderungen an die Jahresabschlüsse sind hinsichtlich des Aufbaus und der „Qualität" der einzureichenden Unterlagen für ein Rating von Bedeutung.

---

[93] Vgl. *BAKred (1998)*, Fn. 1.

Hinweis

§ 18 KWG

„Ein Kreditinstitut darf einen Kredit von insgesamt mehr als EUR 250.000 nur gewähren, wenn es sich von dem Kreditnehmer die wirtschaftlichen Verhältnisse, insbesondere durch Vorlage der Jahresabschlüsse, offen legen lässt. Das Kreditinstitut kann hiervon absehen, wenn das Verlangen nach Offenlegung im Hinblick auf die gestellten Sicherheiten oder auf die Mitverpflichteten offensichtlich unbegründet wäre. Das Kreditinstitut kann von der laufenden Offenlegung absehen, wenn

1. der Kredit durch Grundpfandrechte auf Wohneigentum, das vom Kreditnehmer selbst genutzt wird, gesichert ist,
2. der Kredit vier Fünftel des Beleihungswertes des Pfandobjektes im Sinn des § 12 Abs. 1 und 2 des Hypothekenbankgesetzes nicht übersteigt und
3. der Kreditnehmer die von ihm geschuldeten Zins- und Tilgungsleistungen störungsfrei erbringt.

Eine Offenlegung ist nicht erforderlich bei Krediten an eine ausländische und öffentliche Stelle im Sinne des § 20 Abs. 2 Nr. 1 Buchstabe b bis d."

Um den Anforderungen des § 18 KWG gerecht zu werden, hat sich ein Kreditinstitut von einem bilanzierenden Unternehmen mindestens den zeitlich letzten Jahresabschluss vorlegen zu lassen, nach Möglichkeit jedoch die **Jahresabschlüsse der letzten drei Jahre**.[94] Dabei umfasst der Jahresabschluss einer Nichtkapitalgesellschaft (§ 242 HGB) neben der Bilanz die GuV-Rechnung. Bei Kapitalgesellschaften sowie den Kapitalgesellschaften gleichgestellte Personenhandelsgesellschaften[95] besteht der Jahresabschluss darüber hinaus aus einem Anhang (§ 264 HGB). Gegebenenfalls ist der Bank zudem ein Lagebericht einzureichen.

Ist ein Kreditnehmer gemäß § 316 HGB verpflichtet, den Jahresabschluss durch einen Abschlussprüfer prüfen zu lassen, oder unterzieht er sich freiwillig einer Prüfung im Sinne des § 317 HGB, so muss sich das Kreditinstitut die testierten Jahresabschlüsse vorlegen

---

[94] Vgl. *BAKred (1998)*, III. 1. a).

[95] Vgl. § 264a HGB. Darunter fallen insbesondere Unternehmen, die als OHG oder GmbH & Co. KG geführt werden.

lassen.[96] Kleine und mittlere Kapitalgesellschaften (§ 267 Abs. 1 und 2 HGB), die von den ihnen eingeräumten Erleichterungen hinsichtlich der Offenlegung (z. B. nach §§ 326, 327 HGB oder § 9 Abs. 2 i. V. m. § 5 Abs. 5 PublG) Gebrauch machen, müssen dem Kreditinstitut dennoch den *vollständigen* Jahresabschluss vorlegen. Werden die Unterlagen nicht fristgerecht eingereicht[97] oder weisen sie nicht die erforderliche „Qualität"[98] auf, so hat die Bank zu prüfen, ob ergänzende Unterlagen benötigt werden, die Informationen über die Vermögens-, Finanz- und Ertragslage des Unternehmens geben.[99] Dies können insbesondere sein:[100]

- Nachweise über Auftragsbestände
- Umsatzzahlen
- Betriebswirtschaftliche Auswertungen (vgl. Abschnitt 2.2)
- Umsatzsteueranmeldungen
- Erfolgs- und Liquiditätspläne (vgl. Abschnitt 2.5)
- Einkommensnachweise
- Wirtschaftlichkeitsrechnungen des zu finanzierenden Vorhabens

Zwar stehen die Erleichterungen bei der Aufstellung des Jahresabschlusses für kleine und mittlere Kapitalgesellschaften gemäß §§ 276 und 288 HGB nicht im Widerspruch zu § 18 KWG, doch werden diese vereinfachten Angaben (z. B. Verkürzung der GuV) den Anforderungen an die „Qualität" im Allgemeinen nicht gerecht.[101] Ins-

---

[96] Vgl. *BAKred (1998)*, III. 1. a).

[97] Für große und mittelgroße Kapitalgesellschaften gilt eine Frist von neun Monaten nach dem Bilanzstichtag, für kleine Kapitalgesellschaften beträgt die Frist zwölf Monate.

[98] Dies kann z. B. der Fall sein, wenn
- kein klares Bild über die wirtschaftliche Lage des Kreditnehmers vermittelt wird (z. B. wenn keine Angaben zu Wertansätzen vorliegen oder wenn wirtschaftliche Verflechtungen nicht deutlich werden) oder
- ungeprüfte Jahresabschlüsse eingereicht wurden oder
- Risikofaktoren vorliegen (z. B. wenn sich die wirtschaftlichen Verhältnisse nach dem Stichtag erkennbar verschlechtert haben). Vgl. *Walter, K.-F. (2001)*, S. 911.

[99] Vgl. *Walter, K.-F. (2001)*, S. 911.

[100] Vgl. *BAKred (1998)*, III. 1. a).

[101] Vgl. *BAKred (1998)*, III. 1. a).

besondere ist es anhand der vereinfachten Jahresabschlüsse i. d. R. nicht möglich, die für ein qualifiziertes Rating benötigten Kennzahlen zu berechnen. Daher sollten alle Unternehmen – unabhängig von ihrer Größe – überlegen, ob gegebenenfalls ein vollständiger Jahresabschluss erstellt und bei der Bank eingereicht werden sollte. Generell wird ein vom Unternehmer selbst erstellter, *ungeprüfter* Jahresabschluss nicht den Anforderungen des § 18 KWG gerecht werden. Auch ein durch einen Steuerberater oder Wirtschaftsprüfer erstellter Jahresabschluss muss i. d. R. nur dann nicht um weitere Unterlagen ergänzt werden, wenn er eine Bescheinigung über die Erstellung „mit Plausibilitätsbeurteilung" oder „mit Prüfungshandlungen" enthält.[102] Eine solche Bescheinigung entspricht in etwa dem, was die Banken nach § 18 KWG zu beachten haben – nämlich den Jahresabschluss auf Plausibilität und innere Widersprüche zu überprüfen.[103]

Von Vorteil ist es somit aus Sicht des Ratings prinzipiell – auch ohne gesetzliche Verpflichtung – einen Anhang zu erstellen, der Erläuterungen zur Bilanz und GuV enthält. Er sollte insbesondere Folgendes (gemäß den Anforderungen von §§ 284 - 288 HGB) beinhalten:[104]

- Angaben der Bilanzierungs- und Bewertungsmethoden
- Angaben zur Währungsumrechnung
- Angaben zur Aktivierung von Fremdkapitalzinsen
- detaillierte Angaben zu den Abschreibungen
- Restlaufzeiten

2.2 Betriebswirtschaftliche Auswertung (BWA)

Eine **Betriebswirtschaftliche Auswertung** (BWA) ist eine Erweiterung einer Summen- und Saldenliste. Die Zahlen der Finanzbuchhaltung werden mittels einer BWA nicht nur strukturiert zusammengefasst, sondern zeitnah um das betriebswirtschaftliche Ergebnis eines Unternehmens erweitert. Von den Banken werden diese Aus-

---

[102] *BAKred (1998)*, III. 1. a).
[103] Vgl. *Müller, A./Müller, D. (2000)*, S. 50 f.
[104] Vgl. *Müller, A./Müller, D. (2001)*, S. 115 sowie §§ 284 - 288 HGB.

wertungen im Rahmen eines Rating-Prozesses – ergänzend zu den Jahresabschlüssen der letzten Jahre – zur Beurteilung der *aktuellen* finanziellen Situation eines Unternehmens herangezogen. Darüber hinaus werden Betriebswirtschaftliche Auswertungen von Banken zur Überprüfung der wirtschaftlichen Verhältnisse eines Kreditnehmers gemäß § 18 KWG verwendet (vgl. Abschnitt 2.1).

Eine qualifizierte BWA ist unterteilt in einen Zahlenteil und einen Erläuterungsteil. Der reine **Zahlenteil** enthält Summen- und Saldenlisten sowie verschiedene kurzfristige Erfolgsrechnungen, i. d. R. sowohl für den Zeitraum eines Monats als auch für die Zeit seit dem letzten Bilanzstichtag. Standard sind zudem Vergleichswerte wie Vorjahres- oder Planzahlen. Einzelne Konten sollten sinnvoll und nachvollziehbar zusammengefasst, wichtige Aufwands- und Ertragskonten jedoch stets separat ausgewiesen werden. Für periodenfremde und außerordentliche Aufwendungen sind zudem eigene Konten anzulegen.

Entscheidend für die Aussagekraft einer Betriebswirtschaftlichen Auswertung ist die richtige **Abgrenzung** der Aufwendungen und Erträge, die nur in bestimmten Zeitabständen anfallen und sich wesentlich auf die Ertragslage des Unternehmens auswirken. Dazu zählen etwa:[105]

- Abschreibungen
- Weihnachts- und Urlaubsgeld
- Jahresabschlusskosten
- Subunternehmerleistungen
- Zinsaufwendungen
- Zinserträge für langfristige Ausleihungen
- Zuführungen zu Pensionsrückstellungen
- Auflösungen von Rückstellungen
- Tantiemezahlungen
- Gewerbesteuer

Die Abgrenzung erfolgt durch gleichmäßige Verteilung der Beträge über die monatlichen Betriebswirtschaftlichen Auswertungen und

---

[105] Vgl. *Müller, A./Müller, D. (2001)*, S. 434 und *Müller, A./Müller, D. (2000)*, S. 177.

sollte in Form einer Tabelle dokumentiert werden. Mit großer Sorgfalt vorgenommen werden muss die Ermittlung der **Veränderungen des Vorratsvermögens**. So muss z. B. der Wareneinsatz den exakten Verbrauch und nicht den Wareneinkauf wiedergeben.

Durch einen aussagekräftigen **Erläuterungsteil** sollen Fehlinterpretationen der zusammengestellten Daten durch Dritte – etwa die Bank – verhindert werden. Neben detaillierten Angaben zu außerordentlichen oder periodenfremden Aufwendungen und Erträgen sollte insbesondere auf die „exakte Erfassung und Verbuchung der Veränderungen des Vorratsvermögens sowie auf die Grundlage der Ermittlung des Wareneinsatzes oder der Ermittlung der unfertigen Leistungen"[106] eingegangen werden. Gerade unter Rating-Gesichtspunkten reicht es nicht aus, dass nur ein von der EDV erstellter Ausdruck des Zahlenteils einer BWA an die Banken weitergegeben wird.

Da sich in den Auswertungen die Qualität der in der Buchhaltung enthaltenen Daten widerspiegelt, sind regelmäßige, vollständige und zeitnahe Buchungen sicherzustellen. Im Fall moderner, gepflegter und EDV-gestützer Buchhaltungssysteme kann die monatliche Erstellung einer Betriebswirtschaftlichen Auswertung integriert und automatisiert werden. Empfehlenswert ist i. d. R., hierzu die **Unterstützung durch den Steuerberater** in Anspruch zu nehmen. Neben der Unterschrift des Unternehmers stärkt eine Bescheinigung des Steuerberaters die Aussagekraft einer Betriebswirtschaftlichen Auswertung.

In der Praxis ist die von der DATEV entwickelte und von den meisten ihrer Wettbewerber übernommene „Kurzfristige Erfolgsrechnung" (BWA Nr. 1, vgl. Abbildung 39) zum Standard geworden.[107] Daher ist es empfehlenswert, sich an diese Struktur anzulehnen.

---

[106] *Müller, A. (2002)*, S. 55.
[107] Vgl. *Knief, P. (2002)*, S. 957.

Betriebswirtschaftliche Auswertung
DATEV-BWA

zum 30.04.2002 — Währung Euro

400 Vergleichs-BWA	Vergleichsmonat April	Vorjahr	Veränderung absolut	in %	kumuliert Jan. - April	Vorjahr	Veränderung absolut	in %
Umsatzerlöse	23.942,12	21.115,58	2.826,54	13,39	67.985,44	100.571,96	32.586,52-	32,40-
Best. Verdg. FE/UE	2.400,00	0,00	2.400,00	**	7.200,00	0,00	7.200,00	**
Gesamtleistung	26.342,12	21.115,58	5.226,54	24,75	75.185,44	100.571,96	25.386,52-	25,24-
Mat. /Wareneinkauf	1.080,33	504,31	576,02	114,22	2.912,32	3.240,67	328,35-	10,13-
Rohertrag	25.261,79	20.611,27	4.650,52	22,56	72.273,12	97.331,29	25.058,17-	25,75-
So. betr. Erlöse	0,00	0,00	0,00	**	0,00	0,00	0,00	**
Betriebl. Rohertrag	25.261,79	20.611,27	4.650,52	22,56	72.273,12	97.331,29	25.058,17-	25,75-
Kostenarten:								
Personalkosten	4.308,04	4.210,83	97,21	2,31	18.746,18	13.419,76	5.326,42	39,69
Raumkosten	0,00	0,00	0,00	**	1.139,44	934,39	205,05	21,94
Betriebl. Steuern	0,00	0,00	0,00	**	1.017,17	958,67	58,50	6,10
Versich./Beiträge	567,53	61,36	506,17	824,92	1.128,33	1.222,00	93,67-	7,67
Besondere Kosten	0,00	0,00	0,00	**	0,00	0,00	0,00	**
Kfz-Kosten (o. St.)	177,18	116,51	60,67	52,07	711,43	913,00	201,57-	22,08-
Werbe-/Reisekosten	41,82	116,17	74,35-	64,00-	315,53	489,42	173,89-	35,53-
Kosten Warenabgabe	0,00	0,00	0,00	**	0,00	0,00	0,00	**
Abschreibungen	0,00	0,00	0,00	**	0,00	0,00	0,00	**
Reparatur/Instandh.	742,24	1.160,90	418,66-	36,06-	1.447,30	9.041,46	7.594,16-	83,98
Sonstige Kosten	6.375,34	628,21	5.747,13	914,84	25.660,40	3.664,91	21.995,49	600,16
Gesamtkosten	12.212,15	6.293,98	5.918,17	94,03	50.165,78	30.643,61	19.522,17	63,71
Betriebsergebnis	13.049,64	14.317,29	1.267,65-	8,85-	22.107,34	66.687,68	44.580,34-	66,85-
Zinsaufwand	1.048,27	2.179,43	1.131,16-	51,90-	3.155,97	4.372,66	1.216,69-	27,82-
Übrige Steuern	0,00	0,00	0,00	**	202,75	202,75	0,00	0,00
Sonst. neutr. Aufw.	0,00	0,00	0,00	**	0,00	0,00	0,00	**
Neutr. Aufw. ges.	1.048,27	2.179,43	1.131,16-	51,90-	3.358,72	4.575,41	1.216,69-	26,59-
Zinserträge	0,00	0,00	0,00	**	0,00	0,00	0,00	**
Sonst. neutr. Ertr.	0,00	0,00	0,00	**	0,00	0,00	0,00	**
Verr. kalk. Kosten	0,00	0,00	0,00	**	0,00	0,00	0,00	**
Neutr. Ertrag ges.	0,00	0,00	0,00	**	0,00	0,00	0,00	**
Kontenklasse 5/6	0,00	0,00	0,00	**	0,00	0,00	0,00	**
Vorläufiges Ergebnis	12.001,37	12.137,86	136,49-	1,12-	18.748,62	62.112,27	43.363,65-	69,81-

Abbildung 39: Standard–BWA–Nr. 1 der DATEV[108]

2.3 Strategiepapier

Aufgrund der hohen Komplexität unternehmerischer Entscheidungen müssen auch kurzfristige, situationsbezogene Reaktionen in eine langfristige strategische Planung eingebunden sein. Nur so kann die Wettbewerbsfähigkeit des Unternehmens auf Dauer sichergestellt werden. Die systematische Planung der Unternehmensentwicklung

- mindert das Risiko von Fehlentscheidungen, z. B. bei Zeitdruck,
- ist eine Leitlinie für das operative Tagesgeschäft, die es ermöglicht, Maßnahmen koordiniert und vorausschauend durchzuführen,
- ermöglicht es durch Festlegung von Zielen, Arbeitsfortschritte zu kontrollieren,
- erhöht die Leistungsfähigkeit des gesamten Unternehmens und

---

[108] Vgl. *Müller, A. (2002a)*, S. 81.

- führt durch die Einbindung der Mitarbeiter zu einer höheren Motivation und einer stärkeren Identifikation mit dem Unternehmen.

Die strategische Planung und alle Regelungen, Maßnahmen und Aktivitäten eines Unternehmens, die sich langfristig auf den Unternehmenserfolg oder -wert auswirken, werden als **Unternehmensstrategie** bezeichnet. Bei vielen Unternehmen ist diese nicht explizit formuliert. Um der Bank im Rahmen des Rating-Prozesses eine klar strukturierte und durchdachte Unternehmensstrategie für die nächsten fünf bis zehn Jahre vorweisen zu können, ist eine schriftliche Formulierung in einem **Strategiepapier** jedoch unerlässlich.[109] In der Unternehmensstrategie müssen zu folgenden Kernbereichen Aussagen getroffen werden (vgl. Abbildung 40).[110]

Unternehmensleitbild/Vision

- Zweck und zukünftige Rolle des Unternehmens
- Grundwerte der Unternehmensführung
- Verhaltens- und Führungsgrundsätze
- Beziehung zu Mitarbeitern, Kapitalgebern, Kunden, Lieferanten und der Öffentlichkeit

Erfolgsfaktoren/Kernkompetenzen

- bisherige Erfolgsfaktoren
- Kernkompetenzen, mit denen Wettbewerbsvorteile aufgebaut werden können
- kausale Abhängigkeiten zwischen den Erfolgsfaktoren der Branche

Geschäftsfelder/Wettbewerbsvorteile

- zukünftige Tätigkeitsfelder
- benötigte Produktionsverfahren
- konjunkturelle Abhängigkeit, Wettbewerbsstruktur und Wachstumsaussichten der Branche
- Kundenverhalten, Kundenprobleme
- Wettbewerbsvorteile des Unternehmens

Gestaltung der Wertschöpfungskette

- Aktivitäten der Wertschöpfungskette, die auf Kernkompetenzen aufbauen
- Kooperationen, Outsourcing
- Aufteilung der betrieblichen Ressourcen
- Investitionsschwerpunkte

---

[109] Vgl. *Gleißner, W. (2000)*, S. 46 ff.
[110] Vgl. *Gleißner, W./Füser, K. (2002)*, S. 295 ff.

strategische Stoßrichtung

- strategische Hauptziele zur Steigerung des Unternehmenswerts (Wachstum, Rentabilität oder Risikoreduzierung)
- Faktoren, die den Unternehmenswert am stärksten beeinflussen

strategische Ziele und Maßnahmen

- aus den Hauptzielen abgeleitete strategische Unterziele
- konkrete Maßnahmen zur Umsetzung der Unternehmensstrategie

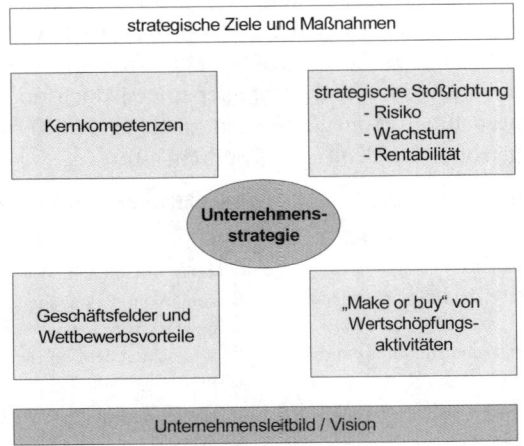

Abbildung 40: Kernaussagen einer Unternehmensstrategie

Erfolgreiche Unternehmensstrategien lassen sich durch vier wesentliche Merkmale charakterisieren:[111]

1. Sie konzentrieren sich in attraktiven Tätigkeitsfeldern auf zentrale Kundenprobleme und schaffen hier eine klare Differenzierung von den Wettbewerbern.
2. Sie bauen Kernkompetenzen auf, die langfristig wertvoll sind (vgl. Kapitel G, Abschnitt 2.16).
3. Sie vermeiden unnötige Risiken.
4. Sie gestalten die Prozesse der Wertschöpfungskette unter Beachtung strategischer Vorgaben möglichst einfach und effizient.

---

[111] Vgl. *Gleißner, W./Füser, K. (2002)*, S. 297.

2.4 Businessplan

Als „Bewerbungsschreiben für die Kapitalbeschaffung"[112] und für die Entscheidung, ob es sich bei einer Geschäftsidee um eine attraktive Chance handelt, bietet der Businessplan eine wertvolle Hilfestellung. Er ist das Werkzeug zur **systematischen Ausarbeitung einer Geschäftsidee** und beschreibt die Ziele und Strategien des Unternehmens, den Markt, die Potenziale sowie die Risiken. Als schriftliches Unternehmenskonzept erfüllt er verschiedene Aufgaben für den Unternehmer. So beinhaltet er

- eine schriftliche Darstellung der eigenen Gedanken und Konzepte,
- verbindliche Definitionen von Zielen und Strategien sowie
- Richtungsvorgaben für die Arbeit des Managements.

Darüber hinaus ermöglicht er **Soll-Ist-Vergleiche** zum frühzeitigen Erkennen von Engpässen.

Für potenzielle Kapitalgeber leistet der Businessplan wichtige Dienste zur Abschätzung des Gewinn- bzw. Verlustpotenzials. Des Weiteren bietet er ihnen die Möglichkeit, sich über das Gesamtkonzept ein Bild zu machen, und zeigt auf, ob der Unternehmer über das notwendige Know-how verfügt.

Besonders für **Existenzgründer**[113] ist der Businessplan ein unentbehrliches Instrument. Aufgrund fehlender Daten aus der Vergangenheit ist er das Einzige, worauf sich ein potenzieller Kapitalgeber stützen kann, um zu entscheiden, ob das Unternehmenskonzept tragfähig ist.

Aufbau des Businessplans

„Der Businessplan enthält alles, was ein Investor wissen muss, damit er das Vorhaben finanziert – nicht mehr und nicht weniger".[114] Das bedeutet, dass es für den Businessplan keine festgelegten Formalien gibt. Idealtypisch sollte er zwischen 25 und 30 DIN-A4-Seiten um-

---

[112] Vgl. *www.kfw.de*, August 2002.
[113] Vgl. *Füser, K. (1998)* und *Rasner, C./Füser, K./Faix, W.G. (1997)*
[114] *Kubr, T./Ilar, D./Marchesi, H. (1998)*, S. 46.

fassen und den im Folgenden beschriebenen Aufbau und Inhalt haben.[115]

Inhalte eines Businessplans
- **Zusammenfassung (executive summary) (1 bis 2 Seiten)**
- **Unternehmen und Führungs-/Gründungsteam (3 Seiten)**
- **Produkt (6 Seiten)**
- **Markt und Wettbewerb (5 Seiten)**
- **Marketing und Vertrieb (4 Seiten)**
- **Organisation (2 Seiten)**
- **Planungsrechnungen/Fünf-Jahres-Planungen (5 Seiten)**
- **Finanzbedarf (1 bis 2 Seiten)**

Zusammenfassung
Die Zusammenfassung vermittelt in stark konzentrierter Form den Inhalt des Businessplans und zeigt dem Leser auf den ersten Blick die wichtigsten Punkte. Deshalb sollte sie sehr verständlich und übersichtlich geschrieben werden. Obwohl die Zusammenfassung am Anfang des Businessplans steht, sollte sie erst am Ende der Ausarbeitung geschrieben werden, da erst dann alle Ideen und Ziele konkret formuliert werden können.

Unternehmen und Führungs-/Gründungsteam
Im Abschnitt „Unternehmen und Führungs-/Gründungsteam" ist zunächst Platz für das **Profil** und eine eventuelle **Vorgeschichte** des Unternehmens. Des Weiteren sollten die **rechtlichen Verhältnisse**, die **Gesellschafterstruktur** und die **Standortwahl** näher erläutert werden. Ausführendes Organ und damit für die Umsetzung des Businessplans verantwortlich, ist das **Führungs-/Gründungsteam**. Deshalb ist es erforderlich, dieses kurz zu präsentieren. Dabei sollte zuerst das Team als Ganzes (Rollenverteilung, Nachweise über frühere Zusammenarbeit o. Ä.) beschrieben werden. Im Anschluss empfiehlt sich die Vorstellung der einzelnen Teammitglieder anhand kurzer Lebensläufe mit den prägnanten Stationen wie Studium, Praxiserfahrung u. a.

---

[115] Vgl. *www.kfw.de*, August 2002.

Produkt

Für Investoren ist es wichtig, dass sich das vorgestellte Produkt- oder Dienstleistungsangebot vermarkten lässt. Der Businessplan sollte daher insbesondere Antworten auf folgende Fragen geben:[116]

- Was ist die Geschäftsidee?
- Welche zusätzlichen Nutzen sind mit dem Produkt verbunden?
- Entsteht ein Kostenvorteil für die Kunden?
- Welche Produkte/Dienstleistungen existieren für diese Zielgruppe bereits auf dem Markt?
- Welche Stärken und Schwächen bestehen im Vergleich zu Konkurrenzprodukten?
- Wie lange wird der Innovationsvorsprung anhalten?
- Auf wie lange wird der Lebenszyklus des Produkts geschätzt?

Markt und Wettbewerb

In diesem Abschnitt sollten der Markt für das neue Produkt und der herrschende Wettbewerb genau analysiert werden. Hierfür sind Beobachtungen über die **aktuelle Marktentwicklung** und die **Konkurrenzsituation** angebracht, die durch Zahlen und Trends belegt werden sollten. Zusätzliche Angaben über das Marktpotenzial und die Marktstrategie sind sinnvoll. Mögliche Fragestellungen sind dabei:

- Wie groß ist der Markt und welches Wachstumspotenzial hat er?
- Gibt es Markteintrittsbarrieren?
- Wie ist die aktuelle Marktentwicklung?
- Welche äußeren Faktoren können den Markt beeinflussen?
- Wie entwickeln sich Preise, Kosten und Rendite in dem entsprechenden Markt?
- Welche Mitbewerber gibt es und welchen Marktanteil halten diese?
- Sprechen etwaige Mitbewerber dieselbe Kundengruppe an? Sind die Kunden an ihre Wettbewerber gebunden?
- Welcher Marktanteil wird angestrebt?
- Wie wird sich das Kaufverhalten der Zielgruppe in Zukunft entwickeln?

---

[116] Vgl. *Kubr, T./Ilar, D./Marchesi, H. (1998),* S. 55.

Marketing und Vertrieb

Das Marketing und der Vertrieb der Produkte ist mindestens genauso wichtig wie das Produkt an sich. Es besteht aus einem Mix verschiedener Komponenten, zu denen in diesem Abschnitt Aussagen getroffen werden sollten: Kommunikationspolitik, Produkt- und Sortimentspolitik, Preispolitik und Vertriebspolitik. Des Weiteren muss die Zielgruppe definiert und auf die folgenden Punkte eingegangen werden:[117]

- Wie werden Kundengruppen differenziert?
- Mithilfe welcher Vertriebswege sollen die Kunden erreicht werden?
- Wie und mit welchem Preis soll das Produkt eingeführt werden?
- Wie entwickeln sich die Absatzmengen im Zeitvergleich?
- Welcher Markt- und Umsatzanteil soll pro Vertriebskanal erreicht werden?
- Welche Werbemittel sollen benutzt werden und welche Ausgaben fallen dafür an?

Organisation

Die Unternehmensorganisation lässt sich am besten anhand eines Organigramms darstellen. Üblicherweise werden zwei Organisationsformen unterschieden: Aufbau- und Ablauforganisation. Im Organigramm der **Aufbauorganisation** (vgl. Abbildung 41) werden die verschiedenen Funktionsbereiche des Unternehmens dargestellt. Das Organigramm der **Ablauforganisation** (vgl. Abbildung 42) bildet die wichtigsten Prozesse im Betrieb ab.

---

[117] Vgl. *www.dta.de*, August 2002.

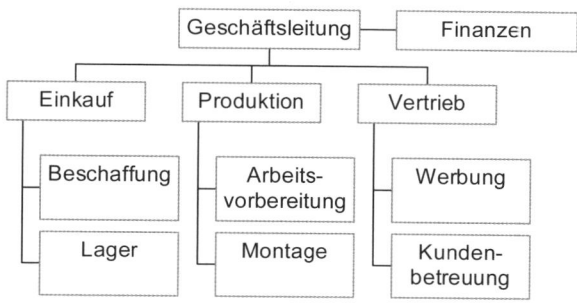

**Abbildung 41: Beispiel eines Organigramms
zur Aufbauorganisation (Ausschnitt)**

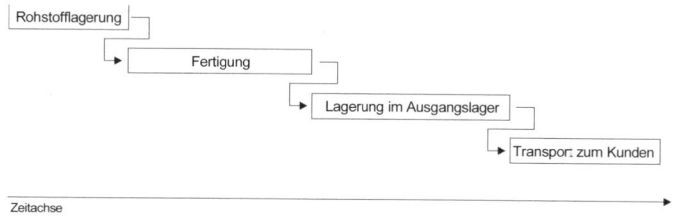

**Abbildung 42: Beispiel eines Organigramms zur Ablauforganisati-
on in Balkenform**[118]

Im Abschnitt „Organisation" sollten weiterhin Antworten auf folgende Fragen gegeben werden:

- Wie ist die Leitung des Unternehmens geplant?
- Wie viele Mitarbeiter mit welcher Qualifikation werden benötigt?
- Welche fachlichen Qualifikationen bringen die Manager und die
  Know-how-Träger mit?

---

[118] Das Balkendiagramm ist nur eine Darstellungsmöglichkeit der Ablauforganisation. Eine weitere, verbreitete Darstellungsform ist der Netzplan.

- Besteht Bedarf, das Management in einzelnen Positionen zu verstärken?

Planungsrechnungen/Fünf-Jahres-Planungen
In diesem Abschnitt werden die vorherigen Ausführungen zusammengeführt und mithilfe entsprechender Vorschaurechnungen quantitativ unterlegt. Die aufzuführenden Punkte sollten mindestens die Investitionsplanung, die Personalplanung, eine Rentabilitätsvorschau und die Liquiditätsplanung umfassen (vgl. Abschnitt 2.5). Von besonderem Interesse sind zudem die folgenden Fragestellungen:

- Mit welchen Umsätzen wird im Zeitablauf gerechnet?
- Welche Investitionen sollen zu welcher Zeit getätigt werden?
- Wie muss das Personal qualifiziert sein?
- Welche Entwicklungen werden hinsichtlich der Kosten erwartet?
- Wie werden sich die kurz- und langfristige Liquidität entwickeln?
- Wie sieht die Planung für die nächsten fünf Jahre im „best case" und im „worst case" aus?
- Welche grundsätzlichen Chancen und Risiken bestehen für die Entwicklung des Unternehmens? Mit welchen Maßnahmen sollen Risiken beschränkt bzw. Chancen genutzt werden?

Finanzplanung
Im vorangegangenen Punkt wurde mithilfe der Liquiditätsplanung der Kapitalbedarf insgesamt ermittelt. Bei der Finanzplanung werden nun die verschiedenen Finanzierungsquellen beschrieben, die zur Deckung des Kapitalbedarfs herangezogen werden sollen. Von Bedeutung sind dabei die folgenden Fragen:

- Wie hoch ist gemäß der Liquiditätsplanung der Finanzierungsbedarf?
- Soll dabei auf Eigenkapital oder Fremdkapital zurückgegriffen werden?
- Welche Finanzierungsarten (Kredite, Zuschüsse, ...) stehen zur Verfügung?
- Mit welcher Fristigkeit soll finanziert werden?

2.5 Planzahlen

Die Planung ist ein wesentliches Element des unternehmerischen Handelns und verdeutlicht die Absicht zur langfristigen Existenzsicherung. Daher ist sie für die Bonitätsprüfung mittels eines Ratings eine unerlässliche Determinante. Ausgangspunkt aller Planungen ist die Festlegung der **Unternehmensziele** – beispielsweise „10 % mehr Umsatz im nächsten Geschäftsjahr" oder „Ausweitung des Marktanteils auf 25 %". Stehen die Unternehmensziele fest, muss ein Plan aufgestellt werden, der detailliert darstellt, wie diese Ziele erreicht werden können. Die Planung ist also folglich die **geistige Vorwegnahme zukünftigen Handelns.**

In der betriebswirtschaftlichen Praxis werden zwei Ebenen der Unternehmensplanung unterschieden: die strategische Planung auf der einen Seite und die operative Planung auf der anderen Seite. Die **strategische Planung** beschäftigt sich mit den langfristigen Zielen. So steht bei ihr etwa die langfristige Existenzsicherung im Vordergrund. In diesem Kontext wird hauptsächlich mit den Begriffen „Chance" und „Risiko" gearbeitet. Die **operative Planung** ist der strategischen Planung untergeordnet und bricht deren Vorgaben auf „Arbeitsebene" herunter (vgl. Kapitel G, Abschnitt 2.14 zur Balanced Scorecard). Hierbei werden detaillierte Anweisungen verfasst, wie die langfristigen Ziele erreicht werden sollen. Bei der operativen Planung wird vorwiegend mit „Kosten" und „Erlösen" gearbeitet.

Planung ist ein **fortlaufender, d. h. iterativer Vorgang.** Veränderungen des unternehmerischen Umfelds müssen stets zeitnah erfasst werden, um die entsprechenden Auswirkungen auf die Unternehmensziele rasch bewerten zu können. Den Planern kommt somit auch die Aufgabe der Planänderung zu. Es gilt bei veränderten Rahmenbedingungen in erster Linie, die Pläne und damit das Agieren am Markt kurzfristig und strategiekonform anzupassen, um die determinierten Unternehmensziele dennoch erreichen zu können. Erst in allerletzter Konsequenz werden bei den Unternehmenszielen bzw. -strategien Veränderungen vorgenommen.

Planzahlensysteme umfassen sowohl die strategische als auch die operative Planung. Abbildung 43 stellt ein Planzahlensystem zur Gesamtunternehmensplanung dar. Es ist ein wichtiges Kontrollinstrument zur frühzeitigen Erkennung von Abweichungen zwischen „Plan" und „Wirklichkeit" und damit die Basis für Soll-Ist-Vergleiche. Den Teilplänen können insbesondere folgende Informationen entnommen werden:[119]

- Quantifizierung der Unternehmensstrategie
- erwartete Umsatz- und Ertragsentwicklung
- Mittelverwendung und weiterer Kapitalbedarf
- Rentabilität des geplanten Finanzmitteleinsatzes

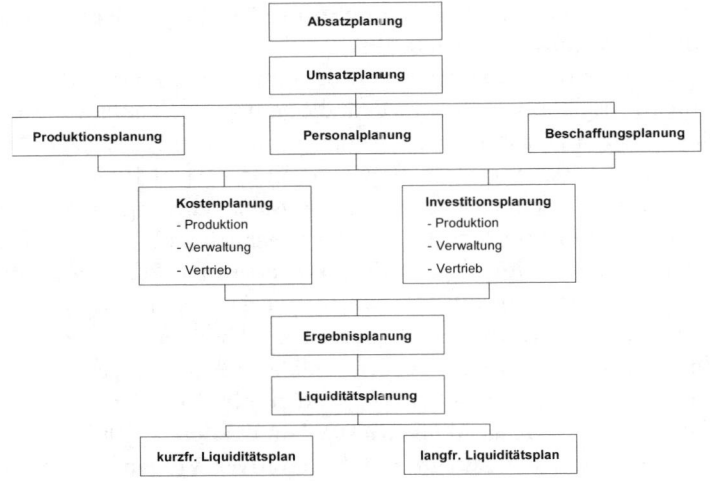

Abbildung 43: Graphische Darstellung der Gesamtunternehmensplanung[120]

Im Hinblick auf die Bonitätsprüfung sind vornehmlich die Pläne zu den vorgesehenen Investitionen, zum Umsatz und zur Liquidität von Interesse. Für den Businessplan ist außerdem noch der Personalplan von Bedeutung. Auf diese vier Teilpläne soll in den folgenden Abschnitten näher eingegangen werden.

---

[119] Vgl. *Keiner, T. (2001)*, S. 253.
[120] Vgl. *Keiner, T. (2001)*, S. 268.

2.5.1 Der Umsatzplan

Der Umsatzplan ist eine Art „**verkürzte GuV-Rechnung**", mit deren Hilfe der erwartete Gewinn ermittelt werden kann (vgl. Abbildung 44). Ausgehend von den geplanten Umsatzerlösen wird dazu unter Abzug der Kosten das „Ergebnis der gewöhnlichen Geschäftstätigkeit vor Zinsen, Steuern und Abschreibungen (EBITDA)" berechnet. Diese Größe wird dann zum Cashflow erweitert, welcher die individuelle Ertragskraft der Unternehmung determiniert. Bereinigt um die geplanten Abschreibungen und die voraussichtlich anfallenden Ertragsteuern ergibt sich der Gewinn des Unternehmens nach Steuern.

Die Ermittlung des zukünftigen Umsatzes ist mit einer Reihe von Unsicherheiten behaftet. Fragen beispielsweise nach der Preisentwicklung oder den Kundenpräferenzen lassen sich ohne entsprechende Analysen nur unzureichend beantworten. Die Exaktheit ist weiterhin davon abhängig, inwieweit die zukünftigen Absatzmengen schon durch langfristige Lieferverträge oder sonstige vertragliche Bindungen gesichert sind.

Um die Unsicherheit zu senken und damit die Glaubwürdigkeit des Umsatzplans zu erhöhen, kommen entsprechende **Standort- und Marktanalysen** in Betracht. Diese Analysen sollten die folgenden Punkte beinhalten:[121]

- Umsatz, gegliedert nach Absatzbereichen und Kundensegmenten
- Kaufkraft, Entwicklung der Einkommen der privaten Haushalte
- Konkurrenz
- Vertriebsorganisation
- Verkaufsförderung bzw. Marketing

Für die Absatzbereichsanalyse kommen die folgenden Quellen in Betracht:

- eingegangene Aufträge und Anfragen
- Außendienstberichte und Absatzgebiet
- Ausgangsrechnungen und Buchhaltung
- Konkurrenzbeurteilung und Zahlungsbedingungen

---

[121] Vgl. *Keiner, T. (2001)*, S. 255.

		Betrag im Betrachtungs-zeitraum (EUR)[122]
	Umsatz aus Absatz/Verkauf	3.387.560
	Materialeinsatz	1.152.430
=	**Rohgewinn I (Deckungsbeitrag I)**	**2.235.130**
–	Personalkosten	978.450
=	**Rohgewinn II (Deckungsbeitrag II)**	**1.256.680**
–	sonstige Kosten	826.580
	Miete	(89.560)
	Heizung/Wasser/Strom	(18.000)
	Werbung	(230.540)
	Kommunikationsausgaben	(160.320)
	Kfz-Ausgaben	(0)
	Büromaterial	(58.460)
	Leasing	(217.970)
	Versicherungen	(12.670)
	Reparaturen	(16.790)
	Gebühren	(22.270)
=	**operativer Cashflow (EBITDA)**	**430.100**
–	Zinsaufwendungen	12.670
–	nicht ertragsabhängige Steuern	10.200
=	**Cashflow**	**407.230**
–	Abschreibungen	250.500
=	**Gewinn vor Steuern**	**156.730**
–	Ertragsteuern	25.000
=	**Gewinn nach Steuern**	**131.730**

Abbildung 44: Beispiel eines Umsatzplans[123]

Aus den Ergebnissen von **Marktforschungen** können zusätzliche Informationen über die Absatzmöglichkeiten eines Produkts gewon-

---

[122] Der Betrachtungszeitraum definiert den Zeitraum, für welchen der Umsatz-plan aufgestellt wird. Dies ist i. d. R. das Geschäftsjahr.

[123] Vgl. *Gleißner, W./Füser, K. (2002)*, S. 329.

nen werden. Dabei stehen Fragen nach dem Marktvolumen oder dem Marktanteil im Vordergrund.[124]

- Das **Marktpotenzial** umschreibt das gesamte Absatzpotenzial eines Markts für ein bestimmtes Produkt.
- Das **Absatzpotenzial** ist der mengenmäßige Absatz, den das Unternehmen für erreichbar hält.
- Unter dem **Marktvolumen** versteht man die tatsächlich abgesetzte Menge eines bestimmten Produkts.
- Das **Absatzvolumen** ist der tatsächliche Absatz eines bestimmten Produkts pro Unternehmen.
- Der **Marktanteil** ist der Quotient aus Absatzvolumen und Marktvolumen.

Anhand dieser Größen können etwa Vergleiche mit den Konkurrenten angestellt werden, z. B. durch den Vergleich des eigenen Marktanteils mit dem des größten Konkurrenten. Des Weiteren sind diese Größen oftmals Teil des unternehmerischen Zielsystems (beispielsweise „Ausweitung des Marktanteils auf 10 %").

2.5.2 Der Liquiditätsplan

Der Liquiditätsplan ist im Hinblick auf eine langfristige Existenzsicherung ein nicht zu ersetzendes Hilfsmittel. Durch ihn kann, trotz einer stets vorhandenen Unsicherheit, die zukünftig erwartete bzw. aus den sonstigen Plänen resultierende finanzielle Situation am besten dargestellt werden.

Die Hauptaufgabe der Liquiditätsplanung ist die **Sicherung der jederzeitigen Zahlungsfähigkeit** eines Unternehmens. Nicht nur zum momentanen Zeitpunkt, sondern auch in der Zukunft. Dies bedeutet, dass alle künftigen Vorgänge, die entweder einen Zahlungsmittelabfluss oder -zufluss zur Folge haben, in den Liquiditätsplan mit eingearbeitet werden müssen. Der **Zahlungsmittelbedarf oder -überschuss** ergibt sich im Liquiditätsplan aus der Summe der Kassenposition und den erwarteten Einzahlungen abzüglich den zu erwartenden Auszahlungen. Als Planungshorizont kommt entweder ein kurzfristiger Liquiditätsplan (Zeitraum bis zu einem Quartal,

---

[124] Vgl. *Schierenbeck, H. (1989)*, S. 240.

aufgegliedert in Monate) oder ein langfristiger Liquiditätsplan (Zeitraum von fünf Jahren, aufgegliedert in Quartale) in Betracht. Abbildung 45 zeigt ein Beispiel eines kurzfristigen Liquiditätsplans.

		Beträge in EUR			
		September	Oktober	November	Dezember
I.	Kassenposition	10.000	-116.500	35.200	336.700
	(Kasse, Bank, Post)				
II.	Einzahlungen				
	1. Absatzbereich	1.115.000	1.305.000	1.355.000	1.550.000
	2. Produktionsbereich	1.000	1.000	101.000	1.000
	3. Finanzbereich	50.500	700	500	500
	Summe	**1.166.500**	**1.306.700**	**1.456.500**	**1.551.500**
III.	Auszahlungen				
	1. Absatzbereich	55.000	65.000	65.000	85.000
	2. Produktionsbereich	438.000	260.000	260.000	285.000
	3. Beschaffungsbereich	400.000	430.000	430.000	470.000
	4. Finanzbereich	400.000	400.000	400.000	800.000
	Summe	**1.293.000**	**1.155.000**	**1.155.000**	**1.640.000**
IV.	Zahlungsmittelbedarf bzw. -überschuss: I + II - III	-116.500	35.200	336.700	248.200

Abbildung 45: Kurzfristiger Liquiditätsplan[125]

---

[125] Dieser Liquiditätsplan ist nach Betriebsbereichen gegliedert. Die Einteilung ist sehr kompakt. Um eine detailliertere Aufstellung zu erhalten, können die einzelnen Bereiche weiter aufgeschlüsselt werden. Vgl. *Süchting, J. (1995)*, S. 276.

Das Planungsrisiko ist besonders im finanziellen Bereich sehr groß. Deshalb sollte die Liquiditätsplanung verschiedene Szenarien beinhalten, um bei eintretenden Veränderungen adäquat reagieren und gegebenenfalls auf Alternativen zurückgreifen zu können.[126]

2.5.3 Der Investitionsplan

Im Investitionsplan werden sämtliche zukünftigen Investitionsvorhaben aufgelistet (vgl. Abbildung 46). Im Allgemeinen ist seine Aufstellung jedoch mit Schwierigkeiten verbunden: Der tatsächliche Investitionsumfang, der Zeitpunkt der Investition, aber auch die üblichen Preissteigerungen der Investitionsobjekte sind oft nur schwer vorhersehbar bzw. kalkulierbar. Deshalb wird sich der potenzielle Kapitalgeber von der Ordnungsmäßigkeit und der Nachvollziehbarkeit eines Investitionsplans überzeugen wollen. Dabei sind u. a. folgende Kriterien relevant:[127]

- Sind verschiedene Investitionsalternativen betrachtet worden?
- Sind die Investitionsrechnungen nachvollziehbar? Wie realistisch sind die Investitionsrechnungen?
- Sind die durch die Investition zusätzlich entstehenden Kosten berücksichtigt worden?

Investitionsrechnungen sind auch die Grundlage für Rentabilitätsberechnungen. Unter Zuhilfenahme des Liquiditätsplans lassen sich Aussagen über Liquiditätsvor- und -nachteile einer Investition machen.

---

[126] Vgl. *Gleißner, W./Füser, K. (2002)*, S. 330.
[127] Vgl. *Keiner, T. (2001)*, S. 263.

Ausgaben		Betrag im Betrachtungszeitraum (EUR)[128]
a)	bauliche Investitionen	2.645.600
	Installationen/Grunderwerb	(778.500)
	Neu- und Umbauten	(1.867.100)
	Erweiterungen	(0)
	Renovierungen	(0)
b)	Werkstatteinrichtungen	545.000
	Maschinen	(489.000)
	Werkzeuge	(56.000)
c)	Lager- und Ladeneinrichtungen	134.700
d)	Büro- und Geschäftsausstattung	34.500
e)	Kraftfahrzeuge	27.800
f)	Erstausstattung des Materiallagers	125.800
g)	Mietkaution	0
h)	Erstausstattung im Bereich Werbung	245.000
i)	Übernahmepreis	0
j)	sonstige Investitionen	24.000
Summe der Investitionen (Ausgaben)		**3.782.400**

Abbildung 46: Investitionsplan[129]

Zur Aufstellung eines Investitionsplans müssen zunächst alle potenziellen Investitionsobjekte identifiziert werden. In der betriebswirtschaftlichen Praxis existieren vier Gründe, aus denen eine Investition getätigt wird.

- **Erstinvestition:** Sie erfolgt z. B. bei Existenzgründungen und betrifft die erstmalige Anschaffung der betriebsnotwendigen Gegenstände.
- **Ersatzinvestition:** Sobald ein Vermögensgegenstand aus dem Betrieb ausscheidet, wird er durch einen neuen ersetzt.

---

[128] Der Betrachtungszeitraum definiert den Zeitraum, für welchen der Umsatz-
plan aufgestellt wird. Dies ist i. d. R. ein Geschäftsjahr.

[129] Vgl. *Gleißner, W./Füser, K. (2002)*, S. 330.

- **Rationalisierungsinvestition:** Investitionen werden als Rationalisierungsinvestitionen bezeichnet, wenn sie eine Kosteneinsparung zur Folge haben.
- **Erweiterungsinvestition:** Bei der Ausweitung der Geschäftstätigkeit fallen Investitionen an. Diese werden als Erweiterungsinvestitionen bezeichnet.

Unter Zuhilfenahme von **Investitionsrechnungen** müssen die wirtschaftlich vorteilhaftesten Vorhaben identifiziert werden. Es werden im Allgemeinen zwei Arten der Investitionsrechnung unterschieden. Die statischen Modelle auf der einen Seite und die dynamischen Modelle auf der anderen Seite (vgl. Abbildung 47). Der Unterschied zwischen den Modellen liegt in der Betrachtung der zeitlichen Unterschiede im Auftreten von Einnahmen und Ausgaben. Im Regelfall werden zuerst Ausgaben getätigt, bevor Einnahmen erzielt werden. Diese, noch nicht durch Einnahmen gedeckte Ausgaben, müssen durch Darlehen o. Ä. zwischenfinanziert werden, was Kosten in Form von Zinsen verursacht. Dies wird bei den statischen Modellen nicht berücksichtigt, da es sich um einfache Vergleichsrechnungen handelt. Im Gegensatz dazu werden bei den dynamischen Modellen die Zeitunterschiede zwischen Ausgaben und Einnahmen durch die Berechnung von Zinseszinsen berücksichtigt.[130]

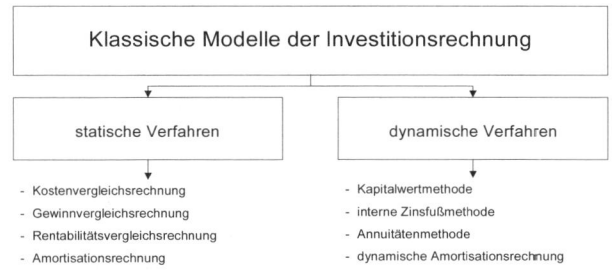

Abbildung 47: Übersicht über die Investitionsrechnungsmodelle[131]

---

[130] Vgl. *Schierenbeck, H. (1989)*, S. 301 ff.
[131] Vgl. *Keiner, T. (2001)*, S. 263.

2.5.4   Der Personalplan

Um die Personalanforderungen planen zu können, ist die Kenntnis über sämtliche betrieblichen Abteilungen und Abläufe notwendig. Die Organigramme (vgl. Abbildung 41 und Abbildung 42) zur Aufbau- und Ablauforganisation bieten hierbei eine Hilfestellung, da sie einen Überblick darüber vermitteln, wo im Unternehmen Personal benötigt wird. Der Personalplan fasst daraus abgeleitet die folgenden Fragestellungen zusammen:

- Welche Anzahl an Mitarbeitern wird benötigt, um die definierten Aufgaben zu erledigen?
- Welche Qualifikationen müssen die Mitarbeiter haben?
- Wie sieht die zeitliche Planung für die Einstellung der Mitarbeiter aus?
- Welche Rechtsfolgen kommen auf das Unternehmen zu (Betriebsrat, Berufsgenossenschaft u. Ä.)?

Bei der Personalplanung ist zu berücksichtigen, dass gut qualifizierte Mitarbeiter oftmals nicht innerhalb kurzer Zeit gefunden werden können bzw. in einigen Branchen sogar akuter Facharbeitermangel herrscht. Demnach können sich zeitliche Differenzen zwischen Personalbedarf und -einstellung ergeben, wodurch wiederum die Lieferfähigkeit bzw. die Produktqualität beeinträchtigt werden können. Daher ist gerade im Hinblick auf ein Rating eine detaillierte und langfristige Planung des Personalbedarfs wichtig.

Die Personalplanung hat direkte Auswirkungen auf den Liquiditätsplan. Zwar sind Personalkosten eine relativ sichere Kalkulationsbasis – die sich abgesehen von Neuabschlüssen von Tarifverträgen oder Änderungen der Sozialversicherungsbeiträge – kaum ändern, doch kann es aufgrund einer mengenmäßigen Anpassung der Produktion zu einer betrieblichen Unterbeschäftigung mit einer damit einhergehenden Unwirtschaftlichkeit kommen. In letzter Konsequenz würde dies eine Personalfreisetzung bedeuten, was i. d. R. mit zusätzlichen Kosten für das Unternehmen verbunden ist. Im Hinblick darauf sind alternative oder ergänzende Überlegungen bezüglich des Personals notwendig. Dazu zählen:[132]

- Auswirkungen von Arbeitszeitverkürzungen und einer flexiblen Arbeitszeitgestaltung
- Einsatzmöglichkeiten des Job-Sharings und Bereitstellung von Arbeitskräften durch Leiharbeitsfirmen zur Überbrückung von Überbeschäftigungsphasen
- Vorruhestandsregelungen
- Qualifizierungsmaßnahmen
- flexible Vergütungsformen

2.6 Persönliche Angaben

Gerade in kleinen und mittleren Betrieben ist die Entwicklung des Unternehmens eng mit der Person des Unternehmers verknüpft. Doch auch in großen Unternehmen sind die Qualifikation und die Erfahrung der Geschäftsleitung und/oder Organmitglieder entscheidend für den Unternehmenserfolg. Diesem Sachverhalt tragen die Banken bei der Beurteilung der Bonität durch das Kriterium „Managementqualität" Rechnung. Viele Banken bewerten dieses Kriterium subjektiv anhand standardisierter Fragebögen, die sich jedoch oftmals an „Lehrbuchmeinungen" orientieren, die gerade in mittelständigen Unternehmen häufig nicht nutzbringend umgesetzt werden können.[133] Als Informationsquellen dienen den Banken i. d. R. das Bankengespräch sowie die Betriebsbesichtigung.

Um einer möglichen negativen Beurteilung vorzubeugen, sollten alle Entscheidungsträger des Unternehmens ihre Qualifikation nachweisen. Dazu empfiehlt es sich – ähnlich zu einer Bewerbung – einen kurzen Lebenslauf mit Name, Geburtsdatum/-ort, Staatsangehörigkeit, Anschrift, Familienstand, Ausbildung usw. zu erstellen sowie Angaben zu folgenden Punkten zu machen:[134]

---

[132] Vgl. *Keinen, T. (2001)*, S. 261.
[133] Vgl. *Füser, K./Heidusch, M. (2002)*, S. 123.
[134] Vgl. *Füser, K./Heidusch, M. (2002)*, S. 124.

- kaufmännische Qualifikation der Geschäftsleitung
- technische Qualifikation der Geschäftsleitung
- Führungsqualitäten (motivierend, fordernd, delegationsfähig, entscheidungsfreudig, ...)
- Erfahrung und Effizienz (Branchen-/Führungserfahrung)
- Zusammenarbeit innerhalb der Unternehmensführung
- Anpassungsfähigkeit an veränderte Rahmenbedingungen

Der Unternehmer sollte bei der Vorbereitung auf den Rating-Prozess bedenken, dass zur Beurteilung der Managementqualität auch auf sein **Verhalten** geachtet wird, insbesondere auf

- Verhandlungsführung und -geschick,
- Zuverlässigkeit (Einhalten getroffener Absprachen),
- Auskunftsbereitschaft (gegenüber Bankmitarbeitern/Beratern/...) sowie
- Angemessenheit der Risikobereitschaft (z. B. keine gravierenden Ad-hoc-Entscheidungen ohne Abstimmung mit der Bank).

3   Das eigene Rating

Für viele Unternehmen stellen sich die Rating-Verfahren der Banken als Blackbox mit ungewissem Ausgang dar. Selbst wenn die Strukturen sowie die wesentlichen Kriterien der Ansätze der Banken zur Bonitätsbeurteilung bekannt sind (vgl. Kapitel D), bleibt i. d. R. die folgende Frage offen:

Mit welchem Rating kann bzw. muss das Unternehmen rechnen?

Zur Beantwortung dieser Frage kann das nachfolgend vorgestellte Rating-Verfahren Easy-Rating dienen, das von der Ernst & Young AG zur Bonitätsbeurteilung mittelständischer Unternehmen entwickelt wurde und jedem Unternehmen die Ermittlung eines „eigenen" Ratings ermöglicht. Die hierzu benötigten Formblätter sind als Kopiervorlage in Anhang 5.2 sowie in elektronischer Form auf der beiliegenden CD (vgl. Tabelle 1) enthalten.

Das so ermittelte „Bonitätsurteil" ist kein Rating in dem Sinne, dass sich daraus die mit dem Unternehmen verbundene Ausfallwahrscheinlichkeit und damit die zukünftig zu erwartenden Kreditkonditionen „zweifelsfrei" ableiten ließen. Ein Easy-Rating ermöglicht es dem Unternehmer jedoch, eine Ersteinschätzung selbst vorzunehmen, und kann ihm damit bei der Entscheidung helfen, ob schon heute ein Kreditantrag bei der Bank gestellt werden kann bzw. sollte oder ob zuvor Maßnahmen zur Optimierung des Ratings (vgl. hierzu Kapitel G) ergriffen werden müssen.

> **Jeder Unternehmer sollte sein eigenes „Rating" kennen bzw. erstellen. Dabei kann identifiziert werden, welche Faktoren das Rating durch eine Bank möglicherweise negativ beeinflussen werden. Nur so besteht die Möglichkeit, diese vor einem Kreditantrag und damit vor einem „wirklichen" Rating zu optimieren.**

3.1 Easy-Rating

Das von Ernst & Young entwickelte Easy-Rating lehnt sich an die typische Struktur bankinterner Rating-Ansätze an und verwendet die Kriterien, die auch von einem Großteil der Banken berücksichtigt werden. Seine grundlegende Struktur wird durch die **drei Teilratings**

- „Wirtschaftliche Verhältnisse (quantitative Unternehmensbewertung)",
- „Qualitative Unternehmensbewertung" sowie
- „Branche-, Produkt- und Umfeldanalyse"

beschrieben, die mit unterschiedlichem Gewicht in das Gesamtrating eingehen (vgl. Abbildung 48).

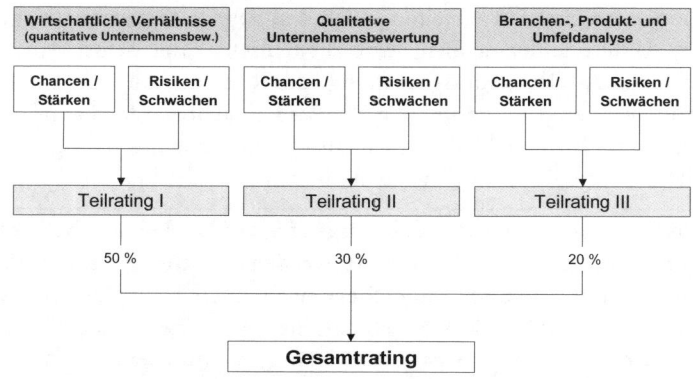

Wirtschaftliche Verhältnisse (quantitative Unternehmensbew.)		Qualitative Unternehmensbewertung		Branchen-, Produkt- und Umfeldanalyse	
Chancen / Stärken	Risiken / Schwächen	Chancen / Stärken	Risiken / Schwächen	Chancen / Stärken	Risiken / Schwächen
Teilrating I		Teilrating II		Teilrating III	
50 %		30 %		20 %	
Gesamtrating					

Abbildung 48: Struktur des Easy-Ratings von Ernst & Young

Jedes Teilrating ergibt sich zu gleichen Teilen aus der Analyse der mit ihm assoziierten „Chancen/Stärken" bzw. „Risiken/Schwächen", die jeweils anhand mehrerer Kriterien bewertet werden. Diese Aufgliederung ermöglicht es dem Unternehmer genau zu identifizieren, wo die Schwachstellen seines Unternehmens liegen und welche Gegenmaßnahmen den größten Nutzen für eine Optimierung des Ratings bieten.

Die Bonitätseinstufung erfolgt in eine von **sechs Rating-Klassen**, deren Bezeichnung sich an die Symbole der großen Rating-Agenturen anlehnt (vgl. Tabelle 24).

Rating-Klassen	Beschreibung
AAA/AA	hohe Bonität, geringes Ausfallrisiko
A	überduchschnittliche Bonität, etwas erhöhtes Risiko
BBB	noch gute Bonität, mittleres Risiko
BB	vertretbare Bonität, erhöhtes Risiko
B	schlechte Bonität, sehr hohes Risiko
CCC	geringste Bonität, höchstes Risiko

Tabelle 24: Klassen des Easy-Ratings von Ernst & Young

Die oberste Rating-Klasse („AAA/AA") ist nur für wenige Unternehmen mit wirklich sehr hoher Bonität zu erreichen; ein Unternehmen mit überdurchschnittlich guter Bonität fällt in die Rating-Klasse „A". Ergibt das eigene Rating eines Unternehmens das Rating-Urteil „B" oder „CCC", sollte vor einem Kreditantrag bei einer Bank überprüft werden, ob Potenziale zur Verbesserung der Bonität bestehen.

3.2 Teilrating I „Wirtschaftliche Verhältnisse (quantitative Unternehmensbewertung)"

Das erste Teilrating befasst sich mit den wirtschaftlichen Verhältnissen des Unternehmens und bewertet es anhand (vorwiegend) quantitativer Größen. Mit einem Gewicht von 50 % hat es den größten Einfluss auf das Gesamtrating, womit sich die Bedeutung einer soliden finanziellen Basis für den Fortbestand eines Unternehmens widerspiegelt.

Die „Chancen/Stärken" dieses Teilratings umfassen sowohl eine **Analyse des aktuellen Jahresabschlusses** – gemessen anhand verschiedener Kennzahlen zur Vermögens-, Finanz- und Ertragslage – als auch die Entwicklung dieser Kennzahlen seit der letzten Bilanz. Weiterführend, d. h. in die Zukunft blickend, werden zudem die Angaben aus der Plan-Bilanz/-GuV bewertet.

Zur Beurteilung der **Vermögenslage** des Unternehmens werden die Eigenkapitalquote sowie die Anlagendeckungsgrade I und II berechnet, in die Bewertung der **Finanzlage** gehen Kennzahlen zur Liquidität des Unternehmens (Liquidität I, II und III) sowie die Cashflow-Marge ein. Die **Ertragslage** eines Unternehmens macht Aussagen über dessen Rentabilität (hier gemessen anhand der Umsatz- und Gesamtkapitalrentabilität), dessen Verschuldungsgrad sowie den Zinsaufwand. Darüber hinaus wird die „Güte" der Erträge bewertet, da nur solche aus wiederkehrenden Geschäften bzw. Aufträgen Aussagen über die zukünftige Zahlungsfähigkeit des Unternehmen machen können.

Zum Zeitpunkt eines Kreditantrags und damit eines Ratings liegt der letzte Bilanzstichtag oft bereits mehrere Monate zurück, sodass der Jahresabschluss nur noch eingeschränkt Aussagen über die aktuelle finanzielle Situation des Unternehmens machen kann. Daher wird zusätzlich die **Entwicklung** der Vermögens-, Finanz- und Ertragslage **seit der letzten Bilanz** bewertet, wie sie sich in der Betriebswirtschaftlichen Auswertung (BWA) widerspiegelt. Die Bewertung dieses Kriteriums fällt im Rahmen des Teilratings I negativ aus, wenn im Unternehmen keine regelmäßigen, zeitnahen BWAs erstellt werden.

Da anhand eines Ratings die *zukünftige* Zahlungsfähigkeit eines Unternehmens beurteilt werden soll, werden schließlich die **Planungen** zur Vermögens-, Finanz- und Ertragslage bewertet. Dabei ist neben quantitativen Angaben entscheidend, dass innerhalb des Unternehmens Plan-Bilanzen und -GuV-Rechnungen aufgestellt sowie detaillierte Angaben zu Aufwand und Ertrag über einen Zeithorizont von mindestens zwei bis drei Jahren gemacht werden.

Chancen/Stärken		Risiken/Schwächen	
Vermögenslage	20 %	Bilanzierungsverhalten	25 %
Finanzlage	20 %	Kontoführung	25 %
Ertragslage	25 %	Planungs- und Prognosequalität	20 %
Entwicklung seit der letzten Bilanz	20 %	Zins- und Währungsrisiken	10 %
Plan-Bilanz/-GuV	15 %	Adressenausfallrisiken	10 %
		Sachanlageschäden durch exogene Einflüsse	10 %

Tabelle 25: Kriterien zum Teilrating I „Wirtschaftliche Verhältnisse (quantitative Unternehmensbewertung)"

Den Chancen und Stärken in Bezug auf die wirtschaftlichen Verhältnisse des Unternehmens stehen verschiedene Risiken und Schwächen gegenüber, die den Aussagegehalt von Jahresabschlüssen und Planzahlen einschränken bzw. die finanziellen Reserven eines Unternehmens in der Zukunft bedrohen können.

Großen Einfluss auf den Jahresabschluss hat etwa das **Bilanzierungsverhalten** des Unternehmens, d. h. die Frage, ob alle gesetzlich eingeräumten Spielräume zur „Bilanzkosmetik" in der Vergangenheit genutzt wurden oder ob die Abschlüsse eine neutrale/konservative Sicht auf das Unternehmen erlauben. Anhand der **Kontoführung**, d. h. der Verteilung der Kontoumsätze über das Jahr, der Anzahl der Überziehungen oder der Auslastung zugesagter Kreditlinien, werden Zahlungsschwierigkeiten eines Unternehmens oft bereits erkennbar, wenn dem Jahresabschluss noch keine Auffälligkeiten zu entnehmen sind. Daraus begründet sich der große Einfluss dieses Kriteriums auf das erste Teilrating. Darüber hinaus wird die **Planungs- und Prognosequalität** beurteilt, d. h. die Frage gestellt, ob die Planungen für die nächsten Jahre plausibel im Branchenvergleich sind und ob sie in der Vergangenheit weitestgehend eingehalten wurden, denn nur dann ist dies auch für die Zukunft zu erwarten.

Die Werthaltigkeit von Anlage- und Umlaufvermögen kann innerhalb kurzer Zeit durch verschiedene Faktoren z. T. erheblich gemindert werden. Von besonderer Relevanz sind dabei **Zins- und Währungsschwankungen**, die Bedeutung des Ausfalls eines bedeutenden Kreditors (**Adressenausfallrisiken**) oder die **Beschädigung von Sachanlagen** durch exogene Einflüsse wie Feuer oder Sturm. Im Rahmen der Bewertung dieser Kriterien werden sowohl die Höhe des möglichen Schadens als auch eventuelle risikomindernde Maßnahmen (z. B. Abschluss geeigneter Versicherungen, Bonitätsprüfung von Kunden, …) berücksichtigt.

3.3 Teilrating II „Qualitative Unternehmensbewertung"

Die wirtschaftliche Situation eines Unternehmens ist nur ein Aspekt im Rahmen einer umfassenden Bonitätsbeurteilung. Von großer Bedeutung ist darüber hinaus die im Unternehmen vorhandene Fach-, Führungs- und Organisationskompetenz, da nur durch sie ein Gewinn bringender Einsatz der zur Verfügung stehenden finanziellen Mittel garantiert werden kann.

Im Rahmen der Bewertung der Chancen und Stärken der „Qualitativen Unternehmensbewertung" hat die Beurteilung von **Management** und **Strategie** den größten Einfluss auf das Teilrating. Um ein Unternehmen erfolgreich zu führen, benötigen die Entscheidungsträger eine ausreichende fachliche, kaufmännische aber auch persönliche Qualifikation sowie umfangreiche Kenntnisse über das Betätigungsfeld des Unternehmens bzw. der Branche. Die Beurteilung des Managements bezieht sich jedoch nicht allein auf die oberste

Führungsebene. Auch die unmittelbar unterhalb der Unternehmensführung angesiedelten Verantwortlichen (zweite Führungsebene) müssen ihren Aufgaben entsprechende Kompetenzen vorweisen können. Auskunft über die Qualität des Managements gewinnt eine Bank u. a. durch die in der Vergangenheit gemachten Erfahrungen aus früheren Geschäftsbeziehungen bzw. -gesprächen mit dem zu untersuchenden Unternehmen/Unternehmer. Daher ist im Rahmen der Bewertung der Managementqualität auch zu beurteilen, ob die Beziehung zur Bank seitens des Unternehmens stets offen und kooperativ war.

Die Strategie des Unternehmens sollte klar formuliert und schriftlich fixiert sein. Entscheidend ist, dass sie auf intensiven Umfeld- und Unternehmensanalysen basiert und nicht hauptsächlich durch das Tagesgeschäft bestimmt wird („strategische Planung" versus „taktisches Handeln").

Für die Effizienz und Effektivität innerhalb eines Unternehmens sind der Aufbau der **Organisation** und die Gestaltung der (Major-) **Prozesse** entscheidend. Dazu gehören insbesondere eine schriftliche Dokumentation der Aufbau- und Ablauforganisation, eine klare Aufgaben- und Kompetenzverteilung sowie ein leistungsfähiges Informationsmanagement. Die Organisationsstruktur des Unternehmens sollte so aufgebaut sein, dass sie sich auch kurzfristig auf neue Wettbewerbssituationen einstellen sowie Störfällen begegnen kann.

Rechnungswesen und Controlling sind dafür verantwortlich, jederzeit Auskunft über den Status quo des Unternehmens geben zu können. Sie sind überdies die Basis für realistische Zukunftsprognosen und müssen ein effektives Debitorenmanagement garantieren. Die frühzeitige Identifikation und laufende Überwachung potenzieller Risiken sind Aufgaben des **Risikomanagement- und Frühwarnsystems**. Grundlegend ist in diesem Zusammenhang, dass bei allen wichtigen Entscheidungen das „Vier-Augen-Prinzip" eingehalten wird.

Um sich von seinen Wettbewerbern absetzen zu können, muss ein Unternehmen über so genannte **Kernkompetenzen**, d. h. Fähigkeiten verfügen, die es ihm ermöglichen, bestimmte Wertschöpfungsaktivitäten deutlich besser zu erfüllen als andere.[135] Im Rahmen der qualitativen Unternehmensbewertung sind u. a. die Kernkompetenzen von besonderer Bedeutung, die sich auf die Unternehmensorganisation beziehen. Dazu zählen insbesondere eine ausgeprägte Vertriebskompetenz, Flexibilität, Innovations- und Lernfähigkeit, eine ausgeprägte Kompetenz im strategischen Bereich sowie umfangreiche Erfahrungen im Finanz- und Portfoliomanagement. Von größter Bedeutung für den Erfolg eines Unternehmens sind darüber hinaus **Mitarbeiter**, die über eine gute Fach-, Methoden- und Entwicklungskompetenz verfügen und im Rahmen ihrer Vorgaben eigenverantwortlich, d. h. unternehmerisch denkend, arbeiten. Als ein Maß für die Motivation der Mitarbeiter können etwa das Betriebsklima oder die Fluktuation herangezogen werden.

Chancen/Stärken		Risiken/Schwächen	
Management	25 %	Nachfolgeregelung	30 %
Strategie	25 %	Mitarbeiterfluktuation und	
Organisation und Prozesse	10 %	Facharbeitermangel	20 %
Rechnungswesen und Controlling	10 %	Bedrohung von Erfolgsfaktoren	20 %
Risikomanagement- und Früh-		Absatzmarktrisiken	15 %
warnsystem	10 %	Beschaffungsmarktrisiken	15 %
Kernkompetenzen (Organisation)	10 %		
Mitarbeiter	10 %		

**Tabelle 26: Kriterien zum Teilrating
„Qualitative Unternehmensbewertung"**

Für die Beurteilung der Bonität eines Unternehmens ist eine gewisse Kontinuität in der Unternehmensführung wichtig, denn ein potenzieller Kreditgeber möchte wissen, ob er sich auch in einigen Jahren noch auf diese verlassen kann. Daher hat die Existenz einer **Nachfolgeregelung** im Unternehmen den größten Einfluss auf die Bewertung der Risiken und Schwächen im Kontext der qualitativen Unternehmensbewertung. Durch dieses Kriterium wird beispielsweise hinterfragt, ob eine schriftliche Notfallplanung existiert sowie quali-

---

[135] Vgl. *Gleißner, W./Füser, K. (2002)*, S. 297.

fizierte (potenzielle) Nachfolger bereits benannt und frühzeitig in das Unternehmen integriert worden sind.

Mit jedem Mitarbeiter, der das Unternehmen verlässt, gehen Wissen und Kompetenz verloren. Dies kann insbesondere dann zu einem Problem werden, wenn es schwierig ist, neue qualifizierte Facharbeiter zu akquirieren. Zudem ist der zukünftige Erfolg eines Unternehmens nur dann gesichert, wenn die Faktoren, die diesen in der Vergangenheit garantiert haben, nicht bedroht sind (etwa durch den Ausfall von Maschinen oder einzelnen Mitarbeitern). Diese Aspekte sind Inhalt der Kriterien **Mitarbeiterfluktuation und Facharbeitermangel** bzw. **Bedrohung von Erfolgsfaktoren**, die ebenso in das Teilrating II eingehen.

Auch ein gut organisiertes Unternehmen kann nur dann auf Dauer Gewinn erwirtschaften, wenn es weder auf der Absatz- noch auf der Beschaffungsmarktseite großen Risiken ausgesetzt ist. **Absatzmarktrisiken** ergeben sich aus der Abhängigkeit von einzelnen Kunden sowie aus der Schwankung der Absatzpreise. Entsprechend sind **Beschaffungsmarktrisiken** durch die Abhängigkeit von einzelnen Lieferanten sowie der Volatilität der Beschaffungspreise bestimmt.

3.4 Teilrating III „Branchen-, Produkt- und Umfeldanalyse"

Die Kriterien, die innerhalb des dritten Teilratings „Branchen-, Produkt- und Umfeldanalyse" untersucht werden, beziehen sich vornehmlich auf das konkrete Geschäftsfeld bzw. die Geschäftsfelder des Unternehmens. Die Chancen und Risiken dieses Teilratings werden dabei maßgeblich von der Bewertung der Branche sowie der Produkt- und Dienstleistungsqualität determiniert. Die größten Risiken und Schwächen beziehen sich auf den Markteintritt neuer Wettbewerber innerhalb der eigenen Branche sowie die Gefahr durch Substitutionsprodukte von Unternehmen anderer Branchen.

Das Kriterium „Branche" fasst eine Reihe verschiedener Faktoren zusammen, denen das zu beurteilende Unternehmen sowie seine Wettbewerber in gleichem Maße ausgesetzt sind. Dazu zählen insbesondere:

- Branchenprognosen für die kommenden Jahre
- Insolvenzquote der Branche
- Abhängigkeit von Konjunkturzyklen
- Verhältnis zwischen Export und Binnenmarktnachfrage
- nationale und internationale Konkurrenz
- Regulierungen und staatlicher Einfluss

Die Frage, *womit* ein Unternehmen konkret seinen Umsatz bzw. seinen Gewinn erzielt, ist von zentraler Bedeutung für seine zukünftige Zahlungsfähigkeit und fließt über das Kriterium „**Produkt und Dienstleistung**" in das Rating-Urteil ein. Bei der Bewertung werden sowohl die Qualität bzw. das Preis-Leistungs-Verhältnis als auch der Bekanntheitsgrad bzw. das Image des Unternehmens und seiner Produkte berücksichtigt. Darüber hinaus wird analysiert, inwieweit das Unternehmen die Weiterentwicklung seiner eigenen Produktpalette betreibt und damit die Branche vorantreibt.

Neben **Kernkompetenzen** im Bereich der Unternehmensorganisation sollte ein Unternehmen auch über solche in den Bereichen Forschung/Entwicklung und Produktion verfügen. Dazu zählen nicht nur eine ausgeprägte F&E-Kompetenz sowie Verfahren zur wirtschaftlichen Produktion, sondern auch solche Fähigkeiten, die ein Streben nach Kosteneffizienz, die Entwicklung einer Marke, das Bilden von Netzwerken, den Schutz der Rechte oder die Schaffung von Kundennähe fördern.

Um Schwankungen der Produktqualität und damit letztlich auch des Absatzes zu vermeiden, bedarf es eines leistungsfähigen Qualitätsmanagements. Anzustreben ist z. B. eine Zertifizierung gemäß DIN ISO 9001:2000 (vgl. Kapitel G, Abschnitt 2.11). Innerhalb des Kriteriums „**Qualitätsmanagement**" wird beim dritten Teilrating zudem hinterfragt, ob das Unternehmen Kundenreklamationen aufnimmt und zur Qualitätsverbesserung analysiert. Eng mit diesem letzten Aspekt verbunden ist auch die **Servicequalität** des Unternehmens, da über deren Ausbau potenziell ein nachhaltiger Wettbewerbsvorteil erzielt werden kann.

Neben den Besonderheiten einzelner Wirtschaftszweige bzw. Branchen kann auch das regionale Umfeld, d. h. der **Standort**, eines Unternehmens maßgeblichen Einfluss auf dessen Bonität haben. Hierbei spielen die regionale Konkurrenzsituation, die Nähe zu den (potenziellen) Kunden und Lieferanten sowie der Anschluss an wichtige Verkehrswege eine Rolle. Erhebliche Auswirkungen auf einzelne Jahresabschlusspositionen können darüber hinaus die regionalen Miet- und Kaufpreise, behördliche Auflagen sowie die örtlichen Gewerbesteuersätze haben.

Chancen/Stärken		Risiken/Schwächen	
Branche	25 %	Markteintritt neuer Wettbewerber	30 %
Produkt und Dienstleistung	25 %		
Kernkompetenzen (Produkt und Entwicklung)	20 %	Substitutionsgefahr	30 %
Qualitätsmanagement	10 %	Haftungsrisiken	20 %
Service	10 %	Technische Risiken	20 %
Standort	10 %		

Tabelle 27: Kriterien zum Teilrating „Branchen-, Produkt- und Umfeldanalyse"

Auch wenn sich ein Unternehmen zum jetzigen Zeitpunkt durch die Qualität seiner Produkte bzw. Dienstleistungen oder dem von ihm gewährten Service positiv von seinen Wettbewerbern abhebt, kann diese Position heute bereits innerhalb eines kurzen Zeithorizonts gefährdet werden. So kann sich die Wettbewerbssituation rasch durch den **Markteintritt neuer Wettbewerber** grundlegend ändern. Zur Beurteilung dieses Kriteriums werden die Markteintrittsbarrieren für neue Wettbewerber hinterfragt sowie die möglichen Reaktionspotenziale der etablierten Marktteilnehmer bewertet. Die Wettbewerbssituation kann jedoch nicht nur durch neue Anbieter derselben Branche, sondern auch durch **Substitutionsprodukte** aus anderen Branchen gefährdet werden. Daher ist zu analysieren, ob andere Branchen in der Vergangenheit (erfolgreich) versucht haben, Produkte auf dem Markt zu etablieren, die denen der eigenen Branche vergleichbar sind bzw. mit ihnen im Wettbewerb stehen.

Mit der Betriebstätigkeit eines Unternehmens ist eine Vielzahl möglicher **Haftungsrisiken** verbunden, die i. d. R. jedoch über geeignete Versicherungen abgedeckt werden können. Zu nennen sind hierbei die Betriebshaftpflichtversicherung sowie die Produkthaftpflicht.

Der Ausfall zentraler Komponenten innerhalb der Produktionsanlagen kann sich sowohl negativ auf die Lieferfähigkeit als auch auf die Produktqualität auswirken. Diesem Aspekt wird durch das Kriterium „**Technische Risiken**" Rechnung getragen.

G Konkrete Ansätze zur Optimierung des Ratings

Aus Sicht vieler Unternehmer werden die Banken zukünftig über die Bonität ihres Unternehmens urteilen, ohne dass ihnen die Möglichkeit gegeben wird, hierauf maßgeblichen Einfluss zu nehmen. Vielfach wird befürchtet, dass den Unternehmen ein „Stempel" aufgedrückt wird, den sie kaum wieder ablegen können („einmal schlechte Bonität – immer schlechte Bonität").

Dabei wird jedoch übersehen, dass es für Unternehmen zahlreiche Möglichkeiten zur Verbesserung des Ratings und der damit einhergehenden Kreditkonditionen gibt. Dazu werden in diesem Kapitel zahlreiche Ansätze vorgestellt. In den meisten Unternehmen werden davon bereits einige oder sogar mehrere umgesetzt. Doch auch für diese Unternehmen ist es wichtig, die Bedeutung einzelner Maßnahmen für ein Rating nochmals bzw. wiederholt zu hinterfragen und nach weiteren Optimierungsmöglichkeiten zu suchen.

Welche der in den nachfolgenden Abschnitten beschriebenen Ansätzen ein Unternehmen (zusätzlich) verfolgen soll, hängt von der individuellen Situation sowie der Bereitschaft, Veränderungen anzunehmen bzw. anzustoßen, ab. Aufgrund der Vielzahl von Alternativen und spezifischen Unternehmenssituationen ist es grundsätzlich jedoch nicht möglich, einen rechtsform- und größenübergreifenden Leitfaden zur Optimierung eines Ratings zu erstellen.

Gerade kleine und mittlere Betriebe werden hinsichtlich ihrer Unternehmensführung umdenken müssen, da ihre Leistungsfähigkeit von den Banken und der Öffentlichkeit im Allgemeinen zukünftig nicht mehr vorwiegend anhand des Jahresabschlusses beurteilt werden wird. Neben der Verbesserung ihres Ratings und damit der Kreditkonditionen bietet sich ihnen dadurch die Möglichkeit, ihre Zukunftsfähigkeit langfristig zu verbessern.

> Die Vorbereitung auf ein Rating gibt einem Unternehmen die Chance, sich intensiv mit seinen Stärken und Schwächen auseinander zu setzen sowie seine Potenziale zu erkennen und zu nutzen.

1 Kurzfristige Handlungsmöglichkeiten

Die Umstrukturierung eines Unternehmens ist nicht von heute auf morgen möglich. Auch die finanzielle Situation lässt sich nur sehr eingeschränkt innerhalb kurzer Zeit verbessern. Dennoch gibt es eine Reihe von Handlungsmöglichkeiten, die einen positiven Einfluss auf ein mögliches Rating-Urteil haben und kurzfristig, d. h. innerhalb eines Zeitraums von etwa drei Monaten, in Angriff genommen werden können (vgl. Tabelle 28).

Besteht Fremdfinanzierungsbedarf, d. h. steht ein Rating-Prozess unmittelbar bevor, sollte geklärt werden, welche dieser Maßnahmen zur Optimierung des Rating-Urteils und damit zur Verbesserung der möglichen Kreditkonditionen konkret ergriffen werden sollten. Dazu können die Kopiervorlagen „Kurzfristige Handlungsmöglichkeiten" im Anhang herangezogen werden. Wird ersichtlich, dass nur durch langfristige Maßnahmen eine Anhebung der Bonität und damit für das Unternehmen akzeptable Kreditkonditionen erzielt werden, sollte die Möglichkeit einer Verschiebung der Kreditaufnahme hinterfragt werden. Zu beachten ist in diesem Zusammenhang auch, dass durch viele der in diesem Kapitel beschriebenen Maßnahmen der Finanzierungsbedarf gesenkt wird und damit eventuell auf eine Kreditaufnahme (in der Zukunft) verzichtet werden kann.

	Mögliche Maßnahmen
Reduzierung des Anlagevermögens	▪ Verkauf nicht betriebsnotwendiger Bestandteile des Anlagevermögens
Abbau von Vorräten	▪ Verbrauch ▪ Veräußerung ▪ Einrichtung einer EDV-gestützten Lagerhaltungs- und Bestellmengenplanung
Forderungsmanagement	▪ Zeitnahe und vollständige Rechnungserstellung ▪ Aktualisierung der Buchführung ▪ Bonitätsprüfung von Geschäftspartnern ▪ Einleitung von Mahnverfahren ▪ Beauftragung eines Inkassobüros
Ausnutzung von Skonti	▪ Inanspruchnahme gewährter Skonti bei Verbindlichkeiten aus Lieferungen und Leistungen
Umschuldung	▪ Umwandlung kurzfristiger in langfristige Kredite
Abschluss geeigneter Versicherungen	▪ Feuer-, Leitungswasser- und Sturmversicherung ▪ Einbruchdiebstahlversicherung ▪ Betriebs- und Produkthaftpflichtversicherung
Beziehung zur Bank	▪ Offenheit, Vertrauen und Kooperationsbereitschaft signalisieren ▪ Unterlagen zeitnah und unaufgefordert einreichen ▪ Kontoführung
Nachfolgepolitik	▪ Erstellung eines Notfallplans

Tabelle 28: Kurzfristige Handlungsmöglichkeiten zur Optimierung des Ratings[136]

---

[136] Für weitere Informationen vgl. erweiternd auch die Ausführungen in Abschnitt 2.

2 Langfristige Handlungsmöglichkeiten

Unabhängig von einem konkreten Finanzierungsbedarf sollte überprüft werden, welche langfristigen Maßnahmen zur Optimierung des Ratings angestrebt werden können (Kopiervorlagen „Langfristige Handlungsmöglichkeiten" im Anhang). Um eine effiziente und effektive Umsetzung zu garantieren, müssen die Priorität, der zeitliche Rahmen (wann bzw. bis wann ist die Umsetzung geplant?) sowie die hierfür verantwortlichen Mitarbeiter benannt werden. Da sowohl die individuelle Lage eines Unternehmens als auch seines Umfelds einem permanenten Wandel unterliegen, sollte der erstellte Maßnahmenkatalog zunächst jährlich überarbeitet und aktualisiert werden.

2.1 Reduzierung des Anlagevermögens

Eine Reduzierung des Anlagevermögens erfolgt i. d. R. durch den Verkauf **nicht betriebsnotwendiger Bestandteile des Anlagevermögens,** zu denen neben Grundstücken und Immobilien auch Lizenzen oder Rechte zählen können. Oftmals kann diese Maßnahme auch kurzfristig durchgeführt werden, wenngleich sie prinzipiell „längerfristiger Natur" ist.

Das durch die Veräußerung frei gewordene Kapital kann zur **Tilgung von Schulden** und damit zur Verbesserung des Verhältnisses von Eigenkapital zu Fremdkapital verwendet werden. Mit einer Reduzierung der Verbindlichkeiten ist darüber hinausgehend direkt eine Verminderung des zukünftigen **Zinsaufwands** verbunden. Alternativ oder ergänzend werden durch den Verkauf von Teilen des Anlagevermögens die liquiden Mittel erhöht, was sich in einer verbesserten **Liquiditätslage** – etwa gemessen an den Kennzahlen Liquidität I, II und III – widerspiegelt. Durch eine Verkürzung der Bilanzsumme mittels einer Reduzierung des Anlagevermögens lässt sich zudem die **Gesamtkapitalrentabilität** steigern. Bedacht werden muss im Fall des produzierenden Gewerbes, dass an die Reduzierung des Anlagevermögens auch eine Verringerung der **Anlagenintensität** gekoppelt ist.

Die Entscheidung für die Veräußerung von Vermögensgegenständen sollte stets **konservativ** und auf Grundlage **langfristiger Überlegungen** erfolgen. So kann eine Steigerung der Rentabilität nur dann dauerhaft und nachhaltig erzielt werden, wenn mit dem Verkauf auch langfristig keine Reduktion oder Deckelung des Jahresergebnisses verknüpft ist. Entscheidungen über eine Veräußerung des Anlagevermögens sollten somit stets vor dem Hintergrund des Einflusses auf die aktuelle und zukünftige (geplante) Geschäftstätigkeit getroffen werden. Insbesondere sollte sich ein Unternehmen nur dann von Rechten oder Lizenzen trennen, wenn der Einfluss eines Verkaufs auf das Kerngeschäft im Vorhinein sorgfältig geprüft worden ist. Weder sollten Konkurrenten durch den Verkauf (an diese) Wettbewerbsvorteile erlangen noch sollte in der Zukunft eine i. d. R. schwierige und teure Wiederbeschaffung der Rechte und Lizenzen erforderlich werden. Vor der Veräußerung von Grundstücken oder Immobilien sollten die angestrebte Verringerung des Zinsaufwands und der Verlust möglicher Einnahmen aus Vermietung und Verpachtung gegeneinander abgewogen werden.

2.2 Abbau von Vorräten

Ziel des Abbaus von Vorräten ist die Reduzierung der **Kapitalbindung** bzw. des **Aufwands für Lagerhaltung**. Damit geht i. d. R. eine Steigerung von **Liquidität** (Kennzahlen: Liquidität I und II) und **Rentabilität** einher. Der Abbau von Vorräten kann dabei, auch kurzfristig, sowohl durch Verbrauch als auch durch Veräußerung erfolgen.

Die Menge der vorgehaltenen Roh- und Betriebsstoffe bzw. Waren sollte stets an der angestrebten eigenen Lieferfähigkeit (z. B. 95 % oder 99 %) sowie der Lieferfähigkeit wichtiger Geschäftspartner ausgerichtet sein. Zu beachten ist in diesem Zusammenhang, dass eine geringe Lieferfähigkeit zu einer Verschlechterung der Wettbewerbssituation führen kann.

Ein optimaler Lagerbestand wird durch eine i. d. R. **EDV-gestützte Lagerhaltungs- und Bestellmengenplanung** erreicht, in der etwa auch saisonbedingte Bedarfsschwankungen Berücksichtigung finden. Insbesondere im Bereich des Einzelhandels ist **Vendor Managed Inventory** (VMI) ein modernes Logistiktool, das zu einer Optimierung der Lagerbestände beitragen kann. Dabei werden dem Lieferanten Daten über Vorräte und Absatz übermittelt, anhand derer er den Bedarf einzelner Waren ermittelt und diese dem Kunden liefert. Durch Vendor Managed Inventory ist es insbesondere möglich, Sicherheitsbestände zu reduzieren, da diese zentral beim Lieferanten vorgehalten werden. Ein Nachteil besteht jedoch in einer größeren Abhängigkeit von einzelnen Lieferanten.

2.3 Forderungsmanagement

Ziel des Forderungsmanagements ist es, jederzeit einen Überblick über ausstehende Forderungen aus Lieferungen und Leistungen zu haben sowie deren zeitnahe Begleichung zu bewirken. Dadurch können **Liquidität** und **Gewinn** – auch dauerhaft – gesteigert werden. Unter das Forderungsmanagement fallen sowohl vorbeugende und laufende Maßnahmen als auch solche, die erst im Fall einer ausbleibenden Zahlung ergriffen werden.

2.3.1 Vorbeugende und laufende Maßnahmen

Idealerweise sollten Geschäftsverbindungen nur mit solchen Unternehmen bzw. Personen aufgenommen werden, über deren Bonität, d. h. Zahlungsfähigkeit, zuvor hinreichende Gewissheit erlangt worden ist. Mit diesem Aspekt des Forderungsmanagements befasst sich Abschnitt 2.4 „**Bonitätsprüfung von Geschäftspartnern**".
Innerhalb des Rechnungswesens des eigenen Unternehmens muss ein Prozess – verbunden mit effektiven Kontrollen – installiert sein, der eine **zeitnahe und vollständige Rechnungserstellung** garantiert. Bedacht werden muss in diesem Zusammenhang auch, dass die Berechnung nicht (vollständig) erbrachter Leistungen i. d. R. zu einem Einwand des Schuldners und damit einer Verzögerung des Zahlungseingangs führt.
Die wesentliche Voraussetzung für ein effektives und effizientes Forderungswesen ist eine **aktuelle und gut aufbereitete Buchführung**, der jederzeit die nötigen Informationen über offene Forderungen

entnommen werden können. Es sollte nicht versucht werden, über großzügige oder branchenunübliche Zahlungsziele einen Vorteil gegenüber Konkurrenten zu erlangen.

Unter den Stichpunkt „vorbeugende Maßnahmen des Forderungsmanagements" ist auch der **Verkauf von Forderungen** (z. B. durch Factoring oder Asset Backed Securities) zu fassen. Nähere Informationen hierzu finden sich in Kapitel H, Abschnitt 2.

2.3.2   Wenn keine Zahlung erfolgt

Werden trotz sorgfältig durchgeführter vorbeugender Maßnahmen einzelne Forderungen nicht innerhalb der vereinbarten Zahlungsziele bedient, bieten sich dem Unternehmen prinzipiell zwei Möglichkeiten zur Eintreibung: das (gerichtliche) **Mahnverfahren** sowie die Beauftragung eines **Inkassobüros.**

Innerhalb der Unternehmensorganisation sollte genau festgelegt werden, wie im Fall ausstehender Forderungen vorgegangen wird und wer für die Durchführung bzw. die Kontrollen verantwortlich ist. Darüber hinaus empfiehlt es sich, stets mit demselben Rechtsanwalt und/oder Inkassobüro zusammenzuarbeiten. Dadurch kann im Einzelfall Zeit gespart werden, da eine Vielzahl von Arbeitsschritten automatisiert gestaltet werden kann.

Effektives Mahnverfahren

Begleicht ein Kunde eine Forderung nicht oder nur teilweise innerhalb der vertraglich vereinbarten Zahlungsfrist nach Erhalt der Rechnung, sollte ihm zeitnah eine erste **Mahnung** zugeschickt werden, in der ihm freundlich eine neue, nicht zu lange Frist gesetzt wird. Dabei ist darauf zu achten, dass die erneut gesetzte Zahlungsfrist auf einem Werktag endet. Darüber hinaus sollte sichergestellt sein, dass die in Rechnung gestellte Leistung tatsächlich wie vereinbart erbracht worden ist.

Spätestens mit Erhalt der ersten Mahnung gerät der Gläubiger in **Verzug.** Nach dem neuen *Gesetz zur Beschleunigung fälliger Zahlungen* – gültig seit 01.05.2000 – kommt der Schuldner grundsätzlich 30 Tage nach Fälligkeit und Zugang der Rechnung in Verzug.

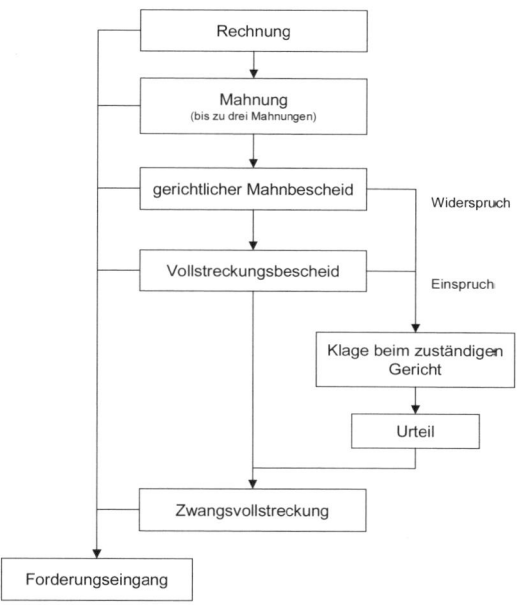

Abbildung 49: Ablauf eines effektiven Mahnverfahrens

Das gerichtliche Mahnverfahren wird i. d. R. nach der dritten, erfolglosen Mahnung durch einen Antrag des Unternehmens auf Erlass eines Mahnbescheids eingeleitet. Dieser kann auch ohne Zuhilfenahme eines Anwalts gestellt werden. Nach Prüfung der *formalen* Richtigkeit des Antrags durch das Mahngericht wird dem Schuldner ein **gerichtlicher Mahnbescheid** zugestellt, gegen den er innerhalb von zwei Wochen Widerspruch einlegen kann.

Erfolgt innerhalb von zwei Wochen keine Begleichung der Forderung bzw. wird auch innerhalb dieser Zeit seitens des Schuldners kein Widerspruch gegen den gerichtlichen Mahnbescheid eingelegt, kann der Gläubiger nach Ablauf dieser Frist den Erlass eines **Vollstreckungsbescheids** beantragen. Dieser bildet die Grundlage für die Zwangsvollstreckung. Der Antragsgegner kann wiederum innerhalb von zwei Wochen nach Zustellung des Vollstreckungsbescheids Einspruch erheben.

Hat der Schuldner Widerspruch gegen den gerichtlichen Mahnbescheid oder Einspruch gegen den Vollstreckungsbescheid eingelegt, so wird der Streit über die Forderung im Rahmen eines **Zivilprozesses** entschieden. Der originäre Zweck des Mahnverfahrens ist es, einen zur Zwangsvollstreckung geeigneten Titel, den Vollstreckungsbescheid, *ohne* ein solches gerichtliches Verfahren zu erhalten.

Der erlassene Vollstreckungsbescheid bzw. das Urteil berechtigt den Gläubiger zur Beantragung einer **Zwangsvollstreckung**. Dabei stehen insbesondere folgende Vollstreckungsmaßnahmen zur Wahl:

- Sachpfändung (Pfändung von beweglichen Sachen)
- Kontopfändung
- Einkommenspfändung
- Vollstreckung in Immobilien

Nur Kosten, die dem Verzug des Schuldners direkt zurechenbar sind, können als Verzugsschäden geltend gemacht werden. Dazu zählen neben Portokosten insbesondere Verzugszinsen sowie Kosten für das Mahnverfahren oder einen beauftragten Rechtsanwalt (beides abhängig von der Höhe der Forderungen). Kosten für die Tätigkeit unternehmenseigener Mitarbeiter können dagegen i. d. R. nicht eingefordert werden.

Der Vordruck „**Antrag auf Erlass eines Mahnbescheids**" ist im Bürofachhandel erhältlich. Alle anderen Vordrucke werden vom Mahngericht im Laufe des Verfahrens übersandt. Weiterführende Informationen, insbesondere Ausfüllhinweise für die einzelnen Formulare, sind unter www.mahnverfahren.nrw.de zu finden.

Beauftragung eines Inkassobüros

Stehen fällige Forderungen aus, so kann alternativ zur Einleitung eines gerichtlichen Mahnverfahrens ein Inkassobüro in Anspruch genommen werden. Aufgrund der Erfahrung und Professionalität dieser Unternehmen liegen ihre Erfolgsquoten bei der Eintreibung

(50 % nach Angaben des BDIU[137]) deutlich über denen des betriebseigenen Mahnwesens.

Das Unternehmen kann das Inkassounternehmen lediglich mit der Eintreibung der Forderungen betrauen oder aber ihm diese „verkaufen". Im ersten Fall entstehen dem Unternehmen – bei einer erfolgreichen Eintreibung – keine zusätzlichen Kosten, da diese zulasten des Gläubigers gehen. Im zweiten Fall erhält das Unternehmen den „Verkaufspreis" sicher. Dieser liegt jedoch (abhängig von der Werthaltigkeit) z. T. deutlich unter dem Forderungsbetrag. Auf jeden Fall können durch die Beauftragung eines Inkassobüros innerbetriebliche Kosten gespart werden, da sich das eigene Personal nicht mit der oft zeitaufwendigen Ermittlung von Anschriften und weiteren Recherchen befassen muss.

2.4 Bonitätsprüfung von Geschäftspartnern

Mittels einer Bonitätsprüfung (neuer) **Kunden** sollte deren **Zahlungsfähigkeit** ex ante geprüft werden, d. h. *bevor* ein Auftrag angenommen wird. Ziel einer Bonitätsprüfung ist es, (zukünftig) nicht einbringbare Forderungsbestände erst gar nicht entstehen zu lassen und damit (potenzielle) Verluste in Grenzen zu halten. In diesem Sinne kann die Bonitätsprüfung von Kunden als „präventives Forderungsmanagement" angesehen werden. Neben den Kunden sollten auch (neue) **Lieferanten** auf ihre Bonität hin überprüft werden, da der Ausfall eines wichtigen Zulieferers dem Unternehmen ebenfalls einen ernsthaften Schaden zufügen kann, indem er dessen eigene Lieferfähigkeit gefährdet.

Die Bonitätsprüfung von Geschäftspartnern entspricht im Wesentlichen der Bonitätsprüfung des eigenen Unternehmens durch die Bank bzw. durch eine externe Rating-Agentur. Dem Unternehmen stehen dazu verschiedene unternehmensinterne und externe Infor-

---

[137] Der *Bundesverband Deutscher Inkasso-Unternehmen e. V.* (BDIU) vertritt die Interessen der Inkasso-Branche in der Öffentlichkeit. Seine Mitgliedsunternehmen haben sich rechtsstaatlichen Verfahrensweisen verpflichtet und unterliegen der Überwachung durch die örtlichen Gerichtspräsidenten. Vgl. *www.inkasso.de*.

mationsquellen zur Verfügung; Einblick in interne Unterlagen des Vertragspartners oder private (Vermögens-)Verhältnisse erhält es i. d. R. jedoch nicht. Der Grad der Bonitätsprüfung sollte stets unter Berücksichtigung einer **Kosten-Nutzen-Abwägung** gewählt werden, d. h. der durch einen möglichen Ausfall drohende Verlust muss in einem angemessenen Verhältnis zum Aufwand an Zeit und Kosten zur Informationsbeschaffung und -aufbereitung stehen. In vielen Fällen, etwa bei einem Versandhandel, können standardisierte und automatisierte Lösungen (z. B. SCHUFA-Auskunft) implementiert werden.

Neben der Überprüfung der Bonität vor der Aufnahme einer erstmaligen Geschäftsverbindung ist eine **laufende Aktualisierung** der gesammelten Informationen sicherzustellen. Treten bei einem langjährigen Geschäftspartner Anzeichen für eine (deutliche) Verschlechterung der Bonität auf, so können in einem Gespräch zunächst mögliche Ursachen und geplante Abhilfemaßnahmen besprochen werden. Letztendlich sollte eine Geschäftsverbindung jedoch nicht allein aufgrund eines vertrauensvollen und persönlichen Verhältnisses aufrecht erhalten werden. Was zählt, ist die Bonität!

2.4.1 Interne Informationsquellen

Bestehen zu einem Kunden oder Lieferanten schon seit längerem Geschäftsbeziehungen, so sind im eigenen Unternehmen wertvolle Informationen über dessen Bonität vorhanden. Voraussetzung dafür sind Strukturen, die eine regelmäßige Erfassung der relevanten Daten garantieren.

Informationen aus dem Rechnungswesen

Im Rechnungswesen sind Daten über das (frühere) **Zahlungsverhalten der Kunden** gespeichert, die im Allgemeinen erste Rückschlüsse über ihre zukünftige Zahlungsfähigkeit bzw. -bereitschaft erlauben. Eine Analyse der Zahlungseingänge in der Vergangenheit sind mit der Kontodatenanalyse im Rahmen bankinterner Rating-Verfahren vergleichbar. Fragestellungen in diesem Zusammenhang sind:

- Wie oft hat der Kunde das Zahlungsziel überschritten? Hat er einen Antrag auf spätere Zahlung gestellt?

- Macht der Kunde Gebrauch von Skonti?
- Bestellt der Kunde neue Waren, obwohl das Zahlungsziel alter Forderungen bereits überschritten ist?
- Waren oder sind Inkassomaßnahmen notwendig?

Die Informationen, die über einen **Lieferanten** im Rechnungswesen gespeichert sind, beziehen sich vornehmlich auf dessen **Lieferfähigkeit**. Relevant sind insbesondere die folgenden Fragestellungen:

- Werden die Waren pünktlich und vertragsgemäß geliefert bzw. werden die Leistungen pünktlich und vertragsgemäß erbracht?
- Werden die Rechnungen zeitnah und korrekt gestellt?
- Werden Skonti gewährt?

Informationen aus dem Kunden-/Lieferantenkontakt

Im Laufe einer längeren Geschäftsbeziehung kann häufig ein Einblick in die interne Struktur des Unternehmens des Geschäftspartners gewonnen werden. Im Kunden- bzw. Lieferantenkontakt sollte insbesondere auf die folgenden Punkte geachtet werden:

- Wie hoch sind die Lagerbestände? Deuten diese auf einen schlechten Absatz hin?
- Sind die Maschinen in einem guten Zustand?
- Sind die Kapazitäten ausgelastet?
- Verfügt das Unternehmen über qualifizierte und motivierte Mitarbeiter?
- Wer sind die anderen Kunden bzw. Lieferanten des Geschäftspartners?
- Welchen Eindruck – fachlich, kaufmännisch und persönlich – macht das Management?
- Wie geht der Lieferant mit Reklamationen um? Geht er auf spezielle Kundenwünsche ein?
- Wie ist die Servicequalität des Lieferanten?
- Verfügt der Kunde über ein wettbewerbsfähiges Produkt- und Leistungsangebot?

205

2.4.2   Externe Informationsquellen

Externe Quellen bieten eine weitere Möglichkeit, Informationen über Geschäftspartner zu erhalten. Vor Aufnahme einer neuen Geschäftsbeziehung sind sie i. d. R. die einzigen Anhaltspunkte zur Beurteilung der Bonität potenzieller Kunden bzw. Lieferanten.

Informationen aus der Presse

Der (lokalen) Presse sind oft wertvolle Angaben über die aktuelle Entwicklung eines **bestimmten Unternehmens** bzw. über dessen Planungen für die Zukunft zu entnehmen. Neben Berichten über einzelne Unternehmen finden sich in der Presse Mitteilungen über **Branchentrends** sowie die **wirtschaftlichen Rahmenbedingungen verschiedener Regionen**. Es ist i. d. R. jedoch aufwendig, kurzfristig alle wesentlichen Nachrichten zusammenzustellen. Daher:

> **Innerhalb des Unternehmens sollte ein Prozess installiert werden, der eine laufende, strukturierte und vollständige Erfassung aller relevanten Informationen aus der Presse garantiert.**

Wirtschaftsauskünfte

Strukturierte und oftmals bereits zu einer Bonitätsaussage verdichtete Informationen über Unternehmen (und Privatpersonen) werden von verschiedenen Wirtschaftsauskünften angeboten. Die mit diesen Anfragen verbundenen Kosten sollten jedoch in einem angemessenen Verhältnis zum möglichen Verlust, der mit einer Geschäftsverbindung verbunden sein könnte, stehen.

Verein Creditreform

Mitglieder des Vereins Creditreform (*www.creditreform.de*, vgl. Kapitel C, Abschnitt 2.2) haben Zugriff auf eine umfangreiche Datenbank mit Informationen über Unternehmen und Privatpersonen. Je nach Umfang der Anfrage zu einem Unternehmen wird zwischen der Wirtschaftsauskunft, der Kompaktauskunft, der Telefonauskunft sowie reinen Handelsregisterinformationen unterschieden. Neben Gebühren für einzelne Auskünfte fallen eine Aufnahmegebühr sowie ein jährlicher Mitgliedsbeitrag an, in dem 60 Telefonauskünfte enthalten sind. Die Bearbeitungszeit ist von der Auftragsart abhängig und beträgt i. d. R. wenige Arbeitstage (vgl. Tabelle 29).

Autragsart	Anfrage	Erledigungsdauer
Onlineauskunft		sofort, falls aktuell
Normalauskunft	Post, Telefon/Telefax, Mailbox	3 - 5 Arbeitstage
Eilauskunft	Post, Telefax, Mailbox	24 Arbeitsstunden
Superflash Auskunft	Telefax	8 Arbeitsstunden

Tabelle 29: Auftragsarten des Vereins Creditreform

Bürgel Wirtschaftsinformationen
Bürgel Wirtschaftsinformationen (www.buergel.de, vgl. Kapitel C, Abschnitt 2.3) stellt Informationen über Unternehmen und Privatpersonen zur Verfügung (u. a. Vollauskünfte, Kurzauskünfte sowie Telefonauskünfte). In der jährlichen Grundgebühr sind 50 Telefonauskünfte enthalten, jede weitere Auskunft wird einzeln berechnet. Der Abruf ist – in Abhängigkeit der gewünschten Auskunftsform – online, per Brief, Fax oder Telefon möglich. Die Vollauskunft kann zudem in ein SAP R/3-System integriert werden.

Bankauskunft[138]
Nach den Allgemeinen Geschäftsbedingungen dürfen Banken Auskunft erteilen über

- **juristische Personen** und **im Handelsregister eingetragene Kaufleute**, sofern sich die Anfrage auf ihre geschäftliche Tätigkeit bezieht und keine anders lautende Weisung vorliegt, und
- Privatpersonen nur dann, wenn diese im Einzelfall oder generell zugestimmt haben.

Bankauskünfte enthalten

- **allgemein gehaltene Feststellungen und Bemerkungen** über die wirtschaftlichen Verhältnisse eines Kunden, über seine Kreditwürdigkeit und über seine Zahlungsfähigkeit, jedoch
- keine betragsmäßigen Angaben (etwa über Kontostände, Vermögenswerte oder Kreditlinien).

---

[138] Vgl. *Grill, W./Perczynski, H. (2001)*, S. 96.

Auskunft erhalten nur eigene Kunden und andere Kreditinstitute, die ein berechtigtes Interesse an der gewünschten Auskunft haben.

SCHUFA-Auskunft[139]

Die SCHUFA erteilt Auskunft über

- die Person (Name, Vorname, Geburtsdatum, Geburtsort, aktuelle und frühere Anschriften),
- das Kreditgeschäft (z. B. Kredit- und Leasingverträge, Eröffnung von Girokonten, Ausgabe von Kreditkarten) und
- das Zahlungsverhalten (z. B. fällige und unbezahlte Forderungen, Missbrauch eines Kontos)

von Privatpersonen. Vertragspartner und damit auskunftsberechtigt kann nur werden, wer kreditbedingte Geschäfte zu betreuen hat. Dazu zählen insbesondere

- Banken, Sparkassen und Genossenschaftsbanken,
- Kreditkarten- und Leasinggesellschaften,
- Unternehmen des Versand- und Einzelhandels,
- die meisten Telefongesellschaften sowie
- sonstige Unternehmen, die Lieferungen und Leistungen gegen Kredit gewähren.

2.5 Ausnutzung von Skonti

Die Inanspruchnahme gewährter Skonti bei Verbindlichkeiten aus Lieferungen und Leistungen kann sich in zweifacher Weise positiv auf die finanzielle Situation eines Unternehmens auswirken. Prinzipiell werden dadurch der **Aufwand** sowie die **kurzfristigen Verbindlichkeiten** gesenkt.

Demgegenüber muss beachtet werden, dass sich die Inanspruchnahme von Skonti *kurzfristig* negativ auf die **Liquidität** auswirken kann. Langfristig hat es jedoch keinen wesentlichen Einfluss auf die Liquiditätslage eines Unternehmens, *wann* Verbindlichkeiten aus Lieferungen und Leistungen beglichen werden. In Einzelfällen sowie im Zuge einer Umstellung von langen auf kurze Zahlungsziele kann

---

[139] Vgl. *www.schufa.de.*

temporär auch eine Finanzierung durch **Kontokorrentkredite** in Erwägung gezogen werden. Die Bank sollte vor der (verstärkten) Ausnutzung dieser Kreditlinien jedoch stets informiert werden.

Die Voraussetzung für die Umsetzung kurzer Zahlungsziele und damit für die Ausnutzung von Skonti muss in der **Organisation des Rechnungswesens** verankert sein. Dies umfasst insbesondere die regelmäßige Auflistung und Auswertung realisierter Zahlungsziele.

2.6 Umschuldung

Die Umschuldung kurzfristiger in langfristige Kredite kann sich positiv auf eine Vielzahl bilanzieller Kennzahlen auswirken. Exemplarisch genannt werden können etwa die Kennzahlen zur **Liquidität** oder zur **Anlagendeckung**.

Angesichts der oft geringen Eigenkapitalausstattung deutscher Unternehmen ist eine langfristige Kreditstruktur bzw. -kultur – insbesondere zur Finanzierung von Investitionen – eine Grundvoraussetzung für einen stabilen Fortbestand eines Unternehmens über mehrere Geschäftsjahre hinweg. Die Gefahr einer plötzlichen Zahlungsunfähigkeit, bedingt durch einen fälligen, nicht oder nur zu schlechten Konditionen verlängerbaren Kredit, lässt sich dadurch deutlich reduzieren.

Ein tendenzieller Nachteil langfristiger Finanzierungen liegt in den i. d. R. höheren Zinssätzen gegenüber kurzfristigen Engagements. Dieser Nachteil kann jedoch häufig durch die Stellung zusätzlicher Sicherheiten weitestgehend ausgeglichen werden. In diesem Zusammenhang wird sich zudem positiv auswirken, dass es in Deutschland im Zuge der Umsetzung von Basel II für Kredite an Unternehmen mit einer Bilanzsumme sowie einem Umsatz von unter EUR 500 Mio. wohl keine Laufzeitanpassung der Eigenkapitalunterlegung von Kriten geben wird (vgl. Hinweis in Kapitel B, Abschnitt 2.2).[140]

---

[140] Deutschland wird nach Aussagen von Jochen Sanio, Präsident der BAFin, von dem vom Basler Ausschuss eingeräumten Wahlrecht bezüglich der Laufzeitanpassung der Eigenkapitalunterlegung Gebrauch machen. Vg. *BIZ (2002)* sowie *Handelsblatt (2002)*.

Eine sinnvolle Umschuldung eines Unternehmens kann i. d. R. nicht kurzfristig realisiert werden, sollte aber, wenn Kreditbedarf besteht, möglichst bald in Angriff genommen werden. Prinzipiell sollte das Gespräch mit den Banken gesucht werden, *bevor* neuer, d. h. zusätzlicher Finanzierungsbedarf entsteht.

2.7 Erhöhung des Eigenkapitals

Viele kleine und mittlere Unternehmen in Deutschland verfügen nicht über genug Eigenkapital, um den mit einem Rating-Verfahren verbundenen Anforderungen gerecht zu werden. Da oftmals weder eine Aufstockung aus eigener Kraft noch der Gang an die Börse möglich (bzw. gewünscht) ist, sollten diese Unternehmen alternative Finanzierungsformen in Erwägung ziehen, die eigenkapitalähnlichen Charakter haben. Dazu zählen insbesondere (vgl. Kapitel H)

- Beteiligungsfinanzierungen (Venture Capital, Mezzanine Finanzierung, Private Placements) sowie
- die Förderprogramme des Bundes und der Länder.

2.8 Abschluss geeigneter Versicherungen

Durch den Abschluss verschiedener Versicherungen kann eine Vielzahl von Risiken, die das Vermögen oder das Einkommen eines Unternehmens bedrohen, reduziert werden. Dies können Sachanlageschäden durch exogene Einflüsse wie Feuer, Wasser oder Sturm sein, aber auch hohe Haftpflichtsummen, die die Liquidität des Unternehmens nachhaltig beeinflussen können.

Vor dem Abschluss einer Versicherung ist eine detaillierte **Kosten-Nutzen-Abwägung** unerlässlich, da mit den Versicherungsprämien z. T. ein hoher zusätzlicher Aufwand verbunden ist. Durch regelmäßige, mindestens jährliche **Überprüfung des Versicherungsschutzes** ist zu gewährleisten, dass weder eine Über- noch eine Unterversicherung vorliegt. Insbesondere müssen die Auswirkungen von Investitionen bzw. Veräußerungen auf den Versicherungsbedarf zeitnah überprüft werden. Oftmals empfiehlt sich hierzu die Inanspruchnahme eines unabhängigen Versicherungsexperten.

Im Folgenden werden die wichtigsten und am weitesten verbreiteten Unternehmensversicherungen kurz erläutert.[141]

Feuerversicherung
Der Versicherungsschutz gilt für Schäden an im Versicherungsvertrag bezeichneten Gebäuden oder beweglichen Gütern durch

- Brand,
- Blitzschlag,
- Explosion bzw.
- Aufprall oder Absturz eines bemannten Flugkörpers, seiner Teile oder seiner Ladung.

Entschädigt wird nur in Höhe der vereinbarten Versicherungssumme. Im Falle einer Unterversicherung wird die Entschädigungsleistung im gleichen Verhältnis gekürzt, wie die Versicherungssumme unter dem Versicherungswert liegt.

Leitungswasserversicherung
Über eine Leitungswasserversicherung werden neben Schäden durch bestimmungswidrigen Wasseraustritt aus festverlegten Zu- und Ableitungsrohren der Wasserversorgung auch Frost- und andere Bruchschäden abgedeckt. Der Versicherungsschutz erstreckt sich auf die versicherten Gebäude, Gebäudebestandteile und beweglichen Sachen sowie damit verbundene Einrichtungen (z. B. sanitäre Einrichtungen, Heizungsanlagen).

Sturmversicherung
Eine Sturmversicherung deckt Schäden an versicherten Sachen, die direkt oder indirekt (z. B. durch umstürzende Bäume oder Gebäudeteile) durch Sturm entstanden sind. Darüber hinaus fallen Folgeschäden an versicherten Sachen oder Gebäuden unter den Versicherungsschutz. Im Fall von Windgeschwindigkeiten unter Windstärke 8 muss der Versicherungsnehmer nachweisen, dass die Schäden nur durch Sturm eingetreten sein können.

---

[141] Hierzu und zu weiteren Versicherungen vgl.
www.versicherungsnetz.de/Onlinelexikon/a.html.

Einbruchdiebstahlversicherung
Der Versicherungsschutz erstreckt sich auf die versicherten Sachen, die abhanden gekommen sind, zerstört oder beschädigt wurden, sowie auf Schadenminderungs- bzw. Abwehrkosten. Ein Versicherungsfall liegt vor, wenn die Schäden durch Einbruchdiebstahl, Raub innerhalb eines Gebäudes oder Grundstücks, Raub auf Transportwagen oder Vandalismus nach einem Einbruch entstanden sind.

Betriebsunterbrechungsversicherung
Kommt es aufgrund eines versicherten Ereignisses zu einer Betriebsunterbrechung, so werden durch eine Betriebsunterbrechungsversicherung für einen bestimmten Zeitraum

- der entgangene Gewinn sowie die laufenden Kosten (z. B. Gehälter, Miete) und/oder
- die Kosten für eine ausgelagerte Produktion und die Anmietung anderer Maschinen

ersetzt. Betriebsunterbrechungsversicherungen können sowohl gekoppelt an eine Feuer-, Wasserleitungs-, Sturm- oder Einbruchversicherung (so genannte Kleine Betriebsunterbrechungsversicherung) als auch über einen selbstständigen Vertrag (z. B. Feuer-Betriebsunterbrechungsversicherung) abgeschlossen werden.

Betriebshaftpflichtversicherung
Mittels einer Betriebshaftpflichtversicherung wird das Betriebsstättenrisiko (z. B. die Haftung bei Verletzung von Verkehrssicherungspflichten) sowie das Haftungsrisiko als Besitzer des Betriebsgrundstücks abgedeckt. Ferner ist das Risiko der so genannten konventionellen Produkthaftpflicht versichert, d. h. Personen- oder Sachschäden, die durch ein Produkt verursacht werden.

Produkthaftpflichtversicherung
Während das konventionelle Produkthaftpflichtrisiko (s.o.) über die Betriebshaftpflichtversicherung abgedeckt ist, müssen Vermögensschäden, die durch ein fehlerhaftes Produkt beim Abnehmer entstehen, durch eine eigene Produkthaftpflichtversicherung versichert werden. Dies können etwa Schadenersatzansprüche aufgrund der

Weiterverarbeitung mangelhafter Rohprodukte oder auch Produktionsausfälle aufgrund einer Beschädigung von Teilen der Produktionsanlage sein.

2.9 Beziehung zur Bank

Die Erfahrungen, die eine Bank im Laufe einer z. T. langjährigen Geschäftsbeziehung mit einem Kunden gesammelt hat, fließen als eigenes Kriterium in das Rating-Urteil ein und/oder wirken sich – positiv wie negativ – auf die Bewertung anderer Kriterien (wie etwa der Managementqualität) aus. Relevant ist zudem die Kontoführung der letzten Jahre, d. h. die verzeichneten Kontobewegungen sowie die Inanspruchnahme zugesagter Kreditlinien.

Da die Bank bei der Beurteilung der Geschäftsbeziehung zum Kunden einen Zeithorizont von mindestens ein bis zwei Jahren zu Grunde legt, sind die hier diskutierten Maßnahmen i. d. R. von langfristiger Natur. Dessen ungeachtet sollte mit ihrer Umsetzung schon heute begonnen werden. Darüber hinaus ist das Verhalten des Unternehmers gegenüber der Bank im Laufe eines konkreten Rating-Prozesses von großer Bedeutung (vgl. hierzu Kapitel C, Abschnitt 1).

Aus Sicht der Bank ist es ein Zeichen von Offenheit, Vertrauen und Kooperationsbereitschaft, wenn sie Unterlagen über Entwicklung und Veränderungen des Unternehmens regelmäßig und zeitnah erhält – auch ohne dass ein erneuter Kreditantrag vorliegt. Für die Bank von Interesse (bzw. nach § 18 KWG zwingend einzuholen, vgl. Kapitel F, Abschnitt 2.1) sind insbesondere die folgenden Informationen:

- (testierte) Jahresabschlüsse und aktuelle „Zwischenzahlen"
- Abweichungen von Planzahlen
- Veränderungen innerhalb der Unternehmensorganisation/-führung
- Veränderungen des Produkt-/Dienstleistungsangebots
- wesentliche Ziele für die nächsten Jahre

Darüber hinaus sollte Anfragen der Bank zeitnah und umfassend entsprochen werden. Grundvoraussetzung ist natürlich, dass alle gemachten Angaben **wahrheitsgemäß** sind.

In Bezug auf die Kontoführung sollte auf eine **nachvollziehbare Verteilung der Kontoumsätze** geachtet werden, d. h. ungewohnte Unregelmäßigkeiten sowie Überziehungen sollten im Voraus angekündigt (oder zumindest im Nachhinein erläutert) werden. Solche Erklärungen haben eine wesentlich geringere Überzeugungskraft, wenn sie erst auf Nachfrage der Bank gegeben werden.

Auch eine starke Belastung zugesagter Kreditlinien sollte erst nach Rücksprache mit der Bank erfolgen. Dabei sollte die Bank über den Verwendungszweck informiert werden, um falschen Rückschlüssen auf die finanzielle Situation des Unternehmens vorzubeugen.

2.10 Aufbau eines Risikomanagementsystems

Aufgabe des Risikomanagements ist es, relevante Entwicklungen und damit verbundene Risiken im Umfeld eines Unternehmens frühzeitig genug zu identifizieren, um noch ausreichende Maßnahmen zur Risikobewältigung ergreifen zu können. Ohne funktionierendes Risikomanagement bleiben Risiken für ein Unternehmen unkalkulierbar, wodurch bedingt z. B. die zukünftige Zahlungsfähigkeit des Unternehmens für Banken naturgemäß schwerer vorhersehbar ist. In Deutschland ist durch das KonTraG (vgl. Hinweis) eine wesentliche Vorgabe zur Schaffung von Risikomanagementsystemen bereits 1998 durch den Gesetzgeber geschaffen worden.

Hinweis

KonTraG

Das Gesetz zur Kontrolle und Transparenz im Unternehmensbereich (KonTraG) wurde 1998 mit dem Ziel verabschiedet, eine verstärkte Publizität und eine erhöhte Transparenz der Unternehmen gegenüber der Öffentlichkeit zu schaffen. Das KonTraG (vgl. § 91 Abs. 2 AktG) besagt:

„Der Vorstand hat geeignete Maßnahmen zu treffen, insbesondere ein Überwachungssystem einzurichten, damit den Fortbestand der Gesellschaft gefährdende Entwicklungen früh erkannt werden."

Diese Vorschrift gibt Aktiengesellschaften einen gesetzlichen Mindestrahmen für ihr Risikomanagementsystem. Auf GmbHs und andere Rechtsformen hat sie eine Ausstrahlungswirkung. Durch das KonTraG wurde die Diskussion um die Einrichtung von Risikomanagementsystemen in den letzten Jahren vorangetrieben.

Der Risikomanagementprozess

Der Risikomanagementprozess umfasst alle Aktivitäten zum systematischen Umgang mit Risiken im Unternehmen. Die einzelnen Prozessschritte sind (vgl. Abbildung 50):[142]

- Risikoidentifikation
- Risikoanalyse
- Risikobewältigung
- Risikocontrolling

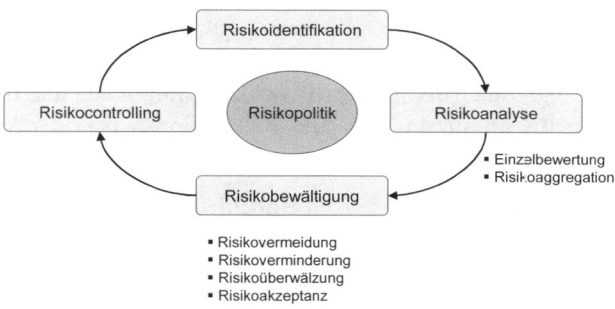

Abbildung 50: Regelkreislauf des Risikomanagements

---

[142] In der Literatur wird erweiternd auch zwischen den folgenden Prozessschritten differenziert: a) Risikodefinition, b) Risikoidentifikation, c) Risikobewertung/-quantifizierung, d) Risikoaggregation, e) Risikolimitierung, f) Risikobewältigung, g) Risikosteuerung, h) Risikodokumentation. Vgl. *Füser, K./Rödel, K./Kang, D. (2002)*, S. 496.

Im Rahmen der **Risikoidentifikation** müssen alle Einzelrisiken, die auf das Unternehmen einwirken, systematisch und, da sich die Unternehmenssituation laufend ändert, kontinuierlich identifiziert werden. Hieraus ergeben sich wichtige Informationen für alle folgenden Prozessschritte. Um einen Anhaltspunkt für mögliche Risikofelder zu erhalten, sollte sich der Unternehmer zu Nutzen machen, dass Unternehmen mit bestimmten Umfeldsituationen oder Unternehmenscharakteristika ähnliche Risikoprofile haben.

Die **Risikoanalyse** bewertet die identifizierten Einzelrisiken hinsichtlich ihrer Eintrittswahrscheinlichkeit und ihrer quantitativen Auswirkungen auf den Unternehmenserfolg. Folgende Risikofelder sind zu betrachten:[143]

- strategische Risiken, z. B. die akute Gefährdung wichtiger Wettbewerbsvorteile
- Marktrisiken, z. B. konjunkturelle Absatzmengenschwankungen
- Finanzmarktrisiken, z. B. Zins- und Währungsveränderungen
- rechtliche und politische Risiken, z. B. Änderungen der Steuergesetze
- Risiken aus Corporate Governance, z. B. unklare Aufgaben- und Kompetenzregelungen (vgl. Hinweis auf S. 219)
- Leistungsrisiken der primären Wertschöpfungskette und der Unterstützungsfunktionen, z. B. Kalkulationsfehler oder Ausfall der EDV

Zu beachten ist, dass die Risiken einheitlich und gestützt auf objektive Daten bewertet werden. Weiterhin muss eine Risikoaggregation erfolgen, bei der die Gesamtrisikoposition des Unternehmens sowie die relative Bedeutung der Einzelrisiken bestimmt wird. Hierdurch wird auch eine Ermittlung von Wechselwirkungen zwischen den Risiken, z. B. durch Risikosimulationsverfahren, möglich. Der aggregierte Gesamtrisikoumfang, häufig dargestellt als *Value at Risk*[144],

---

[143] Vgl. *Gleißner, W./Füser, K. (2002)*, S. 241 ff.

[144] Der *Value at Risk* ist definiert als Schadenshöhe, die in einem bestimmten Zeitraum mit einer festgelegten Wahrscheinlichkeit nicht überschritten wird. Es ist also eine Art „wahrscheinlicher Höchstschaden". Vgl. *Gleißner, W. (2001)*, S. 121 f.

gibt die Höhe des Eigenkapitalbedarfs an, die das Unternehmen mindestens braucht, um die ermittelten Risiken zu tragen.

Nach der Risikoanalyse müssen Strategien zur **Risikobewältigung** entwickelt werden. Diese können auf die Risikovermeidung, -verminderung, -überwälzung (z. B. durch den Abschluss von Versicherungen oder entsprechender Verträge mit Lieferanten) oder -akzeptanz abzielen. Der Fokus sollte dabei auf die bestandsgefährdenden Risiken gelegt werden. In kalkulierbarem Umfang akzeptiert werden sollten die Risiken, die die Voraussetzung für den unternehmerischen Erfolg sind.

Die Gesamtverantwortung für den Risikomanagementprozess trägt das **Risikocontrolling**. Es hat zu gewährleisten, dass das Risikomanagementsystem zu einem funktionsfähigen und effizienten System ausgebaut wird.[145] Grundlage für den gesamten Risikomanagementprozess ist die **Risikopolitik**, die konform zur Unternehmensstrategie sein muss. Sie befasst sich mit der Risikobereitschaft und dem Umgang mit Risiken im Unternehmen. Sie sollte schriftlich fixiert und den Mitarbeitern bekannt gemacht werden.

Einführung eines Risikomanagementsystems

Die Einführung eines Risikomanagementsystems muss als ein (eigenes) Projekt gesehen und durch die Geschäftsleitung unterstützt vorangetrieben werden können. Obwohl es Bestandteil der täglichen Arbeit werden soll, kann es jedoch nicht im Rahmen des operativen Tagesgeschäfts von einzelnen Mitarbeitern eines Unternehmens am grünen Tisch entwickelt werden.[146] Risikomanagement erfolgt in erster Linie gemeinsam von „allen" Mitarbeitern eines Unternehmens. Daher müssen sie „alle" mit den Methoden und Vorgehensweisen im Rahmen des Aufbaus des Systems und der jeweiligen Teilprozessschritte vertraut gemacht werden. Es muss im Unternehmen eine **Risikokultur** geschaffen werden mit der Zielsetzung, dass der Umgang mit Risiken „unbewusst" geschieht, d. h. für jeden Mitarbeiter muss das Mitwirken am Risikomanagement selbstverständlich sein. Empfehlenswert ist die Heranziehung externer Be-

---

[145] Vgl. *Mott, B. (2001)*, S. 214.
[146] Vgl. *Reh, G. (2001)*, S. 27 ff.

rater. Diese sollten vor allem ihr Methoden-Know-how einbringen, während die Mitarbeiter des Unternehmens die inhaltliche Ausarbeitung übernehmen.

Erstellung eines Risikomanagementhandbuchs

Die Rahmenbedingungen, Prozesse und Strukturen des Risikomanagementsystems sind in einem Risikomanagementhandbuch zu fixieren. Es ist somit ein Leitfaden für alle wesentlichen Teilschritte des Risikomanagements – sowohl für die Geschäftsleitung als auch für die Mitarbeiter. Tabelle 30 enthält den möglichen Aufbau eines solchen Handbuchs.

Kapitel		Inhalt
I.	Vorwort	■ Ziele und Aufbau des Handbuchs ■ wettbewerbliche, gesetzliche Notwendigkeit zur Vorhaltung eines Risikomanagementsystems ■ Geltungsbereich des KonTraG und Auswirkungen auf das Unternehmen ■ Definition der Begriffe Risiko, Risikomanagement, Risikomanagementsystem ■ Ziele und Aufgaben des Risikomanagements
II.	Risikokultur und risiko-politische Grundsätze	■ Risiko- und Kontrollkultur (v. a. Etablierung eines entsprechenden Risikobewusstseins) ■ risikopolitische Grundsätze
III.	Unternehmens-ziele	■ oberstes Unternehmensziel (Existenzsicherung) ■ abgeleitete Unternehmensziele
IV.	Risikoarten/ Risikokatalog	■ vollständige Auflistung/Beschreibung der Risiken
V.	Risikomanage-mentsystem	■ Ziele und Aufgaben ■ Aufbau
VI.	Risikoma-nagementpro-zess (formale Beschreibung)	■ Risikoidentifikation ■ Risikoanalyse ■ Risikobewältigung ■ Risikocontrolling

VII.	Aufgaben- und Verantwor-tungsbereiche	■ Aufgaben- und Verantwortungsmatrix ■ Beschreibung einzelner, wichtiger Stellenprofile
VIII.	Geltungsbereich	■ zeitlicher Geltungsbereich ■ organisatorischer Geltungsbereich
	Anlagen	■ Anlagenübersicht ■ Auflistung eingebundener Ressorts/Abteilungen/ Prozesse/Tochterunternehmen und assoziierter Unternehmen ■ Auflistung sämtlicher, in den Risikomanagement-prozess eingebundener Stellen ■ Vordruck Risikomeldung ■ Änderungsprotokoll (Auflistung sämtlicher Ände-rungen des Handbuchs)

Tabelle 30: Aufbau eines Risikomanagementhandbuchs[147]

Hinweis

Corporate Governance

Corporate Governance lässt sich sinngemäß übersetzen mit „Unternehmenskontrolle und Unternehmensführung". Es geht hierbei vorrangig um eine erfolgsorientierte Unternehmenslei-tung und eine verantwortliche Unternehmensüberwachung. Ein wichtiger Aspekt ist, dass das Verhalten der Unternehmensfüh-rung in Einklang mit den Interessen der Aktionäre steht.

Um die in Deutschland geltenden Regeln und Grundsätze guter Corporate Governance für nationale und internationale Inve-storen transparent zu machen und somit das Vertrauen in die Unternehmensführung deutscher Unternehmen zu stärken, wur-de in Deutschland am 26.02.2002 der Corporate Governance Kodex vorgestellt, der international anerkannte Standards guter und verantwortlicher Unternehmensführung und Unterneh-mensleitung enthält. Seit 26.07.2002 hat der Kodex über § 161 AktG (Erklärung zum Corporate Governance Kodex) für börsen-notierte Gesellschaften eine gesetzliche Grundlage. Für andere Unternehmen ist die Beachtung nicht zwingend, jedoch emp-fehlenswert. Der Kodex enthält

---

[147] Vgl. *Wolf, K. (2002)*, S. 466 ff.

- eine Zusammenfassung wesentlicher gesetzlicher Vorschriften zu Unternehmensleitung und Überwachung börsennotierter Gesellschaften,
- Empfehlungen international und national anerkannter Verhaltensstandards sowie
- Anregungen für eine gute und verantwortungsvolle Unternehmensführung.[148]

2.11 Qualitätsmanagement

Für eine langjährige Kundenbindung und zur Vermeidung von Reklamationen oder Haftungsansprüchen ist eine gleichbleibende (hohe) Qualität der Produkte bzw. Leistungen unabdingbar. Das Qualitätsmanagement eines Unternehmens soll daher gewährleisten, dass

- gelieferte Produkte den Anforderungen des Kunden entsprechen,
- Gesetze, Vorschriften und Normen bei der Leistungserbringung strikt eingehalten werden sowie
- die zuvor definierte Qualität innerhalb des geplanten Kostenrahmens erreicht wird.[149]

Qualitätsmanagement-Systeme sind Führungssysteme, die hierfür Strukturen und Werkzeuge zur Verfügung stellen. Sie sollen durch Prozessorganisation, Kundenorientierung und ständige Verbesserung die Wettbewerbsfähigkeit des Unternehmens erhöhen. Dabei werden sämtliche Bereiche umfasst, die für die Qualität des Produkts Bedeutung haben. So soll die **laufende Qualitätskontrolle** in allen Bereichen des Produktionsprozesses die Qualität des Produkts gewährleisten und eine reine Endkontrolle ersetzen.
Entscheidet sich das Unternehmen für die Einführung eines Qualitätsmanagement-Systems, muss es sich intensiv mit seinen Prozessen, seinen Aufgaben, seinen Produkten und seiner Organisation beschäftigen. Eine hilfreiche Anleitung bei der Konzeption ist die weltweit anerkannte Normenreihe DIN ISO 9000:2000 der *International Organization for Standardization* (s. u.).

---

[148] *www.corporate-governance-code.de.* Vgl. auch *Pfitzer, N./Oser, P./Wader, D. (2002).*

[149] Vgl. *Maass, D.* (1999), S. 622.

Entwicklung eines Qualitätsmanagement-Systems

Zur Errichtung eines Qualitätsmanagement-Systems muss der Unternehmer eine Qualitätspolitik und – daraus abgeleitet – Qualitätsziele entwickeln. Wichtig für die spätere Umsetzung ist es, jedem Mitarbeiter die Qualitätspolitik bekannt zu machen und zu erläutern.

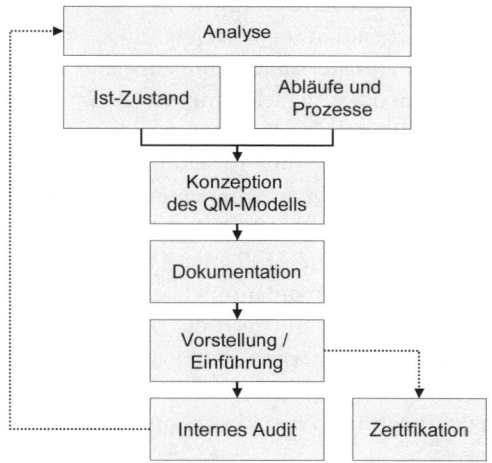

Abbildung 51: Ablaufplan zur Einführung eines Qualitätsmanagement-Systems

Am Anfang der **Entwicklung eines Qualitätsmanagement-Systems** (vgl. Abbildung 51) steht die Analyse des Ist-Zustands aller betrieblichen Abläufe und Prozesse, die für das Erreichen der Qualitätsziele erforderlich sind. Im Anschluss kann damit begonnen werden, ein Modell eines firmenspezifischen Qualitätsmanagement-Systems zu entwerfen. Hierfür müssen Verantwortungsbereiche festgelegt, geeignete Mittel zur Durchführung und Prüfung der Qualitätssicherung gefunden sowie geschultes Personal zur Verfügung gestellt werden. Es empfiehlt sich, für die Konzeption Berater oder andere Know-how-Träger einzuschalten, die bei der Feststellung und Anpassung der betrieblichen Abläufe unterstützen können. Von zentraler Bedeutung ist die Erstellung der Dokumentation, die sich in drei Ebenen gliedern lässt:

- Qualitätsmanagement-Handbuch
- Qualitätsmanagement-Verfahrensanweisungen
- Qualitätsmanagement-Arbeitsanweisungen

Im **Qualitätsmanagement-Handbuch** wird die Qualitätspolitik definiert. Die **Verfahrensanweisungen**, die das Handbuch ergänzen, enthalten detaillierte Richtlinien zu einzelnen Abläufen, z. B. zur Überwachung von Materialbestellungen, zur Kalibrierung von Messeinrichtungen oder zu Schulungsmaßnahmen. Die einzelnen Arbeitsplätze werden in den **Qualitätsmanagement-Arbeitsanweisungen** beschrieben, die damit insbesondere eine einfachere und schnellere Einarbeitung neuer Mitarbeiter ermöglichen. Die Dokumentation kann auch in elektronischer Form, etwa über Intranet oder über spezielle, im Handel erhältliche Software, erfolgen.

Ist eine umfassende Dokumentation erstellt, kann das Qualitätsmanagement-System den Mitarbeitern im Detail vorgestellt und dann eingeführt werden. In internen Audits müssen die eingeführten Verfahrens- und Arbeitsanweisungen regelmäßig hinsichtlich ihrer Umsetzung überprüft und, wenn keine ausreichende Verbesserungswirkung eingetreten ist, angepasst werden.

Die Normenreihe DIN ISO 9000:2000

Die weltweit anerkannte Normenreihe DIN ISO 9000:2000[150] gibt branchenneutrale Empfehlungen für die Ausgestaltung von Qualitätsmanagement-Systemen. Sie enthält vier Hauptnormen (vgl. Abbildung 52).

---

[150] Die am 15.02.2000 veröffentlichte Fassung der Normenreihe DIN ISO 9000:2000 hat die Reihe DIN ISO 9000 ff. ersetzt, die aber noch bis 15.12.2003 Gültigkeit behält. Die *International Organizsation for Standardization* (ISO, *www.iso.ch*) ist eine private Organisation, die Standards u. a. für Qualitätsmanagement-Systeme entwickelt. Diese werden durch nationale Organisationen übernommen. In Deutschland ist dies das *Deutsche Institut für Normung e. V.* (DIN, *www.din.de*). Die Anwendung der DIN ISO 9000:2000 ist für Firmen eine Empfehlung, aber nicht zwingend.

- ISO 9000   erläutert Begriffe und Konzepte der Normenreihe.
- ISO 9001   enthält Forderungen, die erfüllt sein müssen, wenn das Unternehmen sein Qualitätsmanagement zertifizieren lassen will.
- ISO 9004   gibt Anleitungen zur Leistungsverbesserung.
- ISO 19011   ist ein Leitfaden für Audits der Revision.

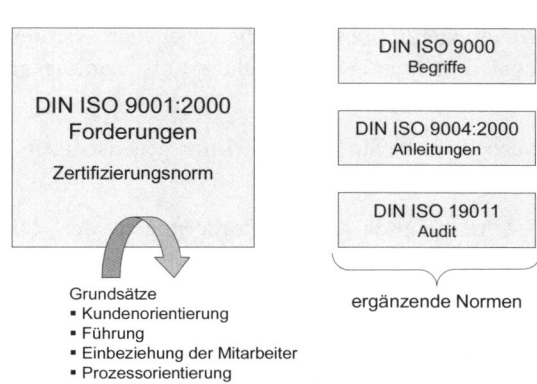

Abbildung 52: Die „DIN ISO 9000-Familie"[151]

Ein Qualitätsmanagement nach DIN ISO 9000:2000 muss die folgenden acht Grundsätze berücksichtigen (vgl. Abbildung 52).

1. Die Organisation muss das Ziel haben, Kundenanforderungen zu erfüllen und die Erwartungen der Kunden zu übertreffen.

2. Die Unternehmensführung muss die Mitarbeiter zu einer einheitlichen Zielverfolgung motivieren.

3. Die Mitarbeiter müssen auf allen Ebenen vollständig einbezogen werden.

---

[151] Vgl. *ISO (2002)*.

4. Um ein gewünschtes Ergebnis zu erreichen, sollen die dafür erforderlichen Tätigkeiten und Mittel als Prozess gehandhabt werden.

5. Zusammenhängende Prozesse sollen als ein System erkannt und geführt werden.

6. Laufende Verbesserung muss ein permanentes Ziel des Unternehmens sein.

7. An Entscheidungen muss sachlich herangegangen werden. Daten und Informationen müssen vor einer Entscheidung analysiert werden.

8. Beziehungen zum Lieferanten sollen zu gegenseitigem Nutzen führen.

Erfüllt das Unternehmen alle Anforderungen der DIN ISO 9001:2000, besteht die Möglichkeit, das Qualitätsmanagement durch eine anerkannte, neutrale **Zertifizierungsstelle** (z. B. TÜV, DEKRA) zertifizieren zu lassen. Während des Zertifizierungsverfahrens werden nach der Antragstellung durch das Unternehmen die Qualitätsmanagement-Dokumentation überprüft und mehrere Zertifizierungsaudits durchgeführt. Vorteile eines zertifizierten Qualitätsmanagement-Systems sind die hierdurch entstehende Werbewirkung, Vorteile bei der Auftragsvergabe durch die öffentliche Hand, Reduktion der Fehlerkosten und zufriedenere Kunden. Darüber hinaus kann sich dies positiv auf ein mögliches Rating auswirken.

2.12 Aufbau leistungsfähiger Controlling-Systeme

Der Begriff „Controlling" kommt aus dem amerikanischen Management und lässt sich übersetzen mit „Regeln", „Steuern". Aufgabe des Controllings ist die Unterstützung der Unternehmensführung bei der betrieblichen Planung, der Kontrolle und Analyse der Durchführung der geplanten Maßnahmen sowie der Steuerung des Unternehmens. Das Controlling soll die „Transparenz" des Unternehmens erhöhen und unternehmerische Entscheidungen fundieren. Dies geschieht durch eine koordinierte Erfassung, Aufbereitung und Weitergabe von Informationen innerhalb des Unternehmens (vgl. Abbildung 53). Die Grundlage dafür bilden i. d. R. Kennzahlensysteme.

Ein **Controlling-System** ist ein funktionsübergreifendes Steuerungsinstrument, das die Aufgaben des Controllings unterstützt. Es schafft die notwendige Voraussetzung für eine glaubwürdige Planung und Unternehmenssteuerung, wie sie für ein gutes Rating gefordert wird.[152]

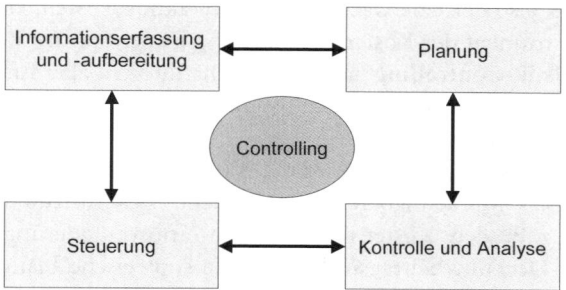

Abbildung 53: Der Controlling-Kreislauf

Das Controlling lässt sich in mehrere Bereiche unterteilen. Jeder dieser Teilbereiche trägt dazu bei, dass unternehmerische Entscheidungen nicht „aus dem Bauch heraus" getroffen werden, sondern auf der Basis valider Zahlen und sorgfältiger Planungen.

Hauptaufgabe des **Finanz-Controllings** ist die Sicherung der Liquidität unter Berücksichtigung von Rentabilitätsgesichtspunkten. Z. B. dürfen die Zinskosten für die Liquiditätssicherung nicht höher als notwendig sein. Ebenso sollten dem Unternehmen nicht mehr Zinserträge als notwendig entgehen. Das Finanz-Controlling erstellt Finanzplanungen, Planbilanzen und Investitionspläne (vgl. Kapitel F, Abschnitt 2.5). Vom **Investitions-Controlling** werden die Planungsvorbereitung, die Durchführungsüberwachung sowie die nachträgliche Kontrolle von Investitionen durchgeführt. Hierfür

---

[152] Vgl. *Gleißner, W./Füser, K. (2002)*, S. 224.

benötigt werden Arbeitspläne für den gesamten Ablauf eines Investitionsvorhabens, Wirtschaftlichkeitsrechnungen sowie Soll-Ist-Vergleiche von Planvorgaben und Planannahmen.

Mittels des **Beschaffungs-Controllings** soll eine Optimierung der Aufgaben der Beschaffung erreicht werden. Hierfür hat es eine Schnittstellenfunktion zu den anderen betrieblichen Hauptfunktionen (z. B. Produktion, Logistik und Verkauf) und führt Beschaffungsmarktrecherchen durch. Aufgabe des **Produktions-Controllings** ist die Sicherstellung der Wirtschaftlichkeit des Produktionsprozesses, also der Überwachung der Produktionskosten. Das wichtigste Instrument der Kostenüberwachung ist der Soll-Ist-Vergleich. Das **Logistik-Controlling** hat die Wirtschaftlichkeit aller Aktivitäten im Zusammenhang mit dem Transport oder der Lagerung von Gütern zu überwachen.

Im **Marketing-Controlling** wird die Wirtschaftlichkeit der Entscheidungen des Marketingbereichs überwacht. Das Instrumentarium umfasst z. B. den Kostenvergleich, die Erlösveränderungsanalyse oder die Deckungsbeitragsrechnung. Die strategische Planung und Kontrolle wird durch das **strategische Controlling** unterstützt. Es hat die Aufgabe, in der Unternehmensumwelt nach Chancen und Gefährdungen von Erfolgspotenzialen zu suchen und zu kontrollieren, ob das Unternehmen seine Strategie bzw. Pläne zielorientiert verfolgt. Im strategischen Controlling werden vorrangig „weiche" Faktoren und Informationen (z. B. Trends, Vermutungen, …) untersucht. Ein wichtiges Instrument zur Strategieimplementierung ist in diesem Kontext die Balanced Scorecard (vgl. Kapitel G, Abschnitt 2.14).[153]

Aufbau eines effektiven Controlling-Systems

Beim Aufbau eines effektiven Controlling-Systems – nach Möglichkeit unter Einbeziehung eines externen Unternehmensberaters – sind die folgenden Punkte zu klären.[154]

---

[153] Vgl. *Gleißner, W./Füser, K. (2002)*, S. 213 ff.; vgl. auch *Friedag, H. R./Schmidt, W. (2001)*.

[154] Vgl. *BMWi (2001)*, S. 9.

- Was soll berichtet werden? – Festlegung der Controlling-Ziele und Kenngrößen, mit denen das Unternehmen gesteuert werden soll.
- Wem soll berichtet werden? – Da das Controlling nicht nur für den Geschäftsführer bzw. die Gesellschafter aufgebaut wird, ist festzulegen, wer welche Informationen erhalten muss.
- Wann soll berichtet werden? – Die Informationen müssen aktuell sein, damit frühzeitig reagiert werden kann. Da die Zahlenaufbereitung aufwendig ist, muss genau festgelegt werden, wann welche Informationen benötigt werden. Üblicherweise wird zwischen Wochen-, Monats-, Quartals- und Halbjahresberichten unterschieden.
- Wie sollen die Daten ermittelt und aufbereitet werden? – Wenn nicht von Anfang an geklärt ist, wer bis wann welche Informationen an wen liefern muss und kann, können die mit dem Controlling verfolgten Ziele nicht erreicht werden.

Die Schaffung einer eigenen **Controlling-Abteilung** bedeutet meist eine hohe Investition. In Kleinunternehmen reicht es jedoch zumeist aus, dass der Unternehmer selbst die Controlling-Aufgaben gewissenhaft wahrnimmt. Dabei kann er sich von einem nebenamtlichen Controller unterstützen lassen. Weiterhin besteht die Möglichkeit, die Leistungen eines externen Controllers in Anspruch zu nehmen.[155]

2.13 Nachfolgepolitik

Eine der wichtigsten und schwierigsten strategischen Entscheidungen, die ein Unternehmer zu treffen hat, betrifft die Regelung der eigenen Nachfolge. Insbesondere bei den durch den Eigentümer geführten Unternehmen ist die Nachfolgeregelung ein oft verdrängtes Thema, was deutlich negative Auswirkungen auf ein Rating-Urteil haben kann. Es wird geschätzt, dass momentan jedes Jahr für ca. 50.000 Familienunternehmen das Problem der Nachfolgeregelung akut wird.

---

[155] Vgl. *Jahns, C. (2000)*, S. 1242.

Unternehmensübergabe

Die Idealvorstellung vieler Unternehmer ist es, dass sich innerhalb der eigenen **Familie** oder des Bekanntenkreises ein Nachfolger findet, der nach Abschluss einer geeigneten Ausbildung mit dem Ziel einer späteren Übernahme in das Unternehmen einsteigt. Findet sich auf diesem Weg ein Nachfolger, so sollten die Übertragungsmodalitäten (z. B. durch Erbe, Schenkung oder Verkauf/Verpachtung) unter Beachtung der steuerlichen Aspekte frühzeitig geplant werden, um unnötige finanzielle Belastungen für das Unternehmen bzw. die Familie zu vermeiden.

Oftmals haben auch führende Mitarbeiter Interesse an einer Übernahme des Unternehmens (**Management-By-Out**, MBO). Die Finanzierung eines solchen Betriebsübergangs kann z. B. über Beteiligungen Dritter (z. B. Venture Capital-Gesellschaften, Business Angels, vgl. Kapitel H, Abschnitt 3) oder verschiedene Förderprogramme des Bundes und der Länder (vgl. Kapitel H, Abschnitt 4) erfolgen. Der Vorteil dieser Lösung besteht darin, dass der potenzielle Nachfolger i. d. R. über langjährige Erfahrungen im Unternehmen verfügt und aus Sicht der Vertragspartner (Kunden, Lieferanten, Banken u. a.) kein Bruch der Unternehmenskultur zu erwarten ist.

Eine weitere Alternative besteht darin, das Unternehmen an einen außenstehenden Dritten zu veräußern. Die Suche nach einem geeigneten Interessenten ist i. d. R. aufwendig und langwierig. Wertvolle Unterstützung bietet dabei das Unternehmensportal der **Change-Initiative**. Diese Anfang 1999 gestartete Gemeinschaftsinitiative der Deutschen Industrie- und Handelstage (DIHT), des Zentralverbands des Deutschen Handwerks (ZDH) und der Deutschen Ausgleichbank (DtA) bietet auf ihrer Internetseite (*www.change-online.de*) ein umfassendes Informationsportal zum Thema Übergabe (und Übernahme) von Unternehmen.[156] Insbesondere werden über eine umfangreiche **Unternehmensbörse** interessierte Existenzgründer und Unternehmen zusammengeführt.

---

[156] Partner der Initiative sind der *Bundesverband der Deutschen Volksbanken und Raiffeisenbanken* (BVR), der *Deutsche Sparkassen- und Giroverband e. V.* (DSGV) sowie die *Gründungsinitiative NRW*.

Unabhängig davon, welche der drei beschriebenen Alternativen angestrebt wird, sollte mit der **Planung der Übergabe** bereits acht bis zehn Jahre vor dem anvisierten Zeitpunkt des Rückzugs aus dem eigenen Unternehmen – die Bezugsgröße sollte in etwa das gesetzliche Rentenalter sein – begonnen werden. Innerhalb dieser Zeit müssen der Nachfolger gefunden und die formalen, rechtlichen und finanziellen Aspekte geklärt werden. Überdies gilt es nach der eigentlichen Entscheidung für einen Nachfolger, sukzessive die Verantwortung an diesen zu übertragen, wofür ein Zeithorizont von drei bis fünf Jahren vorgesehen werden sollte. In dieser Zeit sollte der Unternehmer seinen Nachfolger persönlich bei Mitarbeitern, Kunden, Lieferanten und Banken sowie in der Öffentlichkeit einführen. Dadurch wird Kontinuität in der Unternehmensführung signalisiert. Der Nachfolger kann zudem besser an bestehende Geschäfts- und Vertrauensverhältnisse des Unternehmers anknüpfen.

Notfallplanung

Die Regelung der Nachfolge scheint gemeinhin nur für ältere Unternehmer von Belang zu sein. Dabei wird übersehen, dass auch bei jungen Unternehmern durch Krankheit, Unfall oder Tod der Fall eintreten kann, dass sie die Leitung des Unternehmens nicht mehr persönlich wahrnehmen können. Für einen solchen Fall gilt es sich mittels einer Notfallplanung abzusichern, die schriftlich fixiert und im Unternehmen bekannt gemacht werden sollte. Sie muss insbesondere Angaben zu den folgenden Punkten enthalten:[157]

- *Vertretungsregelungen*: Es muss klar geregelt werden, wer im Notfall für die einzelnen Unternehmenseinheiten zuständig ist und die Verantwortung trägt.
- *Vollmachten*: Damit auch im Notfall auf die Bankkonten des Unternehmens zugegriffen werden kann sowie Verträge mit Kunden und Lieferanten abgeschlossen werden können, muss der Unternehmer für diese Situationen Vollmachten erteilen.
- *Passwörter*: Eine Vielzahl der für die Leitung eines Unternehmens relevanten Informationen und Zugriffsrechte sind über Passwörter oder andere Codes geschützt, die nur dem Unternehmer be-

---

[157] Vgl. auch *www.change-online.de.*

kannt sind. Daher sollten diese für den Notfall sicher, etwa bei einem Notar oder im Schließfach einer Bank, hinterlegt werden.

- *mündliche Absprachen*: Oftmals werden Details vertraglicher Regelungen lediglich mündlich vereinbart. Diese sollten für Dritte nachvollziehbar dokumentiert werden, damit die Geschäfte im Notfall reibungslos weiterlaufen können.

Alle Verträge, Adressen wichtiger Ansprechpartner, anstehende Termine und Fristen sollten aktuell, vollständig, geordnet und jederzeit auffindbar aufbewahrt werden. Die Unterlagen müssen so strukturiert sein, dass sich ein Dritter schnell in ihnen zurechtfinden kann.

2.14 Balanced Scorecard

Die Balanced Scorecard (BSC) ist ein Führungsinstrument zum strategieorientierten Management bzw. zur Strategieimplementierung, das – wie die Bezeichnung schon sagt – auf einem „ausgewogenen Kennzahlensystem" beruht. Im Gegensatz zu klassischen Kennzahlensystemen berücksichtigt sie nicht nur ausgewählte finanzielle Ziele, sondern auch Einflussgrößen aus anderen Ebenen bzw. Bereichen eines Unternehmens, die direkt oder indirekt eine Auswirkung auf die finanziellen Kennzahlen des Unternehmens haben. Ihr Ziel ist die **ganzheitliche, ausgewogene Umsetzung und Kommunikation von Strategien** („Strategieimplementierung").

Mit Hilfe der Balanced Scorecard kann eine von der Unternehmensführung formulierte Strategie strukturiert heruntergebrochen und mit **konkreten Maßnahmen** verknüpft werden. Auf diese Weise wird die strategische mit der operativen Planung verbunden und dem Unternehmen ermöglicht, die vorhandenen knappen Ressourcen strategiekonform einzusetzen. Die Balanced Scorecard kann darüber hinaus auch einen organisatorischen Rahmen für zahlreiche zentrale Managementaufgaben, z. B. die teamorientierte Zielfindung, die Budgetierung, die Gehaltsfestsetzung sowie das strategische Feedback bilden.

Um dies zu erreichen, muss die Balanced Scorecard durch klar formulierte, verständliche Ziele, unterlegt mit mess- und kontrollierbaren Steuerungsgrößen, den Mitarbeitern den Weg weisen und sie auf das Erreichen langfristiger Ziele ausrichten. Zugleich soll dem Management ermöglicht werden, den Stand der Zielerreichung – also der Umsetzung der Unternehmensstrategie – zu prüfen und wenn erforderlich, Korrekturmaßnahmen einzuleiten.[158]

Entscheidend für den Erfolg des Konzepts der Balanced Scorecard ist die strukturierte Darstellung von ca. 12 - 25 für die Strategie kritischen Faktoren in i. d. R. vier Perspektiven, nämlich

- der finanzwirtschaftlichen Perspektive,
- der Kundenperspektive,
- der internen Prozessperspektive sowie
- der Lern- und Entwicklungsperspektive.

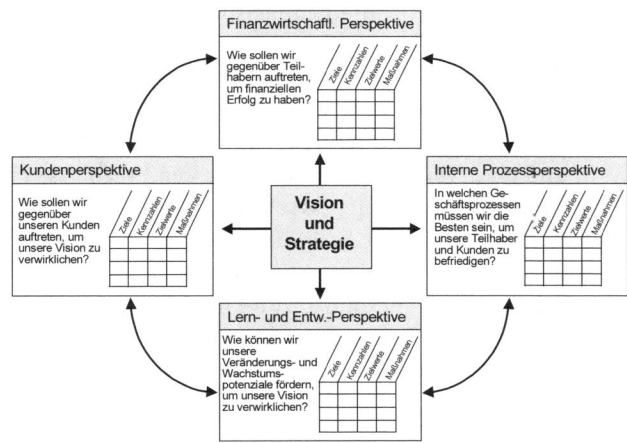

Abbildung 54: Die Balanced Scorecard[159]

---

[158] Vgl. *Gleißner, W./Füser, K. (2002)*, S. 227 f.

[159] In Anlehnung an *Kaplan, R.S./Norton, D.P. (1996)*, S. 9. Vgl. auch *Füser, K./Wulfkühler, S. (2001)*, S. 29.

Pro Perspektive müssen 3 bis 7 Ziele, Kennzahlen mit Zielwerten sowie Maßnahmen zur Zielerreichung bestimmt werden (vgl. Abbildung 54).[160] Im Mittelpunkt der Entwicklung einer Balanced Scorecard steht jedoch nicht das Bilden von Kennzahlen, sondern die **Ableitung von Ursache-Wirkungs-Gefügen** (in Abhängigkeit von Kennzahlen) zwischen ihren vier Ebenen. Ziel ist es, die Auswirkungen des Handelns im Rahmen einer Strategieimplementierung über die Verknüpfung der Kennzahlen auf die finanzwirtschaftliche Perspektive zu projizieren. Der wesentliche Teil des Konzepts besteht damit in der **Konkretisierung, Durchsetzung** und **Übertragung der Strategie** in alle Bereiche des Unternehmens. Da jedes Unternehmen eine andere Strategie hat, ist auch jede Balanced Scorecard unterschiedlich aufgebaut. Neben branchenüblichen finden daher insbesondere unternehmensindividuelle Faktoren Eingang.

Um aber über die einmalige Präzisierung einer Strategie hinauszukommen, muss die Balanced Scorecard in das Management- und Steuerungssystem eines Unternehmens integriert werden. Durch Analysen und eine Hinterfragung der erreichten Ergebnisse muss sie zudem ständig weiter angepasst und optimiert werden (vgl. Abbildung 55). Dies schließt auch die Aufnahme von Rückmeldungen und Anregungen aus dem Mitarbeiterkreis ein. Ist auch die Strategie, die den Ausgangspunkt zur Entwicklung einer Balanced Scorecard bildet, einer Anpassung unterworfen, muss die BSC entsprechend adaptiert werden.

---

[160] Vgl. *Füser, K./Wulfkühler, S. (2001)*, S. 29 f.

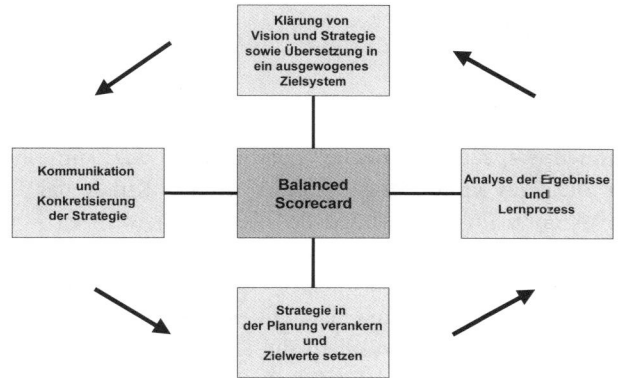

Abbildung 55: Strategieumsetzung und Förderung eines kontinuierlichen Lernprozesses[161]

Im Folgenden werden kurz die einzelnen Perspektiven vorgestellt und ihre Bedeutung in der Balanced Scorecard erläutert.[162]

Finanzwirtschaftliche Perspektive
Die finanzwirtschaftliche Perspektive soll zeigen, inwieweit die umgesetzte Strategie zur Verbesserung des Ergebnisses beiträgt. Dazu wird das finanzielle Hauptziel des Unternehmens (z. B. Gewinnmaximierung) durch geeignete Kennzahlen erfasst. Darüber hinaus stehen die hier gewonnenen Ergebnisse an der Spitze so genannter **Ursache-Wirkung-Ketten**, die über alle vier Perspektiven hinweg aufgebaut werden. Mit ihrer Hilfe lässt sich letztendlich die Entwicklung der finanzwirtschaftlichen Kennzahlen erklären. Beispiele für Kennzahlen der finanzwirtschaftlichen Perspektive sind:

- Unternehmenswert
- Gesamtkapitalrendite
- Umsatzrendite

---

[161] *Füser, K./Wulfkühler, S. (2001)*, S. 37. Vgl. auch *Kaplan, R.S./Norton, D.P. (1996)*, S. 11.
[162] Vgl. *Gleißner, W./Füser, K. (2002)*, S. 231 ff. sowie *Füser, K./Wulfkühler, S. (2001)*, S. 49 ff. und S. 135 ff.

- Umsatzwachstumsrate
- Investitionsrate
- Debitorenfrist

Kundenperspektive
Die Kundenperspektive beinhaltet zwei Sichtweisen: Zum einen ist aus der Sicht des Kunden zu ermitteln, wie der Kunde das Unternehmen – auch im Unterschied zu den Wettbewerbern – wahrnimmt (z. B. in Bezug auf die Lieferzeiten, die Anwenderfreundlichkeit der Produkte, das Image oder das Preis-Leistungs-Verhältnis).[163] Auf der anderen Seite gilt es, aus der Sicht des Unternehmens zu beschreiben, wie man die Kunden der einzelnen Segmente erreichen möchte, welche Zielkunden grundsätzlich im Blickfeld der Akquise stehen oder auf welche regionalen Wachstumsmärkte sich das Unternehmen konzentrieren will. Typische Kennzahlen sind z. B.:

- Anzahl der Kundenreklamationen
- Anzahl der Neukundenkontakte
- Auftragseingang (pro Periode)
- Anzahl der Vertriebsmitarbeiter
- Marktanteil
- Werbung in % des Umsatzes

Interne Prozessperspektive
Die interne Prozessperspektive soll die Diskussion über die derzeitigen und potenziell neu zu schaffenden internen Prozesse anstoßen. Es werden in Abhängigkeit der strategischen Ziele Produktivitätskennzahlen, technische Kennzahlen zur Prozessgüte, Kennzahlen zur Effizienz des Gesamtprozesses sowie Kennzahlen, die etwas über die Komplexität der Betriebsprozesse aussagen, erfasst. Dazu wird die interne Wertkette in die drei Teile[164]

- Innovationsprozess,
- Produktionsprozess und

---

[163] Vgl. *Horváth & Partner (Hrsg.) (2000)*, S. 35.
[164] Vgl. *Kaplan, R.S./Norton, D.P. (1996)*, S. 27.

- Kundendienstprozess (inkl. Serviceleistungen).

unterteilt. Innerhalb des **Innovationsprozesses** erforscht das Unternehmen die aufkommenden oder latenten Wünsche der Kunden und schafft Produkte oder Dienstleistungen, die diesen Wünschen entsprechen. Hohe Bedeutung kommt dabei der Effizienz und der Termintreue sowie zunehmend auch den Entwicklungskosten (aufgrund verringerter Produktlebenszyklen) zu. Im **Produktionsprozess** werden die existierenden Produkte und Dienstleistungen produziert und an die Kunden ausgeliefert. Das Augenmerk liegt dabei auf Prozesszeiten, -kosten und Qualität. Die Serviceleistungen des **Kundendienstprozesses** beziehen sich auf die Erbringung von Leistungen nach dem eigentlichen Kauf eines Produkts oder einer Dienstleistung für den Kunden („After Sales Service"). Dies können z. B. Garantie- und Wartungsarbeiten, Bearbeitung von Fehlern und Reklamationen oder die Bearbeitung von fehlerhaften Zahlungen sein.

Beispiele für Kennzahlen der internen Prozessperspektive sind:

- Lieferzuverlässigkeit
- Projektanzahl
- Kunden- oder Lieferantenanzahl
- Deckungsbeitrag pro Mitarbeiter
- Verfügbarkeit der Anlagen
- Relation Bearbeitungs- zu Durchlaufzeit (eines Kundenauftrags)

Lern- und Entwicklungsperspektive
Die Grundlagen für das Erreichen der Ziele der übrigen Perspektiven werden in der Lern- und Entwicklungsperspektive (auch Mitarbeiter- und Kompetenzperspektive genannt) erfasst. Hier sind drei Hauptkategorien zu unterscheiden:

- Qualifizierung von Mitarbeitern
- Motivation und Zielausrichtung von Mitarbeitern
- Leistungsfähigkeit von Informationssystemen

Die relevanten Kennzahlen lassen sich durch eine Operationalisierung der Kernkompetenzen (vgl. Kapitel G, Abschnitt 2.16) ableiten, d. h. sie sollen – in der Praxis oft schwierig umzusetzen – anzeigen, inwieweit die internen Kompetenzen angewachsen sind. Hinweise hierauf geben etwa die folgenden Kennzahlen:

- Mitarbeiterzufriedenheit
- Forschungs- und Entwicklungskosten in % des Umsatzes
- Anzahl der Patente
- Weiterbildungsumfang der Mitarbeiter
- Krankenstand
- Fluktuationsrate

Diese Perspektive ist von allen Perspektiven die am langfristigsten ausgerichtete, da Veränderungen, die das Zusammenwirken und -arbeiten im Unternehmen („informelle Strukturen") betreffen oder das Mitarbeiterselbstverständnis (inklusive der „gelebten" Kultur) berühren, oft erst nach Jahren zum Tragen kommen. Allerdings besitzen diese langfristig wirkenden Veränderungen treibenden Charakter für die Strategie.[165]

2.15 Steigerung der Kundenzufriedenheit

Um die Wettbewerbsfähigkeit eines Unternehmens zu erhalten oder auszubauen, muss die **Steigerung der Kundenzufriedenheit** als permanente Managementaufgabe gesehen werden.

Kundenzufriedenheit ist das Ergebnis eines Vergleichs des Kunden zwischen seinen Erwartungen vor dem Kauf des Produkts mit der tatsächlich wahrgenommenen Leistung. Erfüllte oder gar übertroffene Erwartungen führen zu Zufriedenheit, nicht erfüllte zu Unzufriedenheit.[166]

Damit das Unternehmen die allgemeine Zufriedenheit seiner Kunden entwickeln kann, muss es sich **kundenorientiert** ausrichten. Das Unternehmen muss die Kundenwünsche zunächst feststellen, dann besser erfüllen als seine Mitbewerber und insgesamt für eine intensivere Kundenbetreuung sorgen. Durch eine höhere Kundenzufriedenheit soll eine stärkere **Kundenbindung** und hierdurch bedingt

---

[165] Vgl. *Horváth & Partner (Hrsg.) (2000)*, S. 88.
[166] Vgl. *Matzler, K./Stahl, H.K. (2000)*, S. 627.

ein Wettbewerbsvorteil geschaffen werden (vgl. Abbildung 56). Dies führt

- zu steigenden Wiederkaufsraten bzw. dem Kauf anderer Produkte des Unternehmens durch Altkunden und damit zu einer Umsatzsteigerung,
- zur Gewinnung von Stammkunden,
- zu sinkenden Marketing- und Vertriebskosten sowie
- zu Weiterempfehlungen („Mund-zu-Mund"-Werbung) und damit zur Gewinnung von Neukunden.

Die Kundenzufriedenheit und die daraus entstandenen Kundenbindungen entscheiden letztendlich über den langfristigen Geschäftserfolg, den Fehlschlag eines Produkts oder die Aussichten einer Produktlinie. Wie wichtig der Aufbau und die Aufrechterhaltung von Kundenbeziehungen ist, zeigen Schätzungen von Experten, wonach es fünfmal teurer ist, einen neuen Kunden zu gewinnen als einen alten zu halten.[167]

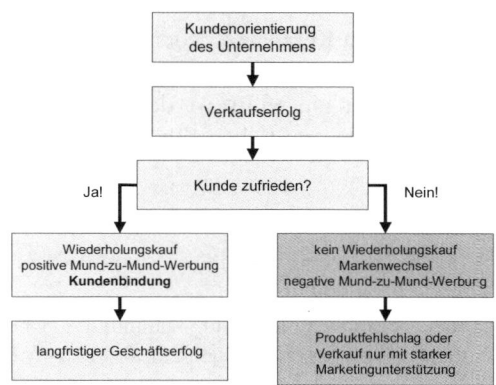

Abbildung 56: Kundenorientierung – Kundenzufriedenheit – Kundenbindung[168]

---

[167] Vgl. *Füser, K. (2001a)*, S. 193.
[168] Vgl. *Gleißner, W./Füser, K. (2002)*, S. 311.

Zur Messung der Kundenzufriedenheit können neben der Betrachtung von Kennzahlen (z. B. Marktanteil, Wiederkaufraten) Kundenbefragungen durchgeführt oder Testkunden eingesetzt werden. Bestehen im Unternehmen Defizite im Bereich der Kundenorientierung, sollten verschiedene Möglichkeiten zur Verbesserung genutzt werden, um langfristig am Markt erfolgreich zu sein. Dazu zählen:[169]

- Vorzug von Maßnahmen, die die Kundenbindung fördern, vor solchen der Neukundengewinnung
- regelmäßige Überprüfung der Kundenzufriedenheit durch Kundenbefragungen, Kundengesprächsrunden
- Untersuchung der Geschäftsprozesse hinsichtlich des Einflusses der Kundenzufriedenheit
- Ausrichtung von Personalpolitik und Mitarbeitertraining auf Kundenorientierung
- Erweiterung des Handlungsspielraums und Verbesserung des Informationsstands der Mitarbeiter, die im Kundenkontakt stehen
- rasche Bearbeitung von Kundenbeschwerden
- Einführung und Pflege von Kundendatenbanken

Der Weg zur allgemeinen Kundenzufriedenheit führt auch über die Mitarbeiterzufriedenheit. Dazu können im Unternehmen z. B. variable Gehaltskomponenten eingeführt werden, die von einer über einen bestimmten Zeitraum ermittelten Kundenzufriedenheit abhängen.[170]

Hinweis

Kundenbegeisterungsmodell[171]

Das Kundenbegeisterungsmodell (vgl. Abbildung 57) beschreibt das Verhältnis der Kundenerwartungen zur Kundzufriedenheit. In diesem Modell werden Basisanforderungen, Leistungsanforderungen und Begeisterungselemente wie folgt unterschieden:
- Basisanforderungen werden vom Kunden vorausgesetzt und tragen nicht zu gesteigerter Zufriedenheit bei. Im Gegenteil,

[169] Vgl. *Gleißner, W./Füser, K. (2002)*, S. 312.
[170] Vgl. *Füser, K. (2001a)*, S. 194.
[171] Vgl. *Füser, K./Wulfkühler, S. (2001)*, S. 96 f.

sollten sie ganz oder teilweise fehlen, führt dies zu einer starken Unzufriedenheit des Kunden. Typische Basisanforderungen eines Kunden zielen z. B. auf die Sicherheit oder Funktionsfähigkeit eines Produkts.

- Leistungsanforderungen werden explizit berücksichtigt und steigern die Kundenzufriedenheit in gleichem Maße, wie der Erfüllungsgrad zunimmt. Auf ein Kraftfahrzeug bezogen sind der Benzinverbrauch und die PS-Leistung typische Leistungsanforderungen.

- Begeisterungselemente werden im Vorfeld einer Kaufentscheidung vom Kunden nicht explizit berücksichtigt. Jedoch beeinflussen sie das subjektive Empfinden des Kunden bei der Kaufentscheidung. Begeisterungselemente könnten z. B. das Image, das Design oder kleine Aufmerksamkeiten beim Kauf des Produkts sein.

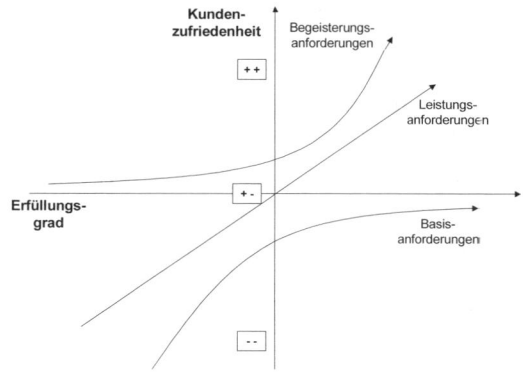

Abbildung 57: Das Kundenbegeisterungsmodell

2.16 Ausbau vorhandener und Aufbau neuer Kernkompetenzen

Eine Kernkompetenz ist eine Fähigkeit oder Begabung eines Unternehmens, wertschöpfende Aktivitäten effektiver und kostengünstiger auszuführen als seine Mitbewerber. Während Wettbewerbsvorteile den heutigen Markterfolg eines Unternehmens erklären, können Kernkompetenzen neue Wettbewerbsvorteile generieren und somit zukünftige Erfolge des Unternehmens sicherstellen. Sie müssen folgende Eigenschaften haben.[172]

- Sie sind selten und von der Konkurrenz schwer nachzuahmen, da sie aus einer komplexen Abstimmung verschiedener Technologien und Fertigkeiten hervorgegangen sind.
- Sie bieten einen erheblichen Beitrag zum Kundennutzen.
- Ihre Bedeutung erstreckt sich über eine Vielzahl von Märkten und Geschäftsfeldern.
- Im Gegensatz zu materiellen Ressourcen nutzen sie sich nicht ab, sondern nehmen durch Benutzung zu.[173]

Kernkompetenzen bestehen aus einer strategisch bedeutsamen Kombination und Koordination von Know-how, Erfahrung, Patenten sowie Personal- und Technologieressourcen. Kann ein anderes Unternehmen etwas ebenso gut oder besser, ist dies keine Kernkompetenz. Der Unternehmer sollte in einigen dieser Fälle die Möglichkeit eines Outsourcings, einer Vergabe von Aufgaben an Dritte, in Betracht ziehen.[174] Ein wichtiges Verfahren zur Ermittlung der Kernkompetenzen eines Unternehmens ist das **Benchmarking**, d. h. der Vergleich von eigenen Produkten und Prozessen mit denen anderer Unternehmen.

---

[172] Vgl. *Gleißner, W./Füser, K. (2002)*, S. 298.
[173] Vgl. *Bouncken, R. (2000)*, S. 867.
[174] Vgl. *Füser, K. (2001a)*, S. 65 f.

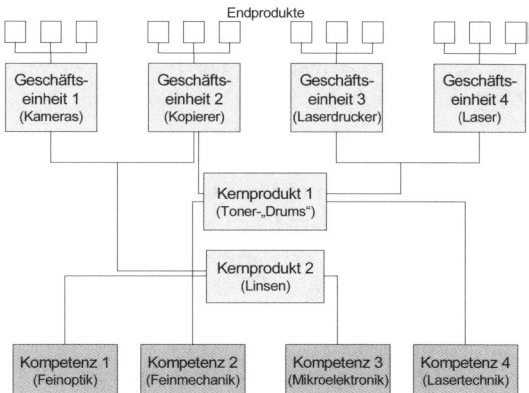

Die Kernkompetenzen eines Unternehmens können mit den Wurzeln eines Baums verglichen werden. Stamm und Äste stellen Kernprodukte dar, die Zweige die Geschäftseinheiten und die Blätter, Blüten und Früchte die Endprodukte (vgl. Abbildung 58).[176] Wie ein Baum müssen auch Kernkompetenzen „gepflegt" werden, d. h. sie müssen permanent weiterentwickelt und angereichert werden. Kernkompetenzen bestehen vor allem aus **Wissen**, Weiterentwicklung erfolgt also durch **ständiges Lernen**. Kann das Unternehmen belegen, dass es seine Kernkompetenzen fortlaufend ausbaut und an veränderte Anforderungen anpasst, kann sich dies günstig auf das Rating auswirken.

Bezüglich der inhaltlichen Aspekte der Unternehmenskompetenzen können folgende Schwerpunkte aus den Bereichen der Organisation, der Forschung/Entwicklung und der Produktion unterschieden werden.[177] Diese werden in dem von Ernst & Young entwickelten Easy-Rating explizit berücksichtigt (vgl. Kapitel F, Abschnitt 3).

---

[175] Vgl. *Füser, K. (2001a)*, S. 64 f.
[176] Vgl. *Hamel, G./Prahalad, C.K. (1992)*, S. 44 ff.
[177] Vgl. *Gleißner, W./Füser, K. (2002)*, S. 299 ff.

Vertriebskompetenz
Das Unternehmen verfügt über spezifische Vermarktungsfähigkeiten, hat einen sehr guten Zugang zu Distributionswegen und einen leistungsfähigen Vertrieb.

Flexibilität
Auf unvorhergesehene Markt- und Umfeldveränderungen kann das Unternehmen schnell reagieren und sich anpassen. So gibt es kurze Entwicklungszeiten, die Lieferzuverlässigkeit ist hoch und Kundenanfragen werden schnell bearbeitet.

Innovations- und Lernfähigkeit
Veränderungen am Markt oder bei der Technologie werden vom Unternehmen schnell erkannt. Die Mitarbeiter haben eine hohe Fachkompetenz und ihre Wissensbasis wird unter Zugriff auf leistungsfähige Wissensmanagementsysteme ständig auf- und ausgebaut. Das Unternehmen bringt regelmäßig Produkt-, Verfahrens- und Sozialinnovationen auf den Markt.

Strategische Kompetenz
Die Prozesse und Verfahren des Unternehmens sind in der Lage, Markt-, Umfeld- und Unternehmensanalysen durchzuführen sowie leistungsfähige Unternehmensstrategien zu entwickeln. Die gesetzten langfristigen Ziele werden im gesamten Unternehmen, auch im Tagesgeschäft, konsequent verfolgt, die Unternehmensstrategie wird vollständig umgesetzt. Das Unternehmen macht sich strategische Steuerungssysteme wie die Balanced Scorecard (vgl. Kapitel G, Abschnitt 2.14) zunutze.

Kompetenz in Finanz- und Portfoliomanagement
Das Unternehmen erzeugt Unternehmenswert durch eine optimale Struktur der Aktiv- und Passivseite der Bilanz. Es hat z. B. die Fähigkeit, Beteiligungen anzukaufen und mit hohem Gewinn wieder zu verkaufen.

Produktionskompetenz

Die Fertigungssysteme des Unternehmens sind entweder außergewöhnlich flexibel einsetzbar oder weisen eine auffallend hohe Effizienz auf.

Qualitätskompetenz

Das Unternehmen erreicht Kundenzufriedenheit durch die Erfüllung von Kundenwünschen – also der Qualität im weitesten Sinne. Spezifizierte Vorgaben des Kunden werden zumeist erfüllt. Leistung und Qualität der Produkte sind deutlich höher als die der Konkurrenz. Das Unternehmen setzt wirksame Qualitätsmanagementsysteme (vgl. Kapitel G, Abschnitt 2.11) ein.

Kosteneffizienz

Die Verfahren der Budgetierung, der Kalkulation und des Kostenmanagements des Unternehmens sind sehr leistungsfähig. Die Produktion wird unter Kostengesichtspunkten permanent optimiert, auf nicht zwingend betriebsnotwendige Kosten wird verzichtet. Das Unternehmen unterliegt einem kontinuierlichen Verbesserungsprozess und wird regelmäßig auf sein Effizienzsteigerungspotenzial hin untersucht.

Markenkompetenz

Das Unternehmen verfügt über eine bekannte, mit positiven Imagewerten besetzte Marke, die es pflegt und ausbaut. Es hat deutlich überdurchschnittliche Fähigkeiten zur Marktforschung, zur Messung des Markenimages und zur Ableitung gezielter Kommunikationsstrategien.

Netzwerkkompetenz

Das Unternehmen hat ein ausgebautes Netzwerk von Beziehungen zu wichtigen Marktteilnehmern und anderen relevanten Stellen in der Gesellschaft, z. B. hervorragende Kontakte zu Kreditinstituten oder Forschungseinrichtungen sowie politische Kontakte. Durch Kooperationen mit Partnern entstehen Synergievorteile.

Sachmittel- und Rechtekompetenz
Durch die alleinige Verfügbarkeit bestimmter Rechte oder Sachmittel (z. B. Patente, strategisch wichtige Standorte) hat das Unternehmen wesentliche Vorteile.

Kundennähe
Das Unternehmen unterscheidet sich von Konkurrenzunternehmen durch die intensive Pflege von Kundenkontakten und eine laufende Betreuung seiner Kunden – auch auf der Beziehungsebene. Kundenwünsche werden schnell und präzise bearbeitet.

H   Alternative Finanzierungsquellen

Die finanziellen Mittel aller (mittelständischen) Unternehmen sind limitiert. Oftmals reicht zudem ihre Innenfinanzierungskraft nicht aus, um eine Wachstumsstrategie umzusetzen und damit ihre Wettbewerbsposition auf Dauer zu stärken. Daher benötigen fast alle Unternehmen in Deutschland Fremdkapital – i. d. R. in Form von Bankkrediten. Im Zuge der Umsetzung des zweiten Basler Konsultationspapiers (Basel II) Anfang 2006 wird der Zugang zu Bankkrediten jedoch z. T. erschwert, da Banken dann die Eigenkapitalunterlegung ihrer Kreditrisiken in Abhängigkeit der Bonität der Schuldner bemessen müssen und sich dies in den Kreditkonditionen niederschlagen wird. Damit stecken viele Unternehmen zukünftig in einem Dilemma, denn die Eigenkapitalausstattung ist ein zentrales Kriterium der Rating-Verfahren der Banken zur Beurteilung der Bonität eines Unternehmens.

Daher müssen sich Unternehmen, die sich z. B. nicht über den Gang an die Börse refinanzieren können oder wollen, alternative Finanzierungsformen erschließen. Durch die in den folgenden Abschnitten diskutierten Ansätze werden i. d. R. die Liquidität und/oder die Eigenkapitalausstattung eines Unternehmens direkt gestärkt. Verbunden ist damit oftmals – ebenso direkt – eine Verbesserung des Rating-Urteils und damit der möglichen Kreditkonditionen. Gleichzeitig geht die Abhängigkeit von Bankkrediten zurück, womit sich dem Unternehmen parallel größere Handlungsspielräume bieten.

Nicht jede Finanzierungsform ist für alle Unternehmen interessant bzw. sinnvoll. Einzelne Ansätze können etwa temporär mit einem höheren laufenden Aufwand verbunden oder schlichtweg aus anderen Gründen unattraktiv sein. Bei anderen Alternativen muss der Unternehmer einen Teil der Kontrolle über sein Unternehmen abgeben. Zudem werden potenzielle Investoren die für sie mit einem Engagement verbundenen Vor- und Nachteile sorgfältig gegeneinander abwägen. Trotz der Nachteile einzelner Ansätze ist heute jeder Unternehmer gefordert, alle ihm offen stehenden Finanzierungsmöglichkeiten zu prüfen, die Vor- und Nachteile abzuwägen und eventuell neue Wege zu gehen.

1 Leasing

Der Grundgedanke des Leasings[178] ist recht einfach: nutzen statt besitzen! Für den Unternehmer ist es vor allem wichtig, die Gegenstände, die er für seinen Betrieb benötigt, nutzen zu können. Ob diese sich im Eigentum des Unternehmens befinden, ist oftmals von nachrangiger Bedeutung.

Leasing ist ein **Mietvertrag mit Zusatzvereinbarungen** bezüglich Service sowie Wartung, Reparatur und Versicherung der geleasten Güter.[179] Geleast werden können grundsätzlich alle Gegenstände des Anlagevermögens, d. h. sowohl Immobilien als auch bewegliche Wirtschaftsgüter (Mobilien). Während beim **Financial Leasing** i. d. R. eine längere, unkündbare Grundmietzeit verbunden mit einer Option des Leasingnehmers zum Kauf des geleasten Objekts am Ende der Vertragslaufzeit vereinbart wird, ist das **Operate Leasing** durch kurzfristige Vertragslaufzeiten von bis zu einem Jahr gekennzeichnet.[180]

Die Vertragsparteien sind der Leasinggeber (Leasinggesellschaft) und das Unternehmen als Leasingnehmer. Leasinggesellschaften werden ihrer Funktion nach in institutionelle und herstellerabhängige Leasinggesellschaften unterschieden. Die herstellerabhängigen Leasinggesellschaften (**direktes Leasing**) sind i. d. R. Tochterunternehmen eines Herstellers und führen Leasinggeschäfte für diesen durch. Im Gegensatz dazu sind institutionelle Leasinggesellschaften (**indirektes Leasing**) nicht von einem einzigen Hersteller abhängig.[181] Vielmehr wird ein Kaufvertrag zwischen Leasinggesellschaft

---

[178] Vgl. *Feinen, K. (2001)*, S. 373 ff.

[179] Unterschieden wird zwischen Full-Service-Leasing (die Leasinggesellschaft übernimmt alle Serviceleistungen), Teil-Service-Leasing (die Serviceleistungen werden vertraglich aufgeteilt) und Net-Leasing (der Leasinggeber übernimmt keine Zusatzleistungen). Vgl. *Grill, W./Perczynski, H. (2001)*, S. 438.

[180] Vgl. *Grill, W./Perczynski, H. (2001)*, S. 437 ff. und *Feinen, K. (2001)*, S. 378.

[181] Vgl. *Feinen, K. (2001)*, S. 377 ff.

und Hersteller geschlossen. Abbildung 59 verdeutlicht für das indirekte Leasing die Beziehungen der Parteien untereinander.

Der Leasingnehmer
- erhält das volle Gebrauchsrecht für den geleasten Gegenstand,
- ist Besitzer, aber nicht Eigentümer des Leasingobjekts und
- bezahlt als Preis die Leasingraten.

Der Leasinggeber
- schließt mit dem Hersteller des Gegenstands einen Kaufvertrag ab und erwirbt den Gegenstand,
- überlässt dem Leasingnehmer das Gebrauchs- und Nutzungsrecht für den beschafften Gegenstand und
- erhält als Entgelt die Leasingraten.

Abbildung 59: Beziehungen zwischen den Vertragsparteien (indirektes Leasing)

Der am häufigsten genannte Vorteil des Leasings ist die **liquiditätsschonende Wirkung.** Die Leasingraten haben über die Vertragslaufzeit hinweg die gleiche Höhe und sind somit ein sicher einzuplanender Bestandteil der betrieblichen Kalkulation. Leasingraten sind in voller Höhe Betriebsausgaben.[182]

Vorteile des Leasings[183]
- **Die Anschaffung neuer Gegenstände erfolgt in der Regel bilanzneutral, d. h. die Relationen (z. B. die Eigenkapitalquote) bleiben unangetastet.[184]**

---

[182] Vgl. *Gleißner, W./Füser, K. (2002),* S. 332.

[183] Vgl. *Füser, K. (1998)* sowie *Grill, W./Perczynski, H. (2001),* S. 439.

[184] Die bilanzielle Zuordnung des Leasinggegenstands ist abhängig von der Leasingart einerseits und der Nutzungsdauer andererseits. Während beim Operate Leasing der Leasinggeber den Gegenstand zu bilanzieren hat, muss beim

- Als Betriebsausgaben sind die Leasingraten einkommen- und körperschaftsteuerlich absetzbar[185], wenn der Leasingnehmer nicht wirtschaftlicher Eigentümer des Leasingobjekts wird und den Gegenstand in der Steuerbilanz ausweisen muss.
- I.d.R. muss der Leasingnehmer keine Sicherheiten stellen, da das Leasingobjekt im Eigentum des Leasinggebers bleibt.
- Bei Leasingverträgen, die eine kurze Laufzeit besitzen, kann eine schnelle Anpassung an veränderte Marktgegebenheiten erfolgen, ohne das Investitionsrisiko zu tragen.

Den Vorteilen des Leasing steht eine Reihe von Nachteilen gegenüber. Vor Abschluss eines jeden Leasingvertrags sind daher die damit verbundenen positiven und negativen Auswirkungen auf die finanzielle Situation des Unternehmens sowie seine Flexibilität gegeneinander abzuwägen.

Nachteile des Leasings[186]
- Durch die konstanten Leasingraten steigt die Fixkostenbelastung.
- Während der Grundmietzeit ist der Leasingnehmer an den Vertrag gebunden. Sollte es in dieser Zeit zu Umsatzrückgängen kommen, können die mit dem Leasing verbundenen Fixkosten zu einer Belastung werden.
- Die laufenden Mietkosten sind relativ hoch. Sie können sich je nach Vertragsdauer auf 120 % bis 140 % des Kaufpreises des Leasinggegenstands summieren.

Leasing kommt nicht nur bei Erweiterungsinvestitionen infrage. Mittels Leasing kann auch die momentane Unternehmenssituation im Hinblick auf das Rating verbessert werden. Eine Möglichkeit

---

Finance Leasing (mit Kaufoption) auf die Grundmietzeit geachtet werden. Wenn diese zwischen 40 und 90 % der betriebsgewöhnlichen Nutzungsdauer des Gegenstands liegt, ist das Leasingobjekt beim Leasinggeber zu bilanzieren. Im umgekehrten Fall wäre die Zuordnung beim Leasingnehmer. Vgl. *Haufe Rechnungswesen Office (2002)*.

[185] Vgl. *Haufe Rechnungswesen Office (2002)*.
[186] Vgl. *Füser, K. (1998)* sowie *Grill, W./Perczynski, H. (2001)*, S. 439.

bietet hier das so genannte „**Sale-and-lease-back**"-Verfahren. Dabei werden Gegenstände, die sich im Anlagevermögen des Unternehmers befinden, an eine Leasinggesellschaft verkauft („sale") und im gleichen Zug zurückgeleast („and lease back"). Den Verkaufserlös kann das Unternehmen für die Tilgung von Krediten o. Ä. verwenden und sich so unabhängiger von Fremdkapitalgebern machen.

2   Forderungsverkauf

Kurzfristige Forderungen, i. d. R. aus Lieferungen und Leistungen, sind bei vielen Unternehmen eine bedeutende Aktivposition. Sie können jedoch nicht unmittelbar zur Tilgung von Verbindlichkeiten eingesetzt werden und sind darüber hinaus aufgrund möglicher Forderungsausfälle mit Unsicherheiten behaftet. Eine Verbesserung der Situation kann in vielen Fällen durch den Verkauf der Forderungen erzielt werden. Möglichkeiten hierzu bieten das Factoring (Abschnitt 2.1) sowie Asset Backed Securities (Abschnitt 2.2). Zu beachten sind jedoch stets die damit verbundenen bilanziellen und steuerlichen Aspekte (vgl. Abschnitt 2.3).

2.1   Factoring

Beim Factoring werden noch nicht fällige oder künftig entstehende Forderungen des Unternehmens (**Factoringkunde**), die auf einer Warenlieferung oder Dienstleistung beruhen, an das Factoringunternehmen (**Factor**) verkauft.[187] Der Factor, der zuvor die Bonität des Abnehmers geprüft hat, bezahlt den Gegenwert der Forderung an den Factoringkunden. Dieser informiert den Abnehmer über den Verkauf der Forderung (so genanntes **offenes Factoring**) und bittet ihn, direkt an den Factor zu bezahlen (vgl. Abbildung 60). Beim **stillen Factoring** wird der Abnehmer dagegen nicht informiert und bezahlt befreiend an den Factoringkunden.

---

[187] Zur rechtlichen Einordnung des Factoring vgl. *Bette, K. (2001)*, S. 50 ff.

Grundlage der Geschäftsverbindung ist ein **Factoringvertrag**[188] mit einer durchschnittlichen Mindestlaufzeit von zwei Jahren. Der Factoringkunde verpflichtet sich darin, dem Factor sämtliche Forderungen aus vollständig erbrachten Warenlieferungen und Leistungen zum Kauf anzubieten. In Abhängigkeit des Forderungsaufkommens gegen die einzelnen Abnehmer sowie deren Bonität legt der Factor für jeden Debitor ein Limit fest, bis zu dessen Höhe er bereit ist, Forderungen gegen ihn zu erwerben.[189]

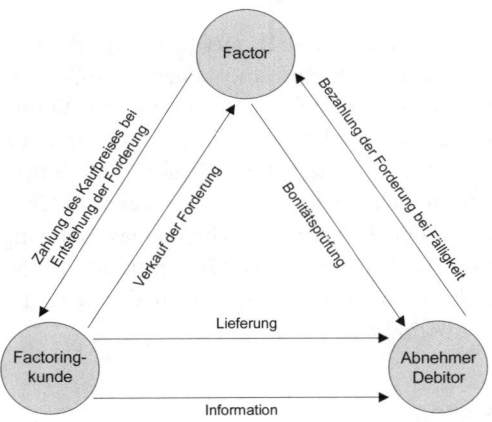

Abbildung 60: Das Dreiecksverhältnis des Factoring[190]

- Der **Finanzierungseffekt** für den Factoringkunden besteht in dem sofortigen Erhalt der Forderungsbeträge, mit welchen er beispielsweise die eigenen Verbindlichkeiten unter Skontoausnutzung bezahlen kann. Je nach Ausgestaltung der getroffenen Vereinbarungen übernimmt der Factor darüber hinaus verschie-

---

[188] Eine ausführliche Beschreibung eines Mustervertrags findet sich in *Bette, K. (2001)*, S. 75 ff.

[189] Vgl. *Karsten, W.F. (2001)*, S. 420 f. und *Mayer, H.V. (1997)*, S. 106.

[190] Vgl. *Hagenmüller, K.F./Sommer, H.J./Brink, U. (1997)*, S. 17.

dene Serviceleistungen.[191] Das **Standardfactoring** umfasst sowohl die Delkrederefunktion als auch die Dienstleistungsfunktion.

- **Die Delkrederefunktion**: Der Factor übernimmt durch den Ankauf der Forderungen gegen die Abnehmer auch das Ausfallrisiko der Forderungen (so genanntes **echtes Factoring**). Sollte die Forderung gegen einen Abnehmer nicht mehr beitreibbar sein, da dieser beispielsweise in finanzielle Schwierigkeiten gerät, bleibt der Erlös trotzdem im Unternehmen. Der Factor lässt sich dieses von ihm getragene Risiko mit entsprechend höheren Gebühren bezahlen. Wird das Ausfallrisiko nicht vom Factor übernommen, so spricht man von **unechtem Factoring**. Bei der wirtschaftlichen Vermögenszuordnung der abgetretenen Forderungen im Rahmen der handelsrechtlichen Bilanzierung spielt der Übergang des Delkredererisikos eine entscheidende Rolle (vgl. Abschnitt 2.3).

- **Die Dienstleistungsfunktion**: Aufgrund einer Vereinbarung zwischen den Vertragsparteien kann der Factor eine Dienstleistungsfunktion wahrnehmen. Diese umfasst die Debitorenbuchhaltung, das Mahnwesen und das Inkasso der Rechnungsbeträge. Insbesondere diese Servicefunktion ist für die Factoringkunden sehr interessant, da entsprechende Einsparungen im Sach- und Personalkostenbereich der Kundenbuchhaltung vorgenommen werden können. Wird die Dienstleistungsfunktion vom Factoringkunden nicht gewünscht, spricht man von **Inhouse-** oder **Bulk-Factoring**.

Vorteile des Factorings[192]
- **Verbesserung der Liquiditätslage durch den schnellen Erhalt der Forderungsgegenwerte**
- **Übertragung des Ausfallrisikos auf den Factor durch die Delkrederefunktion**
- **Einsparung von Kosten im Bereich der Kundenbuchhaltung durch Abgabe der Debitorenbuchhaltung, des Mahnwesens und der Inkassoabteilung an den Factor**

---

[191] Vgl. *Karsten, W.F. (2001)*, S. 408 ff.
[192] Vgl. *Gleißner, W./Füser, K. (2002)*, S. 334, *Füser, K. (1998)*, *Mayer, H.V. (1997)*, S. 107 f. und *Bette, K. (2001)*, S. 66 f.

> • **Nutzung von Wettbewerbsvorteilen durch Gewährung längerer Zahlungsziele**

Um das Finanzierungsinstrument Factoring in Anspruch nehmen zu können, müssen der Factoringkunde, dessen Forderungsbestand sowie die Debitoren bestimmten Anforderungen genügen. Grundvoraussetzung ist, dass es sich um Geldforderungen aufgrund voll erbrachter Leistungen handelt, gegen die **keine Ansprüche Dritter** bestehen (z. B. als Sicherheit für einen Bankkredit). Entscheidend ist zudem eine **breite Debitorenstreuung** sowie ein **gleichmäßiges Forderungsaufkommen** verbunden mit einem verlässlichen **Zahlungsverhalten der Schuldner.**

Die **Kosten für das Factoring** hängen von den in Anspruch genommenen Serviceleistungen sowie der Bonität der Abnehmer ab. Um die Außenstände zu finanzieren, berechnet der Factor darüber hinaus die banküblichen Kontokorrentzinsen.[193]

Beispiel

Forderung gegen Abnehmer:	EUR 100.000
Zahlungsziel:	90 Tage
Zinssatz:	9,5 %
pauschaler Kostensatz:	1,5 %
Gutschrift:	EUR 96.125

2.2 Asset Backed Securities (ABS)

Die **Asset Backed-Finanzierung** ist eine weitere Art der Mittelbeschaffung, die auf dem Verkauf von Forderungen beruht. Dazu werden die Forderungen in einem Pool zusammengefasst und an eine Zweckgesellschaft (Special Purpose Vehicle, SPV), die extra zu diesem Zweck gegründet wird, veräußert. Die Gesellschaftsanteile werden zu 100 % von einem Sponsor – Forderungsverkäufer oder eine unabhängige dritte Partei (z. B. Banken) – gehalten. Die Refinanzie-

---

[193]Nach Angaben des *Deutschen Factoring Verbands e. V.* (*www.factoring.de*) beträgt die Gebühr zwischen 0,8 und 2,5 % des Rechnungsbetrags.

rung der Zweckgesellschaft erfolgt durch die Verbriefung der Forderungen und die Emission von Wertpapieren oder Schuldscheinen (**Asset Backed Securities**). Diese sind durch die angekauften, unverbrieften Forderungen („assets") gedeckt („backed"). Der Schuldner wird über die Asset Backed-Transaktion i. d. R. nicht informiert und bezahlt deshalb weiterhin befreiend an den Forderungsverkäufer, der die Zins- und Tilgungszahlungen an die Zweckgesellschaft weiterleitet (vgl. Abbildung 61).[194]

Die ursprüngliche Anwendungsform für Asset Backed Securities war die Hypothek, die zur Absicherung von Anleihepapieren („mortgage backed bonds") diente. Heute werden hauptsächlich Kundenforderungen zur Deckung der Papiere herangezogen, die den folgenden Anforderungen genügen.[195]

- Der Forderungsbestand setzt sich aus vielen Einzelforderungen mit kleinen und mittleren Beträgen zusammen und bewegt sich in summa in der Größenordnung von EUR 50 Mio.
- Die Forderungen bestehen gegen viele Schuldner, sodass bei Ausfall eines Schuldners nicht die Zahlungsfähigkeit der Zweckgesellschaft gefährdet ist.
- Der Zahlungsstrom aus den Forderungen ist regelmäßig und vorhersehbar.

Aufgrund dieser Anforderungen kommt die Finanzierung über Asset Backed Securities vornehmlich für den gehobenen Mittelstand infrage.

---

[194] Vgl. *Waschbusch, G. (1998)*, S. 409 ff. Oftmals wird die ABS-Transaktion von einem so genannten „Serviceagenten" durchgeführt, der die Debitorenbuchhaltung, das Mahnwesen sowie die Forderungsüberwachung übernimmt. Darüber hinaus erfolgt die Weiterleitung der Zins- und Tilgungszahlungen häufig über eine eigene Zahlstelle („Paying Agent").

[195] Vgl. *Graf von Bernstorff, C. (1996)*, S. 201 ff.

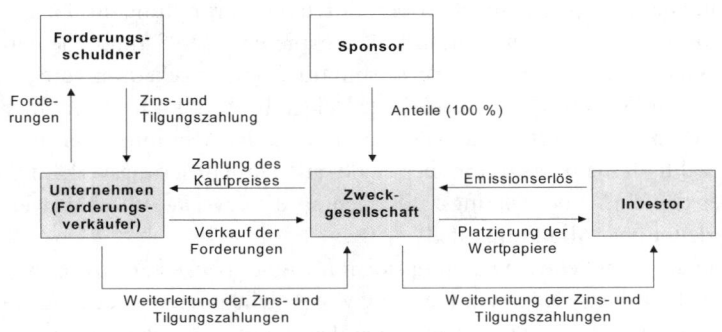

Abbildung 61: Grundschema einer ABS-Transaktion[196]

Über Asset Backed Securities erhält das Unternehmen Zugang zu neuen Investoren. Insbesondere Unternehmen, die mangels Größe oder Rating keinen direkten Zugang zu den Geld- und Kapitalmärkten haben, wird ein indirekter Zugriff – durch die Zweckgemeinschaft – ermöglicht.

Gewöhnlich werden große ABS mit umfangreichen Forderungsvolumina von externen Agenturen (z. B. Standard & Poor's oder Moody's, vgl. Kapitel E) „geratet". Die Beurteilung bezieht sich dabei *nicht* auf das Unternehmen des Forderungsverkäufers, sondern auf die Werthaltigkeit und Ertragskraft der übertragenen Forderungen.

Damit eignet sich die Finanzierung über Asset Backed Securities vor allem für solche Unternehmen, die – aufgrund einer unzureichenden eigenen Bonität – Fremdkapital nur zu schlechten Konditionen aufnehmen können. Zu beachten ist jedoch, dass im Allgemeinen nur solche Forderungspools akzeptiert werden, die ein sehr gutes Rating (z. B. „AAA") erzielen und damit problemlos am Kapitalmarkt platziert werden können. Um dies zu erreichen[197], fallen z. T.

---

[196] Angelehnt an *Waschbusch, G. (1998)*, S. 410.

[197] Möglichkeiten sind: a) Sicherung durch den Forderungsverkäufer, der eine Rückkaufzusage erteilt oder eine Ausfallgarantie übernimmt; b) Sicherung in der Emissionsstruktur (Beispiel: Das an die Zweckgesellschaft übertragene Forderungsvolumen übersteigt den Nominalwert der von dieser ausgegebenen

erhebliche Kosten an, die bei der Kalkulation berücksichtigt werden müssen.

Die **Kosten** für eine Asset Backed-Finanzierung sind im Allgemeinen hoch und hängen von vielen Faktoren ab. Sie werden etwa bestimmt durch das allgemeine Zinsniveau und die Zinserwartung, die erwartete durchschnittliche Laufzeit und die Wahrscheinlichkeit einer vorzeitigen Rückzahlung der Anleihe.[198] Ein weiteres wichtiges Kriterium sind die hohen einmaligen und laufenden Emissionskosten.[199] Zu den einmaligen Kosten gehören beispielsweise solche zur Vorbereitung und Strukturierung der Transaktion. Laufende Kosten fallen etwa für die Rating-Agentur sowie den hohen administrativen Aufwand zur Einhaltung des **Bestimmtheitsgebots** (eindeutige Kennzeichnung der abgetretenen Forderungen) an.

2.3 Bilanzielle und steuerliche Aspekte

Wesentliche Zielsetzung beim Forderungsverkauf ist der bilanzielle Abgang der Forderungen beim veräußernden Unternehmen. Im Jahresabschluss des Forderungsverkäufers dürfen Forderungen, die durch Factoring oder eine ABS-Transakion übertragen worden sind, nach den Bestimmungen des HGB jedoch nur dann ausgebucht werden, wenn das **wirtschaftliche Eigentum** der Forderungen vollständig auf den Erwerber (Factor bzw. Zweckgesellschaft) übergegangen ist. Andernfalls muss der Verkäufer die Forderungen weiterhin in seine Bilanz aufnehmen und darüber hinaus eine Verbindlichkeit gegenüber dem Forderungskäufer bilanzieren.

Im Fall veräußerter Forderungen kommt es bei der Zuordnung des wirtschaftlichen Eigentums ganz wesentlich auf die Risikotragung und hierbei auf das mit den Forderungen verbundene Bonitätsrisiko an. Das wirtschaftliche Eigentum der Forderungen ist damit insbesondere dann nicht an den Käufer übergegangen, wenn der Verkäu-

---

Wertpapiere.); c) Sicherheitszusagen Dritter. Vgl. *Waschbusch, G. (1998)*, S. 411 f.

[198] Vgl. *Graf von Bernstorff, C. (1996)*, S. 203.

[199] Vgl. *Waschbusch, G. (1998)*, S. 417.

fer weiterhin einen Teil des Bonitätsrisikos trägt. Dazu genügt etwa bereits die Vereinbarung eines vorläufigen Kaufpreises, der später nach Einbeziehung des Forderungsbestands in Abhängigkeit von den tatsächlichen Ausfällen angepasst wird.[200]

Hält der Forderungsverkäufer im Fall einer ABS-Transaktion selbst Anteile an der Zweckgesellschaft, so muss er diese – soweit er zur Aufstellung eines Konzernabschlusses verpflichtet ist – u. U. in seinen Konsolidierungskreis aufnehmen. Zur Beurteilung der bilanziellen und steuerlichen Aspekte eines Forderungsverkaufs sollte daher stets ein Wirtschaftsprüfer oder Steuerberater hinzugezogen werden.

3 Beteiligungsfinanzierungen – Private Equity

Im Hinblick auf das Rating ist eine adäquate Eigenkapitalausstattung unabdingbar. Damit rücken insbesondere zeitlich befristete Beteiligungsfinanzierungen nicht börsennotierter Unternehmen (**Private Equity**[201]) verstärkt in den Mittelpunkt des Interesses der mittelständischen Industrie. „Private Equity ist eine Finanzierungsart, bei welcher nicht börsennotierten Unternehmen in einer entscheidenden Phase ihrer Entwicklung mittel- bis langfristig Eigenkapital und, bei Bedarf, Managementunterstützung zur Verfügung gestellt wird. Zur Realisierung eines dem Risiko entsprechenden Gewinns besteht von vornherein die Absicht, die Beteiligung wieder zu veräußern."[202]

Es können verschiedene Formen der Private Equity-Finanzierung unterschieden werden, wobei die Begriffsabgrenzung nicht immer eindeutig gezogen werden kann. In den nachfolgenden Abschnitten wird insbesondere auf Venture Capital, Mezzanine Finanzierung und Private Placements eingegangen.

---

[200] Vgl. *IDW (2001)*.

[201] Der Begriff stammt aus den USA und bildet dort das Gegenstück zum „Public Equity" als börsennotiertes Eigenkapital. Vgl. *Rudolph, B./Fischer, C. (2000)*, S. 49.

[202] *Rudolph, B./Fischer, C. (2000)*, S. 50.

3.1 Venture Capital

Der Begriff des **Venture Capital** ist in der Literatur und Praxis nicht einheitlich definiert. Während im anglo-amerikanischen Sprachraum unter Venture Capital lediglich die Finanzierung von neu gegründeten Unternehmen verstanden wird (Venture Capital im engeren Sinn), bezeichnet der Begriff in Deutschland oftmals zusätzlich die Beteiligung an bereits etablierten Unternehmen.[203] Im Folgenden wird diese weitergehende Definition zugrunde gelegt.

Finanzie-rungs-phase	Early Stage		Expansion Stage	Late Stage	
	Seed	Start-up	Expansion	Bridge	MBO/MBI
Unter-neh-mens-phase	Produkt-konzept Marktana-lyse Grundla-genent-wicklung	Unterneh-mensgrün-dung Entwick-lung bis zur Pro-duktreife Marketing-konzept	Produk-tionsbe-ginn Marktein-tritt oder Wachs-tums-finanzie-rung	Vorberei-tung eines Börsen-gangs Verkauf an industriel-len Inves-tor	Übernahme durch vor-handenes (MBO) oder externes (MBI) Manage-ment

Abbildung 62: Finanzierungsphasen eines Unternehmens[204]

Venture Capital-Geber können ein Unternehmen in verschiedenen Phasen unterstützen – von der ersten Geschäftsidee bis hin zum Gang an die Börse (vgl. Abbildung 62). Ein Venture Capital-Engagement ist langfristig, i. d. R. auf zwischen fünf und zehn Jahre, ausgerichtet. Der Kapitalgeber erhält für sein Engagement keine laufende Verzinsung. Sein Profit ist die Wertsteigerung am Ende seines Engagements. Sicherheiten stellt das zu finanzierende Unternehmen i. d. R. nicht.

Neben dem eigentlichen Kapital stellt der Venture Capital-Geber dem Unternehmen i. d. R. so genanntes „Smart Money" zur Verfügung. Darunter werden verschiedene Unterstützungsleistungen

[203] Vgl. *Achleitner, A.-K. (2001)*, S. 514 und *Rudolph, B./Fischer, C. (2000)*, S. 49 f.
[204] Vgl. *Achleitner, A.-K. (2001)*, S. 515.

verstanden, durch die die Entwicklung des Unternehmens nachhaltig gefördert werden kann. Als derartige Leistungen kommen insbesondere die folgenden Formen in Betracht.[205]

- **Know-how:** Neu gegründete Unternehmen kann ein Venture Capital-Geber bei der Aufstellung des Businessplans sowie der Zusammensetzung eines qualifizierten Teams unterstützen. Für etablierte Unternehmen sind dagegen vornehmlich seine Erfahrungen im finanziellen und operativen Bereich von Interesse.
- **Netzwerke:** Die Beziehungen des Venture Capital-Gebers zu Kunden und Lieferanten können dem Unternehmen den Markteintritt ermöglichen bzw. neue Geschäftsfelder eröffnen.
- **Sachmittel und Infrastruktur:** Gerade jungen Unternehmen fehlt es an geeigneten Räumlichkeiten, Büroeinrichtungen oder Maschinen. Durch die Bereitstellung seitens des Venture Capital-Gebers kann diese Lücke ohne finanzielles Risiko geschlossen werden.

3.1.1 Venture Capital-Gesellschaften

In Deutschland wird Beteiligungskapital vornehmlich durch Venture Capital-Gesellschaften zur Verfügung gestellt, die i. d. R. über geschlossene Fonds das von verschiedenen Kapitalgebern aufgebrachte Geld in einzelnen Unternehmen anlegen. Kapitalgeber sind insbesondere Banken, Pensionsfonds und Versicherungen oder Industrieunternehmen.[206]

Abbildung 63 zeigt den typischen Ablauf eines Venture Capital-Engagements.[207] Die **Kontaktaufnahme** geht i. d. R. vom Kapital suchenden Unternehmen aus[208], das dem Venture Capital-Geber die (neue) Geschäftsidee sowie seine finanzielle Situation offen legen muss. Im Fall einer Existenzgründung ist dazu ein detaillierter Businessplan (vgl. Kapitel F, Abschnitt 2.4) vorzulegen; bereits etablierte

---

[205] Vgl. *Achleitner, A.-K. (2001)*, S. 517 f.

[206] Vgl. *Achleitner, A.-K. (2001)*, S. 521 ff.

[207] Vgl. *Achleitner, A.-K. (2001)*, S. 523 ff.

[208] Einen möglichen Venture Capital-Geber können Unternehmen beispielsweise über den Bundesverband der Deutschen Kapitalbeteiligungsgesellschaften e. V. (*www.bvk-ev.de*) finden.

Unternehmen sollten darüber hinaus den Jahresabschluss zur Verfügung stellen. Anhand der verfügbaren Informationen folgt die **Beurteilung** des Engagements durch den Venture Capital-Geber, die neben der Prüfung der wirtschaftlichen Attraktivität auch die Einschätzung der Wettbewerbssituation sowie die Definition und Abgrenzung der Risiken beinhaltet.

Die Vertragsgestaltung erfolgt i. d. R. individuell. Die Vereinbarungen zur Finanzierung beziehen sich darauf, „welchen Anteil am Unternehmen (…) [der Venture Capital-Geber] mit welcher Art von Kapital erwirbt und wie die folgende Finanzierung des Unternehmens aussehen soll".[209] Da Venture Capital eine Form der Beteiligungsfinanzierung ist, werden im Vertrag eines Engagements die Kontrollrechte des Kapitalgebers, etwa Mitspracherechte oder Vetomöglichkeiten, geregelt. Schließlich werden bereits bei Vertragsabschluss verschiedene Ausstiegsoptionen festgelegt. Abhängig von den im Vertrag vereinbarten Kontrollrechten wird der Venture Capital-Geber im Rahmen des **Beteiligungsmanagements**, d. h. während der Phase, in der dem Unternehmen Kapital zur Verfügung gestellt wird, eine aktive oder eher passive, kontrollierende Rolle übernehmen.

---

[209] *Achleitner, A.-K. (2001), S. 526.*

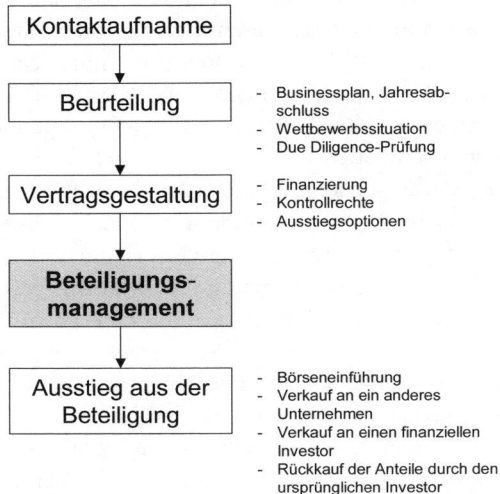

Abbildung 63: Ablauf eines Venture Capital-Engagements

Nach Ablauf des im Vertrag fixierten Zeitraums erfolgt der **Ausstieg aus der Beteiligung** durch den Venture Capital-Geber. Möglichkeiten hierzu sind etwa eine Börseneinführung, der Verkauf an ein anderes Unternehmen bzw. einen finanziellen Investor oder der Rückkauf der Anteile durch den ursprünglichen Investor. Die Differenz zwischen dem im Rahmen des Ausstiegs erzielten Erlös und dem bei Vertragsbeginn eingebrachten Kapital ist der Gewinn des Venture Capital-Gebers.

3.1.2 Business Angels

Für Existenzgründer ist es oftmals schwierig, die benötigte Finanzierung über Bankkredite zu günstigen Konditionen zu erhalten. Aufgrund des meist kaum abzuschätzenden Risikos lassen sich in dieser ersten (Vorgründungs-)Phase auch Venture Capital-Gesellschaften nur selten gewinnen. Diese Lücke schließen so genannte **Business Angels**, d. h. vermögende, wirtschaftlich unabhängige und erfahrene Privatpersonen, die sich i. d. R. mit einem Volumen zwischen EUR 25.000 und EUR 250.000 beteiligen und dem Unternehmer als eine

Art Pate mit „Rat und Tat" zur Seite stehen.[210] Dabei treten finanzielle Interessen gegenüber dem Anreiz erneuter unternehmerischer Tätigkeiten oftmals in den Hintergrund.

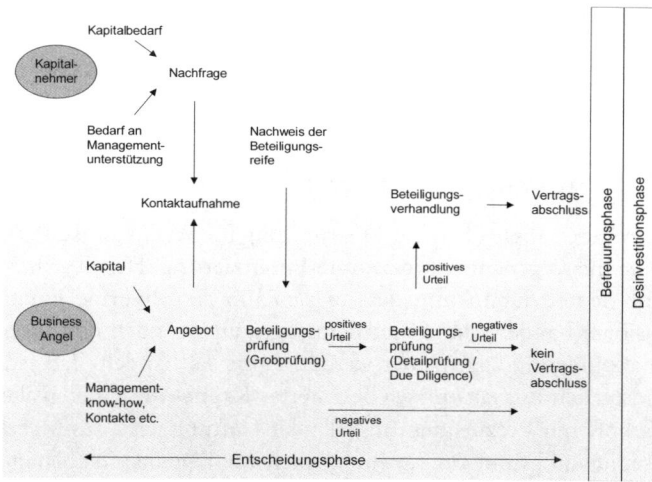

Abbildung 64: Ablauf eines Beteiligungsprozesses durch einen Business Angel[211]

Der Beteiligungsprozess lässt sich in drei Phasen unterteilen (vgl. Abbildung 64). Während der **Entscheidungsphase** prüft der Kapitalgeber (Business Angel) die Beteiligungsreife des Kapital suchenden Unternehmens sowie die mit einem Engagement verbundenen Risiken (Due Diligence). Gelangt der Kapitalgeber auch nach einer Detailprüfung zu einem positiven Urteil, so kommt es zum Vertragsabschluss. Dieser markiert den Beginn der **Betreuungsphase** von durchschnittlich drei bis sieben Jahren. Das Beteiligungsverhältnis wird durch eine **Desinvestitionsphase** abgeschlossen, in der die Unternehmensanteile an eine Venture Capital-Gesellschaft bzw. andere interessierte Unternehmen verkauft werden oder die Plattzierung an der Börse erfolgt.

---

[210] Vgl. *Weitnauer, W. (2001)*, S. 160 und *Engelmann, A./Heitzer, B. (1999)*, S. 458.

[211] Vgl. *Engelmann, A./Heitzer, B. (1999)*, S. 458.

Die Mobilisierung potenzieller Business Angels und die Unterstützung junger Unternehmen hat sich das *Business Angels Netzwerk
Deutschland e. V. (BAND)* zum Ziel gesetzt. Mit Hilfe der anonymen
Internetvermittlung „Business Angels Forum" (*www.business-
angels.de*) wird der Kontakt zwischen Investoren und Gründern
hergestellt. Über diese Internetseite können zudem verschiedene
regionale Business Angels- Netzwerke erreicht werden.

3.2 Mezzanine Finanzierung

Eine weitere Möglichkeit der Finanzierung für Wachstumsunternehmen ist die so genannte **Mezzanine-Finanzierung.** Der Begriff Mezzanine deutet darauf hin, dass es sich um eine hybride Finanzierungsform handelt, die weder dem Eigenkapital noch dem Fremdkapital eindeutig zugeordnet werden kann. Es handelt sich jedoch
grundsätzlich um *nachrangig* besichertes Kapital mit einer risikobe-
dingt höheren Verzinsung. Im Falle der Haftung wird das Mezzanine-Kapital aufgrund der Nachrangigkeit wie Eigenkapital behandelt.
Das bedeutet, dass es im Insolvenzfall den vorrangigen Fremdkapitalgebern zur Verfügung steht (vgl. Abbildung 65).[212]
Die Rendite des Mezzanine-Gebers setzt sich aus einer Kombination
von **laufender Verzinsung** und einem Entgelt am Ende der Ver-
tragszeit zusammen. Dabei erhält der Investor „entweder einen Risi-
ko-Sonderzins („**Zins-Kicker**"), eine Gewinnbeteiligung oder die
Option, eine direkte Beteiligung an dem Unternehmen zu vorher
festgelegten Konditionen zu übernehmen („**Equity-Kicker**")".[213] In
Deutschland werden Mezzanine-Finanzierungen vorwiegend in
Form von stillen Beteiligungen und Wandelanleihen[214] realisiert, bei
denen im Vergleich zum Nachrangdarlehen der Eigenkapitalcha-
rakter dominiert (vgl. Abbildung 65).

---

[212] Vgl. *Behr, G./Wirth, O. (1999)*, S. 161, *Europa Treuhand Ernst & Young (2001)*,
S. 8 sowie *Link, G./Reichling, P. (2000)*, S. 266.

[213] *Heinzel, H. (2002)*.

[214] Wandelanleihen sind Schuldverschreibungen, die dem Gläubiger das Recht
einräumen, die Schuldverschreibung in Aktien der ausgebenden Gesellschaft
zu tauschen. Mit Ausübung des Wandlungsrechts erlischt das Forderungs-
recht. Vgl. *Grill, W./Perczynski, H. (2001)*, S. 226.

| | Eigenkapital (Direktbeteiligung) | Mezzanine | | | Fremdkapital (besichertes Darlehen) |
		stille Beteiligung	Wandelanleihen	Nachrangdarlehen	
Kapitalgeber	Gesellschafter	stiller Gesellschafter	Gesellschafter erst ab Zeitpunkt der Wandlung	nicht Gesellschafter	nicht Gesellschafter
Bilanzausweis beim Unternehmen	als Eigenkapital	als Eigenkapital, als SoPo zwischen EK und Rückstellungen oder Verbindlichkeiten	als Eigenkapital ab Zeitpunkt der Wandlung	als Verbindlichkeit	als Verbindlichkeit
wirtsch. Eigenkapital	ja	ja	ab Zeitpunkt der Wandlung	ja	nein
erwartete Gesamtrendite (p.a.)	ca. 20–30 % (durch Unternehmenswertsteigerung)	ca. 12–20 % (durch feste Verzinsung und Unternehmenswertsteigerung)	ca. 10–15 % (ab Wandlung 20–30 %)	ca. 10–15 %	ca. 6–9 % feste, laufende Verzinsung
Besicherung bei Insolvenz	keine	nachrangig	nachrangig	nachrangig	vorrangig

Abbildung 65: Vergleich von Mezzanine-Kapital mit klassischen Finanzierungsformen[215]

---

[215] Vgl. *Heinzel, H. (2002)*.

Für den Investor spielen bei der Investitionsentscheidung vornehmlich Zukunftsaussichten eine Rolle. „Ein Unternehmen kommt aus Sicht der Investoren als Mezzanine-Kandidat infrage, wenn es über attraktive Renditeaussichten, stabile und wachsende Cashflows, einen niedrigen dynamischen Verschuldungsgrad und ein erfahrenes, hoch qualifiziertes Management verfügt."[216]

Investmentkriterien[217]

- **Umsatz im letzten Wirtschaftsjahr von mindestens EUR 3 Mio. (New Economy) bzw. EUR 8 Mio. (Old Economy)**
- **Mezzanine-Kapitalbedarf von mindestens EUR 1 Mio.**
- **nicht börsennotiertes Wachstumsunternehmen**
- **operative und finanzielle Stabilität**
- **steuerbare Organisationsstruktur**
- **transparente Rechtsstruktur**

Intermediäre und damit Ansprechpartner für Mezzanine-Kapital sind Banken, die wie Kapitalbeteiligungsgesellschaften, Versicherungen, Pensionsfonds und andere institutionelle Kapitalgeber auch als Investoren auftreten.[218] Mezzanine-Finanzierungen werden auch häufig als Alternative zur „originären" Eigenkapitalaufnahme in Anspruch genommen. Bei der Eigenkapitalaufnahme in Form von Direktbeteiligungen würde es zu unerwünschten Anteilsverwässerungen und zu einem Teilverlust der Unternehmensleitung kommen. Mezzanine-Geber halten sich bei Managementtätigkeiten eher zurück. Sie besetzen vielmehr Beiratspositionen oder Aufsichtsratsmandate. Sie verstehen sich als langfristiger, unternehmerischer Partner, der keine direkten geschäftspolitischen Ziele verfolgt.

3.3 Private Placements

Viele kleine und mittlere Unternehmen sind den Anforderungen, die mit einem Börsengang verbunden sind, (noch) nicht gewachsen.

---

[216] *Behr, G./Wirth, O. (1999)*, S. 164.
[217] Vgl. *Europa Treuhand Ernst & Young (Hrsg.) (2001)*, S. 10 ff.
[218] Vgl. *Behr, G./Wirth, O. (1999)*, S. 164.

Für diese Unternehmen sind so genannte Private Placements eine interessante Finanzierungsalternative.

> **„Unter einem Private Placement versteht man das systematische Vorgehen zur privatrechtlichen Eigenkapitaleinwerbung bei Investoren unter Einbindung einer Bank als Berater."**[219]

Sowohl aus Sicht des Unternehmens als auch der (potenziellen) Investoren übernimmt der Berater der Bank wichtige Funktionen. So entlastet er das Management des Unternehmens und bietet den Investoren durch detaillierte Prüfung der Investments einen hohen Grad an Sicherheit. Er koordiniert den Wettbewerbsprozess der verschiedenen Interessenten und unterstützt den Unternehmer bei den Beteiligungsverhandlungen.

Abbildung 66: Prozess für die Durchführung eines Private Placement (am Beispiel der WestLB Panmure)

Der Prozess für die Durchführung eines Private Placement lässt sich in mehrere Phasen unterteilen, die im Folgenden am Beispiel der WestLB Panmure beschrieben werden (vgl. Abbildung 66).[220] Nach einer allgemeinen Vorbereitungsphase wird in Zusammenarbeit von Management und Bank die **Gruppe der Zielinvestoren** festgelegt. Diese ist abhängig von der aktuellen Beteiligungsstruktur des Unternehmens sowie dem Zweck der Finanzierung. Darauf abgestimmt

---

[219] *Erning, B. (2002).*

[220] Vgl. *Erning, B. (2002).* Bei der WestLB Panmure sind alle Investment-Banking-Aktivitäten der WestLB zusammengefasst.

werden in einer **Executive Summary**, die an mögliche Investoren versandt wird, alle wesentlichen Unternehmensdaten sowie das Geschäftsmodell kurz vorgestellt.

Den Interessenten wird in einer „**Roadshow**" die Möglichkeit gegeben, das Management des Unternehmens detailliert zu befragen. Nach Unterzeichnung einer Vertraulichkeitserklärung wird ihnen ein **Informations-Memorandum** zur Verfügung gestellt, das inhaltlich zwischen Börseneinführungsprospekt und Businessplan liegt.

Die Entscheidung für einen Investor wird von Management und Altaktionären auf Grundlage so genannter „**Term Sheets**" getroffen, in denen die Interessenten alle wesentlichen Bedingungen für eine Beteiligung zusammenfassen. Vor der Zuteilung an die Investoren wird von diesen i. d. R. eine Due Diligence durchgeführt.

4 Förderprogramme

Der Bund und die Länder bieten über die Kreditanstalt für Wiederaufbau (KfW, *www.kfw.de*), die Deutsche Ausgleichsbank (DtA, *www.dta.de*) sowie die Förderbanken der Länder eine Reihe von Förderprogrammen für den Mittelstand an. Das Ziel der Programme ist die Steigerung der Wettbewerbsfähigkeit von kleinen und mittleren Unternehmen durch Unterstützung beim Aufbau und der Weiterentwicklung ihrer Betriebe, bei der Verbesserung der Umwelt sowie der Förderung der Innovationsfähigkeit.[221]

Die Beantragung der staatlichen Fördermittel erfolgt generell *vor* der geplanten Investition **über die Hausbank des Unternehmers**, die den Antrag weiterleitet, gewährte Fördermittel an den Antragsteller auszahlt und in der Regel das Ausfallrisiko trägt. Oftmals wird der Unternehmer von seiner Bank jedoch nicht auf die bestehenden Möglichkeiten wie

- zinsbegünstigte Darlehen zur Verbesserung der Eigenkapitalausstattung,
- Bereitstellung von Wagniskapital,

---

[221] Vgl. *BMWi (2001)*, S. 3.

- Erleichterung des Zugangs zu Fremdkapital über Bürgschaften,
- Zuschüsse und Zulagen für diverse Investitionsprogramme sowie
- Steuererleichterungen

hingewiesen.[222] Daher sollte sich der Unternehmer selbst aktiv über die infrage kommenden Förderprogramme informieren und seine Bank hierauf ansprechen. Öffentliche Fördermittel sind stets an bestimmte **Voraussetzungen** geknüpft, z. B. die Gründung oder Erweiterung eines Unternehmens, eine Umstellung auf umweltfreundliche Verfahren oder die Schaffung neuer Arbeitsplätze. Für einige Fördermittel ist die Stellungnahme einer unabhängigen, fachlich kompetenten Stelle (z. B. Kammer, Wirtschaftsprüfer, Steuerberater) erforderlich, die die Erfolgsaussichten des Vorhabens und die Qualifikation des Antragstellers beurteilt.

In Tabelle 31 und Tabelle 32 werden wichtige Förderdarlehen des Bundes vorgestellt. Diese Darlehen können teilweise miteinander oder mit weiteren Förderprogrammen der Länder oder des Bundes kombiniert werden.

Diese und weitere Förderprogramme sind oft genau auf die Bedürfnisse kleinerer und mittlerer Unternehmen (in verschiedenen Unternehmensphasen) „zugeschnitten". Durch ihre Nutzung können – insbesondere bei Existenzgründern – die Aussichten auf ein „gutes" Rating potenziell verbessert werden. Unternehmer sollten sich somit in jedem Fall mit den ihnen offen stehenden Förderprogrammen vertraut machen.

---

[222] Vgl. *Evers, J./Habschick, M. (2002)*, S. 12.

Programm	Verwendungszweck	Konditionen[223]
ERP-Eigenkapitalhilfe (DtA)	gewerbliche oder freiberufliche Existenzgründungen (keine Heilberufe) Kauf eines Unternehmens Erwerb einer tätigen Beteiligung (mit Geschäftsführerbefugnis) Festigungsinvestitionen innerhalb von zwei Jahren (alte Länder) bzw. vier Jahre (neue Länder) nach Gründung	Laufzeit: bis 20 Jahre tilgungsfreie Zeit: bis zehn Jahre Höchstbetrag: EUR 500.000 Sicherheiten: keine (Antragsteller haftet persönlich) Zinssatz: zehn Jahre fest (null Prozent Zins im 1. und 2. Jahr)
ERP-Existenzgründung (DtA)	gewerbliche oder freiberufliche Existenzgründungen (keine Heilberufe) Kauf eines Unternehmens Übernahme einer tätigen Beteiligung (mit Geschäftsführungsbefugnis) Festigungsinvestitionen innerhalb von drei Jahren nach Gründung Betriebsverlagerungen	Laufzeit: bis 20 Jahre tilgungsfreie Zeit: bis fünf Jahre Höchstbetrag: EUR 1 Mio. Sicherheiten: banküblich Zinssatz: unter allgemeinen Marktkonditionen, für zehn Jahre fest, vorzeitige Darlehensrückzahlung ohne Mehrkosten

---

[223] Stand September 2002. Die Konditionen sind meist abhängig von Standort und Art der Investition. Die aktuellen Konditionen sind auf den Internetseiten der Programmträger zu finden.

DtA-Existenzgründung (DtA)	gewerbliche oder freiberufliche Existenzgründungen Kauf eines Unternehmens Erwerb einer tätigen Beteiligung (mit Geschäftsführungsbefugnis) Festigungsinvestitionen innerhalb von acht Jahren nach Gründung Schaffung sozialversicherungspflichtiger Dauerarbeitsplätze und Ausbildungsplätze Betriebsverlagerungen	Laufzeit: bis 20 Jahre tilgungsfreie Zeit: bis 15 Jahre Höchstbetrag: EUR 2 Mio., EUR 25.000 je zusätzlichem Arbeitsplatz/Ausbildungsplatz Sicherheiten: banküblich Zinssatz: unter allgemeinen Marktkonditionen, für zehn Jahre fest
DtA-Existenzgründung – Betriebsmittelvariante (DtA)	Finanzierung von Betriebsmitteln innerhalb von acht Jahren nach der Gründung (z. B. Produktentwicklung, Markterschließungskosten, Auftragsvorfinanzierung)	Laufzeit: bis sechs Jahre tilgungsfreie Zeit: bis fünf Jahre Höchstbetrag: EUR 2 Mio. Sicherheiten: banküblich Zinssatz: unter allgemeinen Marktkonditionen, fester Zinssatz während der Laufzeit
DtA-Startgeld (DtA)	gewerbliche oder freiberufliche Existenzgründungen Kauf eines Unternehmens Übernahme einer tätigen Beteiligung Förderung auch bei einer anfänglichen Nebenerwerbstätigkeit möglich	Laufzeit: bis zehn Jahre tilgungsfreie Zeit: bis zwei Jahre Höchstbetrag: EUR 50.000 Sicherheiten: 80 % Haftungsfreistellung, ansonsten banküblich Zinssatz: relativ hoch

Tabelle 31: DtA-Förderdarlehen für Investitionsvorhaben in Deutschland[224]

---

[224] Vgl. *BMWi (2001)*, S. 28 ff. sowie *www.dta.de.* Vgl. auch *Evers, J./Habschick, M. (2002)*, S. 15 f.

Programm	Verwendungszweck	Konditionen[225]
KfW-Mittelstandsprogramm – Investitionen (KfW)	■ Unternehmensgründungen oder Investitionen gewerblich oder freiberuflich Tätiger sowie mittelständischer Unternehmen	Laufzeit: bis 20 Jahre tilgungsfreie Zeit: bis drei Jahre Höchstbetrag: i. d. R. EUR 5 Mio. Sicherheiten: banküblich Zinssatz: unter allgemeinen Marktkonditionen, fester Zinssatz während der Laufzeit
KfW-Mittelstandsprogramm – Liquiditätshilfe (KfW)	■ gewerblich oder freiberuflich Tätige sowie mittelständische Unternehmen mit vorübergehenden Finanzierungsengpässen ■ Ausweitung der Unternehmensaktivitäten (z. B. Vergrößerung des Warenlagers, Aufstockung der Betriebsmittel)	Laufzeit: bis sechs Jahre tilgungsfreie Zeit: bis ein Jahr Höchstbetrag: EUR 5 Mio. Sicherheiten: banküblich Zinssatz: unter allgemeinen Marktkonditionen, fester Zinssatz während der Laufzeit

---

[225] Stand September 2002. Die Konditionen sind meist abhängig von dem Standort und der Art der Investition. Die aktuellen Konditionen sind auf den Internetseiten der Programmträger zu finden.

KfW- Mittelstandsprogramm – Beschäftigung und Qualifizierung (KfW)	▦ gewerblich oder frei- beruflich Tätige so- wie mittelständische Unternehmen, die Maßnahmen im Be- reich Humankapital durchführen wollen, die der Schaffung neuer Arbeitsplätze und Qualifizierung der zusätzlichen Be- schäftigten dienen (nicht direkt an In- vestitionen gebun- den)	Laufzeit: bis zehn Jahre tilgungsfreie Zeit: bis zwei Jahre Höchstbetrag: EUR 50.000 pro zusätzlichem Arbeitsverhältnis, max. EUR 5 Mio. Sicherheiten: banküblich Zinssatz: unter allgemei- nen Marktkonditionen

Tabelle 32: KfW-Förderdarlehen für Investitionsvorhaben in Deutschland[226]

---

[226] Vgl. *BMWi (2001)*, S. 28 ff. sowie *www.kfw.de.* Vgl. auch *Evers, J./Habschick, M. (2002)*, S. 15 f.

I Zusammenfassung

Rating ist ein sehr komplexes Thema, das – bedingt durch das Basler Konsultationspapier (Basel II) – von nun an auch für mittelständische Unternehmen von großer Bedeutung sein wird. Unternehmen, die das Thema „Rating" nur vor dem Hintergrund zukünftiger Kreditverhandlungen sehen, unterliegen jedoch der Gefahr, eine große Chance zu vertun. Die Kriterien, die ein Rating determinieren, sollten vielmehr als Maßstab gesehen werden, an dem sich ein Unternehmen jetzt und auch in Zukunft ausrichten sollte. Dieser Praxisratgeber ist nicht nur ein Leitfaden zur Erlangung eines „besseren" Ratings und damit günstigerer Kreditkonditionen. Er bietet Unternehmern und ihren Beratern vielmehr darüber weit hinausgehende Ansatzpunkte zur positiven Gestaltung der Unternehmensentwicklung. Zur Bewältigung der anstehenden unternehmerischen Herausforderungen haben wir in den einzelnen Kapiteln, die weitestgehend unabhängig voneinander gelesen werden können, eine große Bandbreite von Themen behandelt, die direkt oder indirekt das Thema „Rating" betreffen.

Ausgangspunkt der Diskussion ist zunächst die allgemeine Klärung des Begriffs „Rating" und seine Einordnung in den Kontext von Basel II (vgl. Kapitel B). Es gilt nach Basel II der Grundsatz, dass Unternehmen mit einem guten Rating zukünftig bei der Kreditvergabe bessere Konditionen erlangen werden als Unternehmen mit einem schlechten Rating. Doch auch wenn Basel II nach aktuellem Stand erst 2006 starten wird, werden die Banken bereits vorher (vielfach schon heute) an Basel II angepasste Rating-Verfahren verwenden. Der Prozess der Kreditvergabe – vom Kreditantrag bis hin zum Kreditvertrag (vgl. Kapitel C) – wird sich durch die neuen Regelungen des Basler Konsultationspapiers verändern. Die Unternehmen müssen sich darauf einstellen, von den Banken zukünftig genauer „unter die Lupe" genommen zu werden.

Die meisten Banken werden im Zuge der Umsetzung von Basel II einen der IRB-Ansätze (IRB-Basisansatz oder fortgeschrittener IRB-

Ansatz) nutzen und damit zur Berechnung der aufsichtsrechtlich vorgeschriebenen Eigenkapitalunterlegung von Kreditrisiken auf die Bonitätsbeurteilung ihrer internen Rating-Verfahren zurückgreifen. In Kapitel D werden die Rating-Verfahren einer Vielzahl von Banken beschrieben. Dazu zählen:

- Deutsche Bank AG
- Dresdner Bank AG
- Commerzbank AG
- HypoVereinsbank AG
- Baden-Württembergische Bank AG
- DSGV – Sparkassen
- BVR – Volks- und Raiffeisenbanken

Darüber hinaus werden die Ansätze einer weiteren international tätigen Bank (Union Bank of Switzerland AG) sowie einer kleineren, regional tätigen Privatbank (Bankhaus Wölbern & Co.) dargestellt, um das Spektrum der Verfahren vollständig abzubilden.

Einige Banken werden sicherlich auch den Standardansatz wählen, wenngleich dieser zu einer nur gering differenzierten Eigenkapitalunterlegung führt und die Risiken einer Kreditherauslage damit nur sehr „grob" gegriffen werden. Diese Banken sind zur Berechnung der Eigenkapitalunterlegung von Kreditrisiken auf die Bonitätsbeurteilung einer externen Rating-Agentur (vgl. Kapitel E) angewiesen. Ein externes Rating kann jedoch auch unabhängig von einer bevorstehenden Kreditbeanspruchung für ein Unternehmen interessant sein, da es aus Sicht vieler Instanzen, z. B. von Investoren aus dem Ausland, zur Steigerung, Transparenz und der Güte einer Bewertung eines Unternehmens beitragen kann. Ein externes Rating ist allerdings sehr kostenintensiv, weshalb ein genauer Kosten-Nutzen-Vergleich erfolgen sollte, bevor sich ein Unternehmen für die Beauftragung einer Rating-Agentur entscheidet. Zu beachten ist darüber hinaus, dass Banken, die sich für die Anwendung des Standardansatzes entschieden haben, nur die Rating-Urteile aufsichtsrechtlich anerkannter Agenturen zur Berechnung der Eigenkapitalanforderung zur Absicherung von Kreditrisiken verwenden dürfen.

Um ein gutes Rating zu erhalten, ist es für ein Unternehmen unabdingbar, sich optimal auf einen Rating-Prozess vorzubereiten (Kapitel F). Dazu gehören etwa die Wahl der richtigen Bank oder die sorgfältige Erstellung der zur Kreditantragstellung benötigten Unterlagen. Jeder Unternehmer sollte zudem – nicht nur unmittelbar vor einem Kreditantrag – kritisch und offen hinterfragen, ob sein Unternehmen „Fit for Rating" ist. Dabei kann er sich insbesondere auf das von Ernst & Young entwickelte Easy-Rating stützen.

Welche Möglichkeiten bieten sich einem Unternehmen, wenn es zum jetzigen Zeitpunkt nicht mit einem hinreichend guten Rating und damit akzeptablen Kreditkonditionen rechnen kann? Die Ansätze hierzu sind, wie in Kapitel G im Einzelnen erläutert, vielfältig. Sie reichen von der Reduzierung des Anlagevermögens sowie der Vorräte, dem Ausbau des Forderungsmanagements oder dem Abschluss geeigneter Versicherungen bis hin zum Aufbau von Risikomanagement-, Qualitätsmanagement- oder Controllingsystemen. Trotz verschiedener kurzfristiger Handlungsmöglichkeiten zur positiven Beeinflussung eines Rating-Urteils sollte der Schwerpunkt der unternehmerischen Planung auf langfristigen Maßnahmen liegen, da dies nicht nur zu einem besseren Rating-Urteil, sondern allgemein zu einer Verbesserung der Wettbewerbsfähigkeit des Unternehmens und somit zu einer langfristigen Existenzsicherung führen kann.

Bankkredite sind bei kleinen und mittleren Unternehmen heute noch die am weitesten verbreitete Form der (Fremd-)Finanzierung. Aufgrund der modifizierten Rating-Prozesse, die durch die Umsetzung des Basler Konsultationspapiers begründet sind, gewinnen alternative Finanzierungsformen zunehmend an Bedeutung. Hierzu zählen etwa Leasing, der Verkauf von Forderungen oder die verschiedenen Formen der Beteiligungsfinanzierung. Vornehmlich Existenzgründern sowie Unternehmen, die einen Ausbau ihrer Geschäftsfelder planen, stehen darüber hinaus zahlreiche Förderprogramme des Bundes und der Länder offen. Diese Formen der Kapitalbeschaffung sind für viele Unternehmen neu bzw. unbekannt und werden, wie noch vielerorts beobachtet werden kann, (zu) selten in Erwägung gezogen. Kapitel H gibt daher einen Überblick über die verschiedenen Optionen zur Kapitalbeschaffung. Diese alternativen Finanzierungsformen können sich sowohl direkt positiv auf ein Rating-Urteil eines Unternehmens auswirken als auch indirekt, da sie den Bedarf an Bankkrediten insgesamt senken und i. d. R. die EK/FK-Relation verbessern.

Ein Praxisratgeber wie dieser kann und will nicht den Anspruch auf Vollständigkeit oder auf das Monopol „Der richtige Weg zum guten Rating" erheben. Unsere Intention war und ist es, Unternehmern, Leitern Rechnungswesen, kaufmännischen Leitern, Controllern, Steuerberatern, Wirtschaftsprüfern und Unternehmensberatern einen Leitfaden an die Hand zu geben, der ihnen als „Nachschlagewerk" rund um das Thema „Rating" dient.

Anhang

1   Risikogewichte in den IRB-Ansätzen

Januar-Formel	November-Formel

Fortgeschrittener Ansatz
RW = min {(LGD / 0,5) x **BRW**(PD)
    x [1 + **b**(PD) x (M - 3)]; 12,5 x LGD}   mit
 	
BRW(PD) = 9,765 x N(1,118 x G(PD) + 1,288)
    x (1 + 0,047 x (1 - PD) / PD$^{0.44}$) und
 	
b(PD) { = (0,0235 x (1 - PD)) / (PD$^{0.44}$ + 0,047
    x (1 - PD))   bei MTM
 	
    = { 7,6752 x PD² - 1,9211 x PD
    + 0,0774   für PD < 0,05   bei DM
    0   für PD >= 0,05
 	
Basisansatz
obige Gleichungen mit M = 3
	RW = K x 12.5 mit
	Capital requirement **K** = LGD x M x N[(1-R)$^{-0,5}$ x
	    G(PD) +(R / (1-R))^{0,5} x G(0,999)] mit
	
	Correlation **R** = 0,1 x (1 - e$^{-50 \times PD}$) / (1 - e^{-50}) +
	    + 0,2 x [1 - (1 - e$^{-50 \times PD}$) / (1 - e^{-50})] und
	
	M(PD) = 1 + 0,047 x (1 - PD) / PD$^{0.44}$
	
	PD = Ausfallwahrscheinlichkeit; Untergrenze
	        von 0,0003 außer bei Staaten
	LGD = Verlust bei Ausfall
	N(x) = Verteilungsfunktion der Standardnormal-
	        verteilung
	G(x) = Inverse von N(x)
	M = (Rest-)Laufzeit; Untergrenze 1 Jahr,
	        Obergrenze 7 Jahre
	DM = Default-Mode
	MTM = Mark to Market

Die endgültige Formel zur Berechnung des Risikogewichts in den IRB-Ansätzen liegt noch nicht vor. In obiger Abbildung sind die beiden Vorschläge aus dem Basler Papier vom Januar 2001[227] („Januar-Formel") und dem Proposal vom November 2001[228] („November-Formel") vergleichend gegenübergestellt.

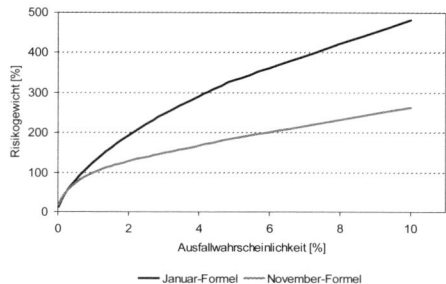

Abbildung 67: Vergleich der Risikogewichte nach der Januar- und November-Formel (LGD = 50 %)

---

[227] *Basel Committee of Supervision (2001).*
[228] *Basel Committee of Supervision (2001c).*

2 Vorbereitung auf ein Rating-Gespräch bei Volks- und Raiffeisenbanken

Vorbereitung auf das Rating-Gespräch[229]

Inhalt und Formulierung der Fragen richten sich an Unternehmen aller Branchen, Rechtsformen usw.; insofern können einige Fragen auf Ihre spezifische Situation nicht zutreffen.

Wirtschaftliche Verhältnisse

a) Jahresabschluss

Kapitaldienst-fähigkeit	Reicht der erweiterte Cashflow aus, um Entnahmen/Ausschüttungen, den Kapitaldienst und einen Eigenanteil für Ersatz-Investitionen zu erbringen?
Gesamtkapital-rendite	Ist die Kennziffer positiv und liegt der Wert über den Kreditzinsen?
Eigenkapital-quote	Wie hoch ist das Risikopolster für mögliche Verluste?
Anlagendeckung	Ist das Anlagevermögen vollständig langfristig und entsprechend seiner Nutzungsdauer finanziert?
Forderungsum-schlag	Nach wie viel Tagen bezahlen die Kunden?
Lagerumschlag	Wie oft schlägt sich das Warenlager um?
	Wie viel Kapital ist in den Vorräten gebunden?
Lieferantenziel	Nach wie viel Tagen werden die Lieferantenrechnungen bezahlt?

b) Private Vermögensverhältnisse

Vermögensauf-stellung	Hat die Bank eine umfassende Auflistung des Privatvermögens?
Netto-Vermögen	Verbleibt nach Abzug der Verbindlichkeiten ein positiver Saldo?
Regelmäßige Belastungen	Welche laufenden finanziellen Zahlungsverpflichtungen fallen für das Vermögen an?

---

[229] Vgl. *Badischer Genossenschaftsverband (2001)*, S. 13 ff.

Weitere Unternehmensentwicklung

a) Aktuelle Entwicklung

Betriebswirtschaftliche Auswertung (BWA)	Kann die aktuelle wirtschaftliche Entwicklung des Betriebs gegenüber der Bank zeitnah dargestellt werden?
	Gab es in der Entwicklung der Unternehmenszahlen in den letzten Monaten starke Veränderungen?
Auftragslage	In welcher Höhe liegen Aufträge vor?
	Wie lange sichern diese die Auslastung des Unternehmens?
Vorratsbestand	Gab es in den letzten Monaten bedeutende Veränderungen im Warenlager?

b) Unternehmensplanung/Ertragsplanung

Planungsprozess	Wird die künftige Entwicklung des Unternehmens in einer Planungsrechnung dargestellt?
	Erfolgt diese Planungsrechnung auf die Unternehmensverhältnisse bezogen in angemessenem Umfang?
	Wird zum Beispiel eine Umsatz- und Ertragsplanung, Liquiditätsplanung, Bilanzplanung durchgeführt?
	Wird die Jahresplanung auf unterjährige Abschnitte (Monat/Quartal) heruntergebrochen?
	Werden die aktuellen Zahlen (Umsätze, Aufwendungen, Ergebnis) mit der Planung abgeglichen (Soll/Ist-Vergleich)?
	Wie reagiert das Unternehmen auf Plan-Abweichungen?
Investitionen und Finanzbedarf	Werden Investitionen einschließlich des Finanz- und Liquiditätsbedarfs geplant?
	Wird der Investitions-, Finanz- und Liquiditätsbedarf regelmäßig bzw. rechtzeitig mit der Bank besprochen?
Branchen-/Marktentwicklung	Sind aktuelle und künftige Branchen-/Marktentwicklungen in die Planung eingeflossen?

c) Besondere Unternehmensrisiken

Versicherungs-schutz	Besteht für die folgenden Risiken ein ausreichender Versicherungsschutz?

- − Betriebsunterbrechung
- − Feuer
- − Einbruch, Diebstahl, Beraubung, Vandalismus
- − Forderungsausfälle
- − Betriebs- und Produkthaftpflicht

Garantiever-pflichtungen	Sind die Garantieverpflichtungen ausreichend durch Rückstellungen abgedeckt?
	Wie oft wurde das Unternehmen aus den übernommenen Garantieverpflichtungen in den vergangenen beiden Jahren in Anspruch genommen?
Umweltrisiken	Gibt es im Unternehmen Umweltrisiken aus dem Umgang mit gefährlichen Stoffen bzw. deren Entsorgung?
	Besteht dafür ein ausreichender Versicherungsschutz?

Kundenbeziehung

Kontoführung	In welchem Umfang wird der Kontokorrentkredit ausgeschöpft?
	Kommen Überziehungen des Kreditlimits vor?
Kundentranspa-renz/Informa-tionsverhalten	Wird die Bank immer zeitnah und rechtzeitig informiert?
	Geht die Initiative zur Information vom Unternehmen aus?
	Werden getroffene Vereinbarungen mit der Bank eingehalten?
	Werden Rückfragen der Bank durch aussagefähige Unterlagen vermieden bzw. kurzfristig beantwortet?

Management

a) Management und Unternehmen

Fachliche und kaufmännische Qualifikation	Wird das Unternehmen vom Inhaber, einem oder mehreren Gesellschaftern oder durch einen externen Geschäftsführer geleitet?
	Sind in der Geschäftsleitung die folgenden Kenntnisse im erforderlichen Umfang vorhanden?
	Betriebswirtschaft (Rechnungswesen, Kalkulation)
	Vertrieb
	Technik und Produktion
	(Fachausbildung, Meisterprüfung, technischer Hochschulabschluss)
Berufs- und Führungserfahrung	Wie lange sind die Geschäftsführer/Inhaber, auch bei anderen Unternehmen, in einer leitenden Position tätig?
	Wie viele Jahre hat die Geschäftsleitung Erfahrungen in der Branche gesammelt?
	Bestehen Belastungen aus dem familiären Umfeld der Geschäftsleitung bzw. der Hauptgesellschafter?
Mitarbeiter-Struktur	Wie viele Mitarbeiter (Voll- und Teilzeit) beschäftigt das Unternehmen?
	Wie ist der Ausbildungsstand der Mitarbeiter?
	Besteht ein Personalentwicklungsplan?
	Wie ist die Altersstruktur des Personalbestands?
	Wie viele Mitarbeiter verließen im vergangenen Jahr das Unternehmen bzw. wurden neu eingestellt?
Organisations-Struktur	Ist das Unternehmen größengerecht organisiert?
	Besteht eine zweite Führungsebene bzw. sind Vertretungsregelungen festgelegt?
Nachfolgeregelung	Beträgt die Zeitdauer bis zur vorgesehenen Betriebsübergabe weniger als zehn Jahre?
	Bestehen bereits konkrete Planungen zur Regelung der Unternehmensnachfolge/Unternehmensübergabe?

b) Rechnungswesen/Controlling

Aktualität und Vollständigkeit des Rechnungswesen	Ist die Buchhaltung des Unternehmens immer aktuell?
	Wie lange ist die Zeitdauer zwischen Leistungserstellung/Lieferung und Rechnungsstellung?
	Wie viele Forderungen sind älter als drei Monate (Anzahl und Betrag)?
Kalkulation, Kostenrechnung, Controlling	Besteht eine Kostenstellen- und Kostenartenrechnung?
	Werden die Preise für Lieferungen/Leistungen regelmäßig kalkuliert?
	Erfolgt eine Nachkalkulation, gegebenenfalls in Stichproben?
	Werden die aktuellen Daten mit den Ziel-/Planwerten verglichen?

Markt und Branche

a) Entwicklung

Markt- und Branchenentwicklung	Ist das Geschäftsgebiet des Unternehmens klar definiert?
	Welche Zielgruppe soll mit den Produkten/Leistungen erreicht werden?
	Wie erfolgt der Vertrieb?
	Wie viele Mitarbeiter sind am Markt aktiv?
	Wie grenzt sich das Unternehmen gegenüber den Mitbewerbern ab?
	Ist das Unternehmen typisch für die Branche?
Konjunkturabhängigkeit	Wie stark ist das Unternehmen von Konjunkturzyklen, auch der Abnehmer, betroffen?
	Wie reagiert der Betrieb auf Konjunkturschwankungen?

b) Abnehmer- und Lieferantenstreuung

Abhängigkeit vom Kunden	Wie viele Kunden hat das Unternehmen aktuell?
	Welcher Umsatzanteil entfällt auf die drei größten Kunden?
	In welchem Umfang bestehen längerfristige Liefer- und Absatzverträge?
	Wie hoch ist der Umsatzanteil öffentlicher Auftraggeber?
Abhängigkeit von Lieferanten	Wie viele Lieferanten hat das Unternehmen aktuell?
	Welcher Anteil des Materialeinkaufs entfällt auf die fünf größten Lieferanten?

c) Export- und Importrisiken

Währungsrisiken	Welcher Anteil des Umsatzes wird in Fremdwährung (nicht in Euro-Staaten) abgewickelt?
	Wie hoch ist der Anteil der in Fremdwährung zu zahlenden Lieferantenrechnungen?
	Werden die Kursrisiken aus den Fremdwährungen abgesichert?

d) Produkt und Sortiment

Produktgruppen	Wie viele verschiedene Produkte/Produktgruppen oder Dienstleistungen werden angeboten?
Produktlebenszyklen	Wie lange sind die angebotenen Produkte/ Leistungen bereits am Markt?
	Wie lange lassen sich die Produkte/Leistungen ohre maßgebliche Veränderung(en) am Markt absetzen?
Neuentwicklungen	Wird eine aktive Produktneu- und -weiterentwicklung betrieben?
	Sind die Abnehmer in die Entwicklung eingebunden?

e) Leistungsstandard

Standort	Kann sich das Unternehmen am jetzigen Standort weiter entwickeln?
	Bestehen räumliche Engpässe?
Produktionsabläufe/Lagerhaltung	Bestehen im Produktionsablauf wie in der Verwaltung weite und umständliche Wege im Unternehmen?
	Bedingt der Betriebsablauf häufige und lange Rüstzeiten?
	Werden die Produkte/Leistungen termingerecht fertig gestellt bzw. wie oft müssen noch Restarbeiten erledigt werden?
	Wie oft und in welchen Umfang müssen aufgetretene Mängel beseitigt werden?
	Wie weit ist das Anlagevermögen abgeschrieben?

3 Unterlagen zum Rating–Verfahren des Bankhaus Wölbern & Co.

Management und Unternehmensbeurteilung

Beurteilung	I	II	III	IV	V
a) Unternehmerbeurteilung					
Fachliche Eigenschaften					
Branchen-/Berufserfahrung	über 5 J.	bis 5 J.	bis 3 J.	1 - 3 J.	weniger
Führungserfahrung	über 5 J.	bis 5 J.	bis 3 J.	1 - 3 J.	weniger
Persönliche Eigenschaften					
Zuverlässigkeit/Vertragstreue/ Termintreue (K.o.-Kriterium)	100 %	> 90 %	> 75 %	> 50 %	< 50 %
Informationsverhalten (K.o.-Kriterium)	unaufge-fordert, weitge-hend inkl. Interna	weitge-hend inkl. Interna	umfang-reich, spezielle Bankun-terlagen	knapp, Nachfra-gen erfor-derlich	verwei-gert, nicht vorhan-den, ohne Aussage
Managementebene					
Fluktuation angestellter Führungskräfte	keine	niedrig (> 5 J.)	mittel (3 - 5 J.)	hoch (1 - 3 J.)	sehr hoch (< 1 J.)
Nachfolge (erforderlich ab 60 J.) geregelt, benannt, ak-zeptiert (K.o.-Kriterium)	all dies	geregelt, benannt, Akzep-tanz offen	geregelt, Suche läuft	verscho-ben	verdrängt
Aufgaben- und Ressortver-teilung, Vertretung auf der Leitungsebene	eindeutig, alles be-setzt	eindeutig, teilweise offen	gewach-sene Struk-turen	uneinheit-lich, „Erb-höfe"	unstruk-turiert, oder: nicht be-kannt
Unterstützung des Manage-ments und Sicherung der Handlungsfähigkeit bei plötz-lichem Ausfall des Manage-ments	100 % gegeben	> 90 %	> 75 %	> 50 %	< 50 %
Beirat/Aufsichtsrat (Geschäftsordnung?)	unab-hängig, qualifi-ziert, kritisch	unab-hängig, qualifi-ziert	bedingt qualifi-ziert/ nicht beur-teilbar	schwach, Alteigen-tümer, Senior im Beirat	kein

Beurteilung	I	II	III	IV	V
b) Unternehmensbeurteilung					
Aufbau- und Ablauforganisation					
Vorbereitung auf Störfälle/Sicherstellung der technischen Betriebsfortführung	100 %	> 90 %	> 75 %	> 50 %	< 50 %
Dokumentation von betriebsnotwendigem Know-how	100 %	> 90 %	> 75 %	> 50 %	< 50 %
Bindung von Know-how/Leistungsträgern	100 %	> 90 %	> 75 %	> 50 %	< 50 %
Rechnungswesen/Controlling/Kalkulation/Mahnwesen					
umfassend, aussagefähig durch: Liquiditätsplan, Finanzplan, Investitionsplan, Budget (K.o.-Kriterium)	100 %	> 90 %	> 75 %	> 50 %	< 50 %
tagfertig	100 %	> 90 %	> 75 %	> 50 %	< 50 %
Vor- und Nachkalkulation	konsequent, automatisiert, Fehlerabgleich	konsequent, manuell	nur bei Großaufträgen	nur Vorkalkulation	keine
Warenwirtschaft und Finanzbuchhaltung	integriertes System eingeführt	integriertes System in Vorbereitung	getrennte, funktionsfähige Systeme	getrennte, unübersichtliche Systeme	unübersichtlich
Zukunftsorientierung/Managementinformationssysteme/Finanzplanung					
realistische Planung mit Soll-Ist-Abgleich	100 %	> 90 %	> 75 %	> 50 %	< 50 %
jederzeit aktuell abrufbar	100 %	> 90 %	> 75 %	> 50 %	< 50 %
Prognosezuverlässigkeit	100 %	> 90 %	> 75 %	> 50 %	< 50 %
Personalwesen					
Fluktuation der Arbeitnehmer	keine	niedrig (> 5 J.)	mittel (3 - 5 J.)	hoch (1 - 3 J.)	sehr hoch (< 1 J.)

Markt und Branche/Produkt und Dienstleistung

Markt- und Branchenentwicklung (K.o.-Kriterium)	
relevanter Markt ist sehr schnell wachsend (mehr als 10 %), weiterhin gute Aussichten	I
relevanter Markt ist wachsend (5 bis 10 %), weiterhin gute Aussichten	II
relevanter Markt ist leicht wachsend (bis 5 %), weitere Aussichten günstig	III
relevanter Markt ist stagnierend, weiterhin Stagnation zu erwarten	IV
relevanter Markt ist rückläufig, Besserung nicht zu erwarten, Überkapazitäten	V
Konjunkturabhängigkeit	
keine Konjunkturabhängigkeit	I
geringe Konjunkturabhängigkeit, wenig anfällig gegen konjunkturelle Schwankungen	II
normale Konjunkturabhängigkeit, reagiert normal auf konjunkturelle Schwankungen	III
verstärkte Konjunkturabhängigkeit, reagiert in verstärktem Maße auf konjunkturelle Schwankungen	IV
starke Konjunkturabhängigkeit, jede kleinere konjunkturelle Schwankung führt zu starken Reaktionen	V
Abnehmer (K.o.-Kriterium)	
keine Abhängigkeit, sehr breite Streuung der Abnehmer (> 20) oder ausschließlich auftragsbezogene Produktion für diverse Abnehmer; keine Absatzrisiken; sehr gute Bonität der Abnehmer (BA: mehrere Positivmerkmale; VC = bis 130)	I
geringe Abhängigkeit, überwiegend breite Streuung (10 bis 20), Ausfall eines Abnehmers hat keinen Einfluss auf die Unternehmensentwicklung oder größtenteils auftragsbezogene Produktion; keine Absatzrisiken; gute Bonität der Abnehmer (BA: ein Positivmerkmal; VC = bis 200)	II
befriedigende Streuung (6 bis 9), Ausfall eines Abnehmers kann verkraftet werden oder überwiegend auftragsbezogene Produktion; geringe Absatzrisiken/Lagerproduktion; durchschnittliche Bonität der Abnehmer (BA: kein Negativmerkmal; VC = bis 300) oder Kreditversicherung	III
Abhängigkeiten gegeben, über 50 % des Umsatzes entfällt auf max. 5 Abnehmer; Absatz- und Lagerrisiken; eingeschränkte Bonität der Abnehmer (BA: ein Negativmerkmal; VC = bis 400)	IV
starke Abhängigkeit, der weit überwiegende Teil des Umsatzes entfällt auf max. 5 Abnehmer; hohe Absatzrisiken/Lagerproduktion; mangelhafte Bonität der Abnehmer (BA: mehrere Negativmerkmale; VC = bis 500)	V
Export (K.o.-Kriterium)	
gute Streuung über verschiedene Länder oder nur OECD-Länder und volle Zahlungsabsicherung	I
gute Streuung über mehrere Länder oder ausschließlich OECD-Länder und Zahlungsabsicherung der größeren Risiken	II
Streuung ausschließlich über OECD-Länder und teilweise Zahlungsabsicherung; bzw. kein Export	III
Streuung ausschließlich über OECD-Länder ohne Zahlungsabsicherung	IV
Risikoländer bzw. nicht OECD-Länder ohne bzw. mit nur geringer Zahlungsabsicherung	V

Lieferanten / Import (K.o.-Kriterium)	
keine Abhängigkeit, sehr breite Streuung der Lieferanten (über 20)	**I**
geringe Abhängigkeit, überwiegend breite Streuung (10 bis 20), Ausfall eines Lieferanten hat keinen Einfluss auf die Unternehmensentwicklung	**II**
befriedigende Streuung (2 bis 10), Ausfall eines Lieferanten kann verkraftet werden	**III**
Abhängigkeit gegeben, über 50 % des Umsatzes entfallen auf einen bis zwei Lieferanten	**IV**
starke Abhängigkeit, der weit überwiegende Teil des Umsatzes entfällt auf einen bis zwei Lieferanten	**V**
Import (K.o.-Kriterium)	
gute Streuung über verschiedene Länder oder nur OECD-Länder und Zahlungsab-sicherung/Liefergarantien	**I**
gute Streuung über mehrere Länder oder ausschließlich OECD-Länder und Liefergarantien für größere Risiken	**II**
Streuung ausschließlich über OECD-Länder und teilweise Liefergarantien; bzw. kein Import	**III**
Streuung ausschließlich über OECD-Länder ohne Liefergarantien	**IV**
Risikoländer bzw. nicht OECD-Länder ohne Liefergarantien	**V**
Konkurrenzintensität	
keine Konkurrenzintensität (alleiniger Anbieter am Markt)	**I**
geringe Konkurrenzintensität (gute Marktposition)	**II**
durchschnittliche Konkurrenzintensität (normaler Wettbewerb)	**III**
starke Konkurrenzintensität (Preiswettbewerb)	**IV**
sehr starke Konkurrenzintensität (starker Preiswettbewerb)	**V**
Produktion	
Produktion mit gutem Leistungsstandard	**I**
Produktion mit durchschnittlichem Leistungsstandard	**III**
Produktion mit schwachem Leistungsstandard	**V**
Produkt / Sortiment	
keine Mode-/Trendartikel, unbegrenzte Haltbarkeit, sehr hohe Fungibilität	**I**
keine Mode-/Trendartikel, lange Haltbarkeit, hohe Fungibilität	**II**
Mode-/Trendartikel in geringem Umfang, lange Haltbarkeit, durchschnittliche Fungibilität	**III**
Mode-/Trendartikel, begrenzte Haltbarkeit, eingeschränkte Fungibilität	**IV**
Mode-/Trendartikel, kurze Haltbarkeit, keine Fungibilität	**V**

Zukünftige Unternehmensentwicklung

Unternehmensentwicklung seit letzter Bilanz (K.o.-Kriterium)	
deutliche Verbesserung, Umsatz und Ertrag von hohem Niveau stark steigend (> +15 %)	I
Verbesserung, Umsatz und Ertrag auf hohem Niveau stabil bzw. steigend von befriedigendem Niveau (> +5 %)	II
keine wesentliche Verbesserung, stagnierender Ertrag	III
Verschlechterung, Umsatz- und/oder Ertragsrückgänge (< -10 %), eingereichte Unterlagen älter als drei Monate	IV
deutliche Verschlechterung, Umsatz- und/oder Ertragseinbrüche, eingereichte Unterlagen älter als sechs Monate	V
Liquidität (K.o.-Kriterium)	
hohe Liquiditätsreserven aus operativem Geschäft bzw. sehr gute Gewinnsituation (Umsatzrendite ab 5 %); Mittelentnahmen in sinnvollem Verhältnis zur Gewinnsituation	I
Liquiditätsreserven bzw. gute Gewinnsituation, es stehen ausreichend freie Kreditlinien zur Verfügung (Umsatzrendite ab 3 %)	II
geringer Liquiditätsüberschuss bzw. befriedigende Gewinnsituation, freie Kreditlinien zum Teil vorhanden (Umsatzrendite ab 1 %)	III
Liquidität angespannt, Überziehungen kommen vor, keine Gewinne	IV
Liquiditätsfehlbetrag bzw. hohe Verluste; Kreditlinien permanent ausgeschöpft bzw. überzogen, Scheckrückgaben; überzogene Mittelentnahmen	V
Investitions- und Finanzierungspolitik	
Unternehmen in einer Branche ohne nennenswertes Anlagevermögen; Dienstleister (ohne AV), Handel	0
deutlich erkennbare, langfristige Investitionen bei fristenkongruenter Finanzierung	I
vorhandene aber weniger ausgeprägte lfr. Investitionen; weitestgehende Fristenkongruenz bei der Finanzierung	III
keine lfr. Investitionen; Cashflow wird durch Verkauf von relevantem Betriebsvermögen generiert	V

Auswertung/Analyse des Anhangs zur Bilanz

Inanspruchnahme von Aktivierungswahlrechten / Bilanzierungshilfen	
keine Inanspruchnahme trotz bestehender Möglichkeiten	I
keine Möglichkeit zur Inanspruchnahme	III
Möglichkeiten zur Inanspruchnahme werden voll ausgeschöpft	V
Abschreibungsmethode	
konsequente Wahl der Methode mit dem größten Abschreibungswert	I
steuerliche Normal-AfA	III
konsequente Wahl der Methode mit dem geringsten Abschreibungswert	V
Abschreibungszeitraum	
kürzere Zeiträume	I
Bewertung neutral	III
längere Zeiträume	V
Abschreibung GWG	
sofortige Abschreibung	III
Ausnutzung längerer Zeiträume	V
Steuerliche Sonder-AfA	
konsequente Nutzung von Wahlrechten zur Sonder-AfA	I
keine Möglichkeit zur Nutzung von Sonder-AfA	III
keine Nutzung trotz bestehendem Wahlrecht	V
Zuschreibungen im Anlagevermögen (Wahlrecht)	
Verzicht auf Wahlrecht von Zuschreibungen	I
keine Möglichkeit von Zuschreibungen	III
konsequente Nutzung von Wahlrechten für Zuschreibungen	V
Bewertung der Herstellungskosten im Vorratsvermögen	
handelsrechtliche Wertuntergrenze	I
steuerrechtliche Wertuntergrenze	III
steuerrechtliche Wertobergrenze	V
Ausschöpfung von Passivierungswahlrechten	
Möglichkeiten zur Passivierung werden voll ausgeschöpft	I
keine Möglichkeit zur Nutzung	III
Verzicht auf mögliche Passivierungen	V
Passivierung von Pensionsrückstellungen	
vollständige Dotierung	III
deutliche Unterdotierung	V

4 Typische Kennzahlen

Bilanz (Gliederung angelehnt an § 266 Abs. 2 HGB)

Muster GmbH		Berichtsjahr EUR	Vorjahr EUR	Veränderung EUR
Aktiva				
A	***Anlagevermögen***	**1.396.790**	**1.375.580**	**21.210**
I.	Immaterielle Vermögensgegenstände	5.440	6.230	-790
II.	Sachanlagen	1.329.810	1.312.220	17.590
III.	Finanzanlagen	61.540	57.130	4.410
B	***Umlaufvermögen***	**2.044.700**	**1.968.380**	**76.320**
I.	Vorräte	1.165.220	1.186.090	-20.870
II.	Forderungen	541.040	186.400	354.640
	– davon kurzfristig (Laufzeit bis zu einem Jahr)	(241.040)	(51.910)	(189.130)
	– davon mittel- und langfristig (Laufzeit über einem Jahr)	(300.000)	(134.490)	(165.510)
	sonstige Vermögensgegenstände	10.380	64.800	-54.420
III.	Wertpapiere	70.000	70.000	0
IV.	Kassenbestand, Bundesbankguthaben, Guthaben bei Kreditinstituten und Schecks	258.060	461.090	-203.030
C	***Rechnungsabgrenzungsposten***	**0**	**6.040**	**-6.040**
Summe Aktiva		**3.441.490**	**3.350.000**	**91.490**
Passiva				
A	***Eigenkapital***	**600.160**	**579.560**	**20.600**
I.	Gezeichnetes Kapital	100.000	100.000	0
II.	Kapitalrücklagen	50.000	50.000	0
III.	Gewinnrücklagen	370.000	350.000	20.000
IV.	Gewinnvortrag / Verlustvortrag	4.560	21.260	-16.700
V.	Jahresüberschuss / Jahresfehlbetrag	75.600	58.300	17.300
Sonderposten mit Rücklageanteil		**0**	**0**	**0**
B	***Rückstellungen***	**1.351.800**	**1.343.190**	**8.610**
	1. für Pensionen und ähnliche Verpflichtungen	791.410	785.370	6.040
	2. Steuerrückstellungen	68.380	91.400	-23.020
	3. sonstige Rückstellungen	492.010	466.420	25.590
C	***Verbindlichkeiten***	**1.440.640**	**1.427.250**	**13.390**
	– davon kurzfristig (Laufzeit bis zu einem Jahr)	(240.490)	(222.380)	(18.110)
	– davon mittelfristig (Laufzeit zwischen zwei und fünf Jahren)	(280.460)	(240.300)	(40.160)
	– davon langfristig (Laufzeit über 5 Jahre)	(919.690)	(964.570)	(-44.880)
D	***Rechnungsabgrenzungsposten***	**48.890**	**0**	**48.890**
Summe Passiva		**3.441.490**	**3.350.000**	**91.490**

Erweiterte GuV-Rechnung (Gliederung angelehnt an § 275 Abs. 2 HGB, Gesamtkostenverfahren)

		Muster GmbH	Berichts-jahr EUR	Vorjahr EUR	Verände-rung EUR
	1.	Umsatzerlöse	8.601.040	8.002.560	598.480
±	2.	Bestandsveränderungen	0	0	0
+	3.	andere aktivierte Eigenleistungen	0	0	0
+	4.	sonstige betriebliche Erträge	160.860	187.340	-26.480
−	5.	Materialaufwand	2.528.410	2.671.940	-143.530
−	6.	Personalaufwand	4.010.980	3.767.870	243.110
−	7.	Abschreibungen	321.260	316.380	4.880
−	8.	sonstige betriebliche Aufwendungen	1.707.310	1.232.860	474.450
=		**Betriebsergebnis (EBIT)**	193.940	200.850	-6.910
	9.	Erträge aus Beteiligungen	0	0	0
+	10.	Erträge aus Wertpapieren und Ausleihungen des Finanzanlagevermögens	1.200	1.160	40
+	11.	Zinsen und ähnliche Erträge	27.400	27.400	0
−	12.	Abschreibungen auf Finanzanlagen und auf Wertpapiere des Umlaufvermögens	0	0	0
−	13.	Zinsen und ähnliche Aufwendungen	108.010	140.060	-32.050
=		**Finanzergebnis**	-79.410	-111.500	32.090
=	14.	**Ergebnis der gewöhnlichen Geschäftstätigkeit (EGT = EBIT + Finanzergebnis)**	114.530	89.350	25.180
	15.	außerordentliche Erträge	0	0	0
−	16.	außerordentliche Aufwendungen	0	0	0
=	17.	außerordentliches Ergebnis	0	0	0
−	18.	Steuern vom Einkommen und vom Ertrag	32.510	25.060	7.450
−	19.	sonstige Steuern	6.420	5.990	430
=	20.	**Jahresüberschuss / Jahresfehlbetrag (14±17-18-19)**	75.600	58.300	17.300
+		Abschreibungen (Pos. 7)	321.260	316.380	4.880
±		Veränderung Pensionsrückstellungen	6.040	5.890	150
=		**Cashflow (praxisnahe Berechnung)**	402.900	380.570	22.330

Definition wichtiger Größen

Eigenkapital	In der Berechnung der Kennzahlen setzt sich das Eigenkapital aus dem in der Bilanz unter der Position Passiva A (bilanzielles Eigenkapital) ausgewiesenen Betrag sowie 50 % des Sonderpostens mit Rücklageanteil zusammen.
Gesamtkapital/ Bilanzsumme Passiva	Eigenkapital + Sonderposten mit Rücklageanteil + Rückstellungen + Verbindlichkeiten + passiver Rechnungsabgrenzungsposten
Fremdkapital	Bilanzsumme - bilanzielles Eigenkapital (Passiva A) - 50 % des Sonderpostens mit Rücklageanteil
kurzfr. Fremdkapital	kurzfristige Verbindlichkeiten + Steuerrückstellungen + sonstige Rückstellungen + passiver Rechnungsabgrenzungsposten
mittelfr. Fremdkapital	50 % des Sonderpostens mit Rücklageanteil + mittelfristige Verbindlichkeiten
langfr. Fremdkapital	langfristige Verbindlichkeiten + Pensionsrückstellungen (Passiva B1)
liquide Mittel	Die liquiden Mittel umfassen sämtliche Bargeldbestände und Guthaben bei Kreditinstituten. Sie sind in der Position Aktiva B IV aufgelistet.
Cashflow	Der Cashflow spiegelt den Überschuss der Einnahmen über die Ausgaben wider, den das Unternehmen aus eigener Kraft erwirtschaftet hat. Die praxisnahe Berechnung erfolgt wie im Schema der erweiterten GuV-Rechnung auf Seite 291 dargestellt.
Zinsaufwand	Gezahlte Zinsen werden als Aufwand verbucht. Der Ausweis erfolgt in der GuV-Rechnung unter der Position Nr. 13.

Kennzahlen zur Vermögenslage

Eigenkapitalquote
Die Eigenkapitalquote ist das Verhältnis von Eigenkapital zu Gesamtkapital. Da die eigenen Mittel dem Unternehmen im Allgemeinen langfristig zu Verfügung stehen, gewährleisten sie eine hohe Dispositionsfreiheit und eine relative Unabhängigkeit von Fremdkapitalgebern. Des Weiteren ist das Eigenkapital, im Gegensatz zum Fremdkapital, nicht mit laufendem Kapitaldienst belastet.[230]

$$\text{Eigenkapitalquote} = \frac{\text{Eigenkapital}}{\text{Gesamtkapital}}$$

Muster GmbH

Berichtsjahr	Vorjahr
$\frac{\text{EUR } 600.160}{\text{EUR } 3.441.490} = 14{,}7\ \%$	$\frac{\text{EUR } 579.560}{\text{EUR } 3.350.000} = 14{,}7\ \%$

Fremdkapitalquote
Die Kennzahl „Fremdkapitalquote" wird auch Anspannungsgrad genannt und ist das „Inverse" zur Eigenkapitalquote. Die Fremdkapitalquote drückt das prozentuale Verhältnis von Fremdkapital zu Gesamtkapital aus. Die Summe aus Eigenkapitalquote und Fremdkapitalquote ergibt 100 %.

$$\text{Fremdkapitalquote} = \frac{\text{Fremdkapital}}{\text{Gesamtkapital}}$$

Muster GmbH

Berichtsjahr	Vorjahr
$\frac{\text{EUR } 2.841.330}{\text{EUR } 3.441.490} = 82{,}6\ \%$	$\frac{\text{EUR } 2.770.440}{\text{EUR } 3.350.000} = 82{,}7\ \%$

Anlagendeckungsgrad I, II und III
Das Anlagevermögen auf der Aktivseite wird durch das Kapital auf der Passivseite gedeckt. Da das Anlagevermögen grundsätzlich dau-

---

[230] Vgl. *Wöltje, J. (2001)*, S. 196.

ernd dem Betrieb dienen soll, sollte es auch langfristig finanziert sein. Diese Finanzierungsregel („goldene Bilanzregel") wird in den Anlagendeckungsgraden abgebildet.

Der Anlagendeckungsgrad I setzt das Eigenkapital, welches dem Betrieb am längsten zur Verfügung steht, in Beziehung zum Anlagevermögen. Diese Kennzahl hängt zum einen von der Anlagenintensität (vgl. unten) und zum anderen von der Branche ab.

$$\text{Anlagendeckungsgrad I} = \frac{\text{Eigenkapital}}{\text{Anlagevermögen}}$$

Muster GmbH

Berichtsjahr	Vorjahr
$\dfrac{\text{EUR } 600.160}{\text{EUR } 1.396.790} = 43,0 \%$	$\dfrac{\text{EUR } 579.560}{\text{EUR } 1.375.580} = 42,1 \%$

Der Anlagendeckungsgrad II setzt das dem Unternehmen langfristig zur Verfügung stehende Kapital (Eigenkapital und langfristiges Fremdkapital) in Beziehung zum Anlagevermögen. Da das Anlagevermögen dazu bestimmt ist, dauernd dem Betrieb zu dienen, sollte es auch langfristig finanziert sein. Der Anlagendeckungsgrad II sollte demnach mindestens 100 % betragen.

$$\text{Anlagendeckungsgrad II} = \frac{\text{Eigenkapital + langfr. Fremdkapital}}{\text{Anlagevermögen}}$$

Muster GmbH

Berichtsjahr	Vorjahr
$\dfrac{\text{EUR } 600.160 + \text{EUR } 1.711.100}{\text{EUR } 1.396.790} = 165,5 \%$	$\dfrac{\text{EUR } 579.560 + \text{EUR } 1.749.940}{\text{EUR } 1.375.580} = 169,3 \%$

Im Anlagendeckungsgrad III wird der Tatsache Rechnung getragen, dass sich nicht das gesamte Umlaufvermögen innerhalb eines Jahres umschlägt, sondern ein Teil der Vorräte für länger als ein Jahr Kapital im Unternehmen bindet.[231] Auch bei dieser Kennzahl wird ein Wert über 100 % gefordert.

---

[231] Vgl. *Coenenberg, A.G. (1997)*, S. 600.

$$\text{Anlagendeckungsgrad III} = \frac{\text{Eigenkapital} + \text{mittelfr. Fremdkapital} + \text{langfr. Fremdkapital}}{\text{Anlagevermögen} + \text{mittelfr. u. langfr. Forderungen}}$$

Muster GmbH

Berichtsjahr	Vorjahr
$\dfrac{\text{EUR } 600.160 + \text{EUR } 280.460 + \text{EUR } 1.711.100}{\text{EUR } 1.396.790 + \text{EUR } 300.000}$	$\dfrac{\text{EUR } 579.560 + \text{EUR } 240.300 - \text{EUR } 1.749.940}{\text{EUR } 1.375.580 + \text{EUR } 134.490}$
$= 152,7\ \%$	$= 170,2\ \%$

Anlagenintensität/Umlaufintensität

Wie viel Prozent das Anlagevermögen vom Gesamtvermögen ausmacht, beschreibt die Anlagenintensität. Entsprechend gibt die Umlaufintensität den Anteil des Umlaufvermögens am Gesamtvermögen wieder. Die Interpretation dieser Kennzahl ist stark branchenabhängig. Im produzierenden Gewerbe überwiegt aufgrund der hohen Mechanisierung im Allgemeinen die Anlagenintensität. Im Handel ist hingegen die Umlaufintensität tendenziell höher, was für eine gewisse betriebliche Flexibilität steht, da auf Veränderungen des unternehmerischen Umfelds schneller reagiert werden kann.

$$\text{Anlagenintensität} = \frac{\text{Anlagevermögen}}{\text{Anlagevermögen} + \text{Umlaufvermögen}}$$

Muster GmbH

Berichtsjahr	Vorjahr
$\dfrac{\text{EUR } 1.396.790}{\text{EUR } 1.369.790 + \text{EUR } 2.044.700} = 40,6\ \%$	$\dfrac{\text{EUR } 1.375.580}{\text{EUR } 1.375.580 + \text{EUR } 1.968.380} = 41,1\ \%$

$$\text{Umlaufintensität} = \frac{\text{Umlaufvermögen}}{\text{Anlagevermögen} + \text{Umlaufvermögen}}$$

Muster GmbH

Berichtsjahr	Vorjahr
$\dfrac{\text{EUR } 2.044.700}{\text{EUR } 1.369.790 + \text{EUR } 2.044.700} = 59,4\ \%$	$\dfrac{\text{EUR } 1.968.380}{\text{EUR } 1.375.580 + \text{EUR } 1.968.380} = 58,9\ \%$

Kennzahlen zur Finanzlage

Liquidität I, II und III
Die Liquiditätsgrade sollen darüber informieren, inwieweit das Unternehmen fähig ist, seinen kurzfristigen Verbindlichkeiten pünktlich und in voller Höhe nachzukommen. Unterschieden werden drei Liquiditätsgrade, die von der Barliquidität über die Liquidität auf kurze Sicht bis hin zur Liquidität auf mittlere Sicht reichen.[232]

$$\text{Liquidität I (Barliquidität)} = \frac{\text{liquide Mittel}}{\text{kurzfr. Fremdkapital}}$$

Muster GmbH

Berichtsjahr	Vorjahr
$\frac{\text{EUR } 258.060}{\text{EUR } 849.770} = 30{,}0\ \%$	$\frac{\text{EUR } 461.090}{\text{EUR } 780.200} = 59{,}1\ \%$

$$\text{Liquidität II (auf kurze Sicht)} = \frac{\text{liquide Mittel + kurzfr. Forderungen}}{\text{kurzfr. Fremdkapital}}$$

Muster GmbH

Berichtsjahr	Vorjahr
$\frac{\text{EUR } 258.060 + \text{EUR } 241.040}{\text{EUR } 849.770} = 30{,}0\ \%$	$\frac{\text{EUR } 461.090 + \text{EUR } 51.910}{\text{EUR } 780.200} = 65{,}8\ \%$

$$\text{Liquidität III (auf mittlere Sicht)} = \frac{\text{Umlaufvermögen}}{\text{kurzfr. Fremdkapital}}$$

Muster GmbH

Berichtsjahr	Vorjahr
$\frac{\text{EUR } 2.044.700}{\text{EUR } 849.770} = 240{,}6\ \%$	$\frac{\text{EUR } 1.968.380}{\text{EUR } 780.200} = 252{,}3\ \%$

Unabhängig von der Branche sollte für die Werte der einzelnen Liquiditätsgrade gelten: Liquidität I zwischen 50 % und 100 %, Liquidität II ≥ 100 % und Liquidität III ≥ 150 %.

---

[232] Vgl. *Coenenberg, A.G. (1997)*, S. 601ff.

Cashflow-Marge
Über die Umsätze fließen dem Unternehmen Finanzmittel zu. Über die Cashflow-Marge wird der Anteil berechnet, der im Unternehmen verbleibt und zur Selbstfinanzierung, Schuldentilgung o. Ä. zur Verfügung steht.[233]

$$\text{Cashflow-Marge} = \frac{\text{Cashflow}}{\text{Umsatz}}$$

Muster GmbH

Berichtsjahr	Vorjahr
$\dfrac{\text{EUR } 402.900}{\text{EUR } 8.601.040} = 4{,}7\ \%$	$\dfrac{\text{EUR } 380.570}{\text{EUR } 8.002.560} = 4{,}8\ \%$

Kennzahlen zur Ertragslage

Zinsdeckungsquote
Diese Kennzahl misst die Fähigkeit eines Unternehmens, den Zinsaufwand für Verbindlichkeiten zu zahlen. Sie wird durch Division des Betriebsergebnisses (EBIT) durch den Zinsaufwand berechnet. Eine niedrige Zinsdeckung kann einen zu hohen Fremdkapitalanteil anzeigen. Je höher die Deckung, desto größer die Sicherheit. Der Aussagewert dieser Kennzahl ist stark branchenabhängig.

$$\text{Zinsdeckungsquote} = \frac{\text{EBIT}}{\text{Zinsaufwand}}$$

Muster GmbH

Berichtsjahr	Vorjahr
$\dfrac{\text{EUR } 193.940}{\text{EUR } 108.010} = 179{,}6\ \%$	$\dfrac{\text{EUR } 200.850}{\text{EUR } 140.060} = 143{,}4\ \%$

Gesamtkapitalrentabilität
Um die Rendite des eingesetzten Kapitals zu berechnen, wird auf die Kennzahl der Gesamtkapitalrentabilität zurückgegriffen. Da das Ge-

---

[233] Vgl. *Wöltje, J, (2001)*, S. 205.

samtkapital aus Eigen- und Fremdkapital besteht, muss zum Ergebnis der gewöhnlichen Geschäftstätigkeit (EGT = Summe aus Betriebsergebnis und Finanzergebnis) der Zinsaufwand für das Fremdkapital wieder hinzugerechnet werden, der in der gleichen Periode erwirtschaftet wurde aber als Aufwand in der GuV-Rechnung den Jahresüberschuss schmälert.

$$\text{Gesamtkapitalrentabilität} = \frac{\text{EGT} + \text{Zinsaufwand}}{\text{Gesamtkapital}}$$

Muster GmbH

Berichtsjahr	Vorjahr
$\dfrac{\text{EUR } 114.530 + \text{EUR } 108.010}{\text{EUR } 3.441.490} = 6,5\%$	$\dfrac{\text{EUR } 89.350 + \text{EUR } 140.060}{\text{EUR } 3.350.000} = 6,8\%$

Eigenkapitalrentabilität

Für den Unternehmer ist es von großem Interesse zu wissen, wie viel Rendite das Eigenkapital in der Periode und vor Steuern erwirtschaftet hat; bei Personengesellschaften in seinem eigenen Interesse, bei Kapitalgesellschaften im Interesse der Anteilseigner.

$$\text{Eigenkapitalrentabilität} = \frac{\text{EGT}}{\text{Eigenkapital}}$$

Muster GmbH

Berichtsjahr	Vorjahr
$\dfrac{\text{EUR } 114.530}{\text{EUR } 600.160} = 19,1\%$	$\dfrac{\text{EUR } 89.350}{\text{EUR } 579.560} = 15,4\%$

Effektivverschuldung

Die Effektivverschuldung[234] gibt Auskunft darüber, in welchem Ausmaß Vermögensteile zu liquidieren wären, wenn alle Schulden getilgt werden sollen und die flüssigen Mittel sowie die kurzfristig beitreibbaren Forderungen zur Schuldentilgung bereits verwendet worden wären.

---

[234] Vgl. *Coenenberg A.G. (1997)*, S. 603.

```
Fremdkapital
- liquide Mittel
- Wertpapiere
- Forderungen (kurzfr.)
= Effektivverschuldung
```

Muster GmbH

Berichtsjahr			Vorjahr		
	EUR	2.841.330		EUR	2.770.440
-	EUR	258.060	-	EUR	461.090
-	EUR	70.000	-	EUR	70.000
-	EUR	241.040	-	EUR	51.910
	EUR	2.272.230		EUR	2.187.440

Dynamischer Verschuldungsgrad
Der Cashflow stellt den selbsterwirtschafteten Umsatzüberschuss des Unternehmens dar. Wenn nun die Effektivverschuldung in Beziehung zum Cashflow gesetzt wird, erhält man die Anzahl der Jahre, in denen eine vollständige Tilgung des Fremdkapitals durch die eigene Ertragskraft möglich wäre.[235]

$$\text{Dynamischer Verschuldungsgrad} = \frac{\text{Effektivverschuldung}}{\text{Cashflow}}$$

Muster GmbH

Berichtsjahr	Vorjahr
$\dfrac{\text{EUR } 2.272.230}{\text{EUR } 402.900} = 5,6 \text{ Jahre}$	$\dfrac{\text{EUR } 2.187.440}{\text{EUR } 380.570} = 5,7 \text{ Jahre}$

Umsatzrentabilität
Die Umsatzerlöse stellen die Haupteinnahmequelle des Unternehmens dar. Nun scheint es interessant zu erfahren, wie hoch der Gewinnbeitrag je Euro Umsatzerlös ist. Dies geschieht, indem man das EBIT ins Verhältnis zum Umsatz setzt.

---

[235] Vgl. *Coenenberg, A.G. (1997), S. 622.*

$$\boxed{\text{Umsatzrentabilität} = \frac{\text{EBIT}}{\text{Umsatz}}}$$

Muster GmbH

Berichtsjahr	Vorjahr
$\dfrac{\text{EUR } 193.940}{\text{EUR } 8.601.040} = 2{,}3\ \%$	$\dfrac{\text{EUR } 200.850}{\text{EUR } 8.002.560} = 2{,}5\ \%$

Aufwandskennzahlen

Materialaufwandsquote

Diese Kennzahl gibt an, welche Rolle der Materialeinsatz bei der Leistungserstellung spielt. Mit zunehmendem Kennzahlenwert im Zeitablauf steigt in der Regel die Abhängigkeit von Rohstofflieferanten und Zulieferern. Die Anfälligkeit gegenüber Materialpreissteigerungen erhöht sich ebenfalls mit zunehmendem Kennzahlenwert. Im Branchenvergleich alleine ist diese Kennzahl nicht sehr aussagekräftig, da erst eine Beobachtung über mehrere Jahre Rückschlüsse auf ihre Plausibilität zulässt.

$$\boxed{\text{Materialaufwandsquote} = \frac{\text{Materialaufwand}}{\text{Umsatz}}}$$

Muster GmbH

Berichtsjahr	Vorjahr
$\dfrac{\text{EUR } 2.528.410}{\text{EUR } 8.601.040} = 29{,}4\ \%$	$\dfrac{\text{EUR } 2.671.940}{\text{EUR } 8.002.560} = 33{,}4\ \%$

Personalaufwandsquote

Analog zur Materialaufwandsquote wird bei der Personalaufwandsquote der Anteil des Personalaufwands am Umsatz angegeben. Eine Zunahme der Kennzahl im Zeitablauf kann in der Regel als Verschlechterung der Ertragskraft gedeutet werden. Bei Betriebsvergleichen ist darauf zu achten, dass es regional starke Unterschiede im Lohn- und Gehaltsniveau gibt. Des Weiteren ist diese Kennzahl stark branchenabhängig.

$$\text{Personalaufwandsquote} = \frac{\text{Personalaufwand}}{\text{Umsatz}}$$

Muster GmbH

Berichtsjahr	Vorjahr
$\dfrac{\text{EUR } 4.010.980}{\text{EUR } 8.601.040} = 46,6\ \%$	$\dfrac{\text{EUR } 3.767.870}{\text{EUR } 8.002.560} = 47,1\ \%$

Zinsaufwandsquote

Die Zinsaufwandsquote liefert Aussagen über die Finanzierungsstruktur des Unternehmens. Sie ist abhängig vom Volumen und vom Zinssatz der Finanzierungsmittel.

$$\text{Zinsaufwandsquote} = \frac{\text{Zinsaufwand}}{\text{Umsatz}}$$

Muster GmbH

Berichtsjahr	Vorjahr
$\dfrac{\text{EUR } 108.010}{\text{EUR } 8.601.040} = 1,3\ \%$	$\dfrac{\text{EUR } 140.060}{\text{EUR } 8.002.560} = 1,8\ \%$

Abschreibungsquote

Abschreibungen stellen einen wesentlichen Teil der Selbstfinanzierungskraft des Unternehmens dar, da sie Aufwandscharakter besitzen, aber keine Kosten sind, d. h. durch sie kein realer Geldabfluss stattfindet. Abschreibungen werden über die Umsatzerlöse „verdient". Die Abschreibungsquote gibt Auskunft darüber, wie hoch der Anteil der „verdienten" Abschreibungen an den Umsatzerlösen ist.

$$\text{Abschreibungsquote} = \frac{\text{Abschreibungen}}{\text{Umsatz}}$$

Muster GmbH

Berichtsjahr	Vorjahr
$\dfrac{\text{EUR } 321.260}{\text{EUR } 8.601.040} = 3,7\ \%$	$\dfrac{\text{EUR } 316.380}{\text{EUR } 8.002.560} = 4,0\ \%$

5   Kopiervorlagen

Ist das Unternehmen „Fit for Rating"?						
Vergabe einer Punktzahl zwischen 1 und 5 für jede Frage. Die anschließende Addition und Übertragung in die unten stehende Skala zeigt, ob Handlungsbedarf besteht.						
nein	1	2	3	4	5	ja

Unternehmensorganisation

Ist der Unternehmensaufbau klar strukturiert und sind die Verantwortlichkeitsbereiche eindeutig definiert? [ ]

Sind die Angaben über die Unternehmensorganisation schriftlich fixiert und verständlich formuliert? [ ]

Wie handlungsfähig ist das Unternehmen in Krisensituationen? Gibt es Nachfolge- und Vertretungsregeln? [ ]

Zukunftsorientierung des Unternehmens

Liegt ein plausibles Geschäftsmodell und eine dokumentierte Gesamtstrategie vor? [ ]

Wird das Markt- und Wettbewerbsumfeld analysiert und fließen die gewonnenen Erkenntnisse in die Unternehmensplanung ein? [ ]

Verfügt das Unternehmen über eine aktive Beschaffungs- und Absatzsteuerung? [ ]

Gibt es ein dokumentiertes Personalkonzept für die Rekrutierung und Qualifikation von Mitarbeitern? [ ]

Sind die Produkte zukunftsfähig? [ ]

Controllinginstrumente

Gibt es eine unternehmensweit einheitliche und zeitnahe Berichterstattung mit regelmäßigen Soll-Ist-Vergleichen? [ ]

Gibt es Planungsrechnungen (z.B. eine Plan-Erfolgsrechnung, Plan-Bilanz) für die nächsten drei Jahre? [ ]

Sind die vom Controlling gelieferten Daten zuverlässig und von ihrer Prognosequalität ausreichend? [ ]

Findet eine ständige Liquiditätsüberwachung unter Zuhilfenahme eines Liquiditätsplans statt? [ ]

Verfolgt das Unternehmen eine geschäfts- und risikoorientierte Finanzierungsstrategie? [ ]

Dokumentation der wirtschaftlichen Verhältnisse

Können die für die Bestimmung von Kennzahlen aus dem Jahresabschluss notwendigen Einzelinformationen problemlos bereitgestellt werden? Sind diese Kennzahlen über die vergangenen drei Jahre vergleichbar? [ ]

Findet ein regelmäßiges und zeitnahes Berichtswesen an Kreditinstitute statt? [ ]

Kann die Berichterstattung nach Segmenten aufgeteilt werden? [ ]

Wird die Ertragslage nach Risiko- und Erfolgsfaktoren analysiert? [ ]

Gibt es eine konsolidierte Unternehmensrechnung? [ ]

Summe [ ]

5	10	15	20	25	30	35	40	45	50	55	60	65	70	75	80	85	90

Vor einem Kreditantrag sollten Maßnahmen zur Optimierung des Ratings ergriffen werden.

Das Unternehmen ist noch nicht ganz auf die Anforderungen eines Ratings vorbereitet

Das Unternehmen wird den Anforderungen eines Ratings gerecht.

Wahl der richtigen Bank

(Name der Bank)

(Anschrift)

(Ansprechpartner)

(Telefonnummer)

Was sind die Vergleichmaßstäbe für die Beurteilung der Kriterien?

	ja	nein
Sektoren (Dienstleistung, Handel, Produktion u.a.)	☐	☐
Branche / Teilbranche	☐	☐
Unternehmensgröße	☐	☐
Rechtsform	☐	☐
Unternehmensalter	☐	☐
Standort / regionaler Wirtschaftsraum	☐	☐
	☐	☐

Welchen Einfluss haben die verschiedenen Kriterien(-Gruppen) auf das Rating-Urteil?

Kriterium / Gewichtung	stark	mittel	niedrig	gar nicht
finanzielle Situation (aus Bilanz, GuV, BWA)	☐	☐	☐	☐
Prognosen und Prognosestabilität	☐	☐	☐	☐
Management und Strategie	☐	☐	☐	☐
Kommunikation und Transparenz	☐	☐	☐	☐
Unternehmensorganisation	☐	☐	☐	☐
Rechnungswesen und Controlling	☐	☐	☐	☐
Produkte und Marktstellung	☐	☐	☐	☐
Branche und Wettbewerbssituation	☐	☐	☐	☐

Welche Kriterien werden im Einzelnen berücksichtigt?

I. Kennzahlen aus der Jahresabschlussanalyse	ja	nein
Vermögenslage		
Eigenkapitalquote	☐	☐
Verschuldungsgrad	☐	☐
Anlagendeckungsgrad	☐	☐
Selbstfinanzierungsgrad	☐	☐
Rücklagenanteil	☐	☐
Finanzlage		
Cashflow-Rate	☐	☐
Liquidität	☐	☐
Schuldentilgungsdauer	☐	☐
Debitoren- / Kreditorenlaufzeit	☐	☐
Ertragslage		
Jahresüberschuss	☐	☐
Eigenkapitalrentabilität	☐	☐
Umsatzrendite	☐	☐
Gesamtkapitalrentabilität	☐	☐
Personalaufwandsquote	☐	☐
Zinsdeckung	☐	☐
Sonstige		
	☐	☐
	☐	☐
	☐	☐
	☐	☐

II. Beurteilung der Managementqualität	ja	nein
fachliche und persönliche Qualifikation		
Branchenerfahrung der Geschäftsführung	☐	☐
kaufmännische und technische Qualifikation des Geschäftsführers / Unternehmers / Managers		
Führungsstruktur	☐	☐
Entscheidungskompetenz	☐	☐
Besetzung / Qualifikation der 2. Führungsebene	☐	☐
Erfahrung, Führungsqualität und Steuerung	☐	☐
Zuverlässigkeit	☐	☐
SCHUFA-Auskunft (von den Geschäftsleitungs- und / oder Organmitgliedern)	☐	☐
Nachfolgeproblematik		
Nachfolgeregelung	☐	☐
Alter des Unternehmers / der Geschäftsleitung und / oder der Organmitglieder	☐	☐
persönliche Angaben	☐	☐
Kommunikation Unternehmen / Kreditinstitut		
Dauer der Kundenbeziehung	☐	☐
Hausbankbeziehung	☐	☐
Informationsverhalten / Transparenz	☐	☐
Zahlungsmoral des Antragstellers	☐	☐
Kontoführung und -entwicklung / Kontodatenanalyse	☐	☐
Kapitaldienstfähigkeit	☐	☐
Sonstige		
	☐	☐
	☐	☐
	☐	☐
	☐	☐

III. Qualitative Unternehmensbewertung	ja	nein
Unternehmensorganisation		
Qualität des Rechnungswesens	☐	☐
Qualität des Controllings	☐	☐
Qualität der Informationen / Transparenz	☐	☐
Effizienz der Produktion	☐	☐
Allgemeines		
Rechtsform	☐	☐
Alter des Unternehmens	☐	☐
Unternehmensentwicklung		
aktuelle Geschäftsentwicklung / BWA (auch im Branchen-vergleich)	☐	☐
Trend der Unternehmensentwicklung der letzten drei bis fünf Jahre	☐	☐
Auftragseingänge / Auftragsentwicklung	☐	☐
Ausnutzung / Auslastung	☐	☐
Strategien und Konzepte	☐	☐
Planungs- und Prognosestabilität	☐	☐
Forschung und Entwicklung / Produktinnovation	☐	☐
Sonstige		
	☐	☐
	☐	☐
	☐	☐
	☐	☐

IV. Marktbeurteilung	ja	nein
Produkt und Dienstleistung		
Produktqualität	☐	☐
Produktlebenszyklus	☐	☐
Dienstleistungs- und Servicequalität	☐	☐
Konkurrenzfähigkeit der Produkte / der Dienstleistungen	☐	☐
Produktionsanlagen / -abläufe	☐	☐
Preis-Leistungs-Verhältnis	☐	☐
Substitutionsgefahr	☐	☐
Deckungsbeiträge der einzelnen Produkte	☐	☐
Sortiment	☐	☐
Umweltaspekte	☐	☐
Abnehmer und Lieferanten		
Abnehmerabhängigkeit	☐	☐
Lieferantenabhängigkeit	☐	☐
Bonität der Abnehmer	☐	☐
Bonität der Lieferanten	☐	☐
Abhängigkeiten von anderen Branchen	☐	☐
Konkurrenz / Markt		
Konkurrenzsituation (national und international)	☐	☐
Konjunkturabhängigkeit und Saisonabhängigkeit	☐	☐
Branchen- und Marktentwicklung	☐	☐
Marktstellung / Marktanteil	☐	☐
Marktbarrieren	☐	☐
Preisentwicklung der Branche	☐	☐
Vertriebskonzept und -organisation	☐	☐
Aussichten der Branche (kurz-, mittel- und langfristig)	☐	☐
Kapitalauslastung	☐	☐
Risiken		
Export- / Importrisiken	☐	☐
Wechselkursrisiken	☐	☐
Umwelt-, Haftungs-, Konzern- und Investitionsrisiken	☐	☐
Sonstige		
	☐	☐
	☐	☐
	☐	☐
	☐	☐

Benötigte Unterlagen

Bank _____

Vorlagetermin _____

	Anforderungen / Umfang
☐　Strategiepapier	
☐　Jahresabschlüsse der letzten ____ Jahre	
☐　Betriebswirtschaftliche Auswertung (BWA)	
☐　Planungen für die nächsten ____ Jahre	
☐　Liquiditäts- / Finanzplan	
☐　Investitionsplan	
☐　Umsatz- / Kostenplan	
☐　persönliche Angaben	
☐　Unternehmensbeschreibung	
☐　Handelsregisterauszug	

	Anforderungen / Umfang
☐ Businessplan	
☐ Darstellung der Unternehmensorganisation	
☐ detaillierte Angaben zu den einzelnen Geschäftsbereichen	
☐ aktuelle Summen- und Saldenliste	
☐ aktuelle Forderungsaufstellung	
☐ aktuelle Verbindlichkeiten	
☐ Beteiligungen	
☐ Ehevertrag	
☐ Angaben zu Patenten / Patenturkunden	
☐ Darstellung des Produktangebots / der Dienstleistungen	
☐ Kopien von Versicherungspolicen	

Durchführung des Easy-Ratings

Das Easy-Rating kann von Ihnen schnell und einfach durchgeführt werden. Als Informationen benötigen Sie lediglich die Bilanz und GuV zum letzten Bilanzstichtag sowie des Vorjahres. Die Kopiervorlagen gliedern sich wie folgt: Auf den Seiten 313 und 314 werden die Ergebnisse der einzelnen Teilratings zusammengetragen. Die Verdichtung zum Gesamtrating erfolgt auf Seite 315. Diese drei Seiten stellen das eigentliche Rating dar und können vom Unternehmer sowie eventuell dem Steuerberater unterzeichnet werden. Die Seiten 316 bis 318 sind die Formvorlagen für die Bilanz, die GuV-Rechnung und die Kennzahlenberechnung. Im Anschluss daran sind auf den Seiten 319 bis 327 die Fragestellungen für die einzelnen Kriterien der drei Teilratings abgebildet.

1. Übertragen Sie die Bilanz und die GuV-Rechnung in die dafür vorgesehenen Formvorlagen (Seite 316 für die Bilanz und Seite 317 für die GuV-Rechnung).
2. Berechnen Sie die entsprechenden Kennzahlen. Sie können dafür die Formvorlage auf Seite 318 (Berechnung der Kennzahlen) verwenden.
3. Die drei Teilratings setzen sich aus verschiedenen Kriterien (Seiten 319 bis 327) zusammen, die nach einem Punktevergabesystem bewertet werden. Dazu sind zu jedem Kriterium die mögliche Maximalpunktzahl sowie verschiedene Fragestellungen mit entsprechenden Teilpunkten vorgegeben.
- Beantworten Sie alle Fragen zu einem Kriterium anhand der drei vorgegebenen Ausprägungen. Eine Markierung der ersten Zahl bedeutet eine für das Unternehmen positive Antwort, eine Markierung der letzten eine eher negative.
- Zur Einschätzung der Kennzahlen zur Vermögens-, Finanz- und Ertragslage in Teilrating I können die Vergleichsmaßstäbe (getrennt nach produzierendem Gewerbe, Dienstleistung und Handel) auf Seite 328 herangezogen werden.

4. Die Punkte, die für jedes Kriterium vorgesehen sind, übertragen Sie in die entsprechenden Vorlagen auf den Seiten 313 und 314. Bilden Sie nun die Summen über „Chancen/Stärken" bzw. „Risiken/Schwächen" der einzelnen Teilratings.

5. Die Teilrating-Noten finden Sie im Schnittpunkt der entsprechenden Zeile und Spalte in der Rating-Überleitungsmatrix (vgl. Seite 314). *Beispiel: Im Teilrating I ermittelten Sie als Summe der „Chancen/Stärken" 58 und bei den „Risiken/Schwächen" 34. Die in der Matrix ermittelte 4 würden Sie nun in das Gesamtrating auf Seite 315 eintragen.*

6. Multiplizieren Sie die drei Teilrating-Noten mit den entsprechenden Gewichtungsfaktoren.

7. Addieren Sie die gewichteten Teilrating-Noten und bestimmen Sie Ihr Rating-Urteil anhand der auf Seite 315 abgebildeten Tabelle. *Beispiel: Ein Wert von 2,7 führt zur Rating-Stufe „BBB".*

Unternehmen _____   Berichtsjahr _____

Teilrating I „Wirtschaftliche Verhältnisse (quantitative Unternehmensbewertung)"

Chancen / Stärken	
Vermögenslage	
Finanzlage	
Ertragslage	
Entwicklung seit der letzten Bilanz	
Plan-Bilanz / -GuV	
Summe	

Risiken / Schwächer	
Bilanzierungsverhalten	
Kontoführung	
Planungs- und Prognose-qualität	
Zins- und Währungsrisiken	
Adressenausfallrisiken	
Sachanlageschäden durch exogene Einflüsse	
Summe	

(Wert aus der Rating-Überleitungsmatrix, zu übertragen in das Gesamtrating)

Teilrating II „Qualitative Unternehmensbewertung"

Chancen / Stärken	
Management	
Strategie	
Organisation und Prozesse	
Rechnungswesen und Controlling	
Risikomanagement und Frühwarnsystem	
Kernkompetenz (Organisation)	
Mitarbeiter	
Summe	

Risiken / Schwächen	
Nachfolgeregelung	
Mitarbeiterfluktuation und Facharbeitermangel	
Bedrohung von Erfolgs-potenzialen	
Absatzmarktrisiken	
Beschaffungsmarktrisiken	
Summe	

(Wert aus der Rating-Überleitungsmatrix, zu übertragen in das Gesamtrating)

Unternehmen _____ Berichtsjahr _____

Teilrating III „Branchen-, Produkt- und Umfeldanalyse"

Chancen / Stärken	
Branche	
Produkt- und Dienst-leistung	
Kernkompetenzen (Forschung/Entwicklung und Produktion)	
Qualitätsmanagement	
Service	
Standort	
Summe	

Risiken / Schwächen	
Markteintritt neuer Wettbewerber	
Substitutionsgefahr	
Haftungsrisiken	
technische Risiken	
Summe	

(Wert aus der Rating-Überleitungsmatrix,zu übertragen in das Gesamtrating)

Rating-Überleitungsmatrix

		Chancen / Stärken				
		0-19	20-39	40-59	60-79	≥ 80
Risiken / Schwächen	0-19	6	6	6	5	5
	20-39	6	5	4	4	4
	40-59	6	4	4	3	3
	60-79	5	4	3	2	2
	≥ 80	5	4	3	2	1

Unternehmen _____ Berichtsjahr _____

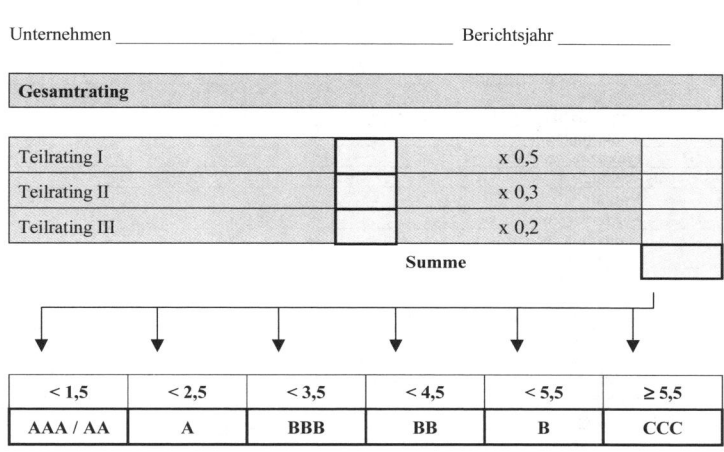

Gesamtrating			

Teilrating I		x 0,5	
Teilrating II		x 0,3	
Teilrating III		x 0,2	
	Summe		

< 1,5	< 2,5	< 3,5	< 4,5	< 5,5	≥ 5,5
AAA / AA	A	BBB	BB	B	CCC

 **Ihr Rating**

Rating-Stufen	Beschreibung
AAA / AA	hohe Bonität, geringes Ausfallrisiko
A	überdurchschnittliche Bonität, etwas erhöhtes Risiko
BBB	noch gute Bonität, mittleres Risiko
BB	vertretbare Bonität, erhöhtes Risiko
B	schlechte Bonität, sehr hohes Risiko
CCC	geringste Bonität, höchstes Risiko

Datum _____ Unterschrift _____
　　　　　　　　　　　　　　　　　　　(Unternehmer)

　　　　　　　　　　　　　　　　Unterschrift _____
　　　　　　　　　　　　　　　　　　　(Steuerberater)

315

Bilanz (Gliederung angelehnt an § 266 Abs. 2 HGB)

	Berichtsjahr EUR	Vorjahr[1] EUR	Veränderung EUR
Aktiva			
A Anlagevermögen			
I. Immaterielle Vermögensgegenstände			
II. Sachanlagen			
III. Finanzanlagen			
B Umlaufvermögen			
I. Vorräte			
II. Forderungen			
– davon kurzfristig (Laufzeit bis zu einem Jahr)			
– davon mittel- und langfristig (Laufzeit über einem Jahr)			
sonstige Vermögensgegenstände			
III. Wertpapiere			
Kassenbestand, Bundesbankguthaben, Guthaben bei Kreditinstituten und			
IV. Schecks			
C Rechnungsabgrenzungsposten			
Summe Aktiva			
Passiva			
A Eigenkapital			
I. Gezeichnetes Kapital			
II. Kapitalrücklagen			
III. Gewinnrücklagen			
IV. Gewinnvortrag / Verlustvortrag			
V. Jahresüberschuss / Jahresfehlbetrag			
Sonderposten mit Rücklageanteil			
B Rückstellungen			
für Pensionen und ähnliche Verpflichtungen			
Steuerrückstellungen			
sonstige Rückstellungen			
C Verbindlichkeiten			
– davon kurzfristig (Laufzeit bis zu einem Jahr)			
– davon mittelfristig (Laufzeit zwischen zwei und fünf Jahren)			
– davon langfristig (Laufzeit über 5 Jahre)			
D Rechnungsabgrenzungsposten			
Summe Passiva			

[1] Von den Vorjahreszahlen wird im Hinblick auf die Durchführung des Ratings nur die Position „Passiva B1" benötigt, um die Veränderung der Pensionsrückstellungen berechnen zu können. Diese Größe geht in die anschließende Cashflow-Berechnung ein.

Erweiterte GuV-Rechnung
(Gliederung angelehnt an §275 Abs. 2 HGB, Gesamtkostenverfahren)

			Berichts-jahr EUR	Vorjahr[1] EUR	Verände-rung EUR
	1.	Umsatzerlöse			
±	2.	Bestandsveränderungen			
+	3.	andere aktivierte Eigenleistungen			
+	4.	sonstige betriebliche Erträge			
−	5.	Materialaufwand			
−	6.	Personalaufwand			
−	7.	Abschreibungen			
−	8.	sonstige betriebliche Aufwendungen			
=		**Betriebsergebnis (EBIT)**			
	9.	Erträge aus Beteiligungen			
+	10.	Erträge aus Wertpapieren und Ausleihungen des Finanzanlagevermögens			
+	11.	Zinsen und ähnliche Erträge			
−	12.	Abschreibungen auf Finanzanlagen und auf Wertpapiere des Umlaufvermögens			
−	13.	Zinsen und ähnliche Aufwendungen			
=		**Finanzergebnis**			
=	14.	**Ergebnis der gewöhnlichen Geschäftstätigkeit (EGT = EBIT + Finanzergebnis)**			
	15.	außerordentliche Erträge			
−	16.	außerordentliche Aufwendungen			
=	17.	außerordentliches Ergebnis			
−	18.	Steuern vom Einkommen und vom Ertrag			
−	19.	sonstige Steuern			
=	20.	**Jahresüberschuss / Jahresfehlbetrag (14±17-18-19)**			
+		Abschreibungen (Pos. 7)			
±		Veränderung Pensionsrückstellungen			
=		**Cashflow (praxisnahe Berechnung)**			

[1] Die Vorjahreszahlen und die Differenzenberechnung sind nicht ratingrelevant. Sie ermöglichen jedoch die Beurteilung der Entwicklung des Berichtsjahres gegenüber dem Vorjahr.

Für die Kennzahlen im Vorfeld zu berechnende Größen

Gesamtkapital	entspricht der Bilanzsumme
Eigenkapital	bilanzielles Eigenkapital (Passiva A) + 50 % Sonderposten mit Rücklageanteil
Fremdkapital	Bilanzsumme - Eigenkapital
kurzfristiges Fremdkapital	kurzfristige Verbindlichkeiten + Steuerrückstellungen + sonstige Rückstellungen + passive Rechnungsabgrenzung
mittelfristiges Fremdkapital	50 % Sonderposten mit Rücklageanteil + mittelfristige Verbindlichkeiten
langfristiges Fremdkapital	langfristige Verbindlichkeiten + Pensionsrückstellungen
Effektivverschuldung	Fremdkapital - liquide Mittel - Wertpapiere - kurzfristige Forderungen

Kennzahlen zur Vermögenslage

Eigenkapitalquote	$\dfrac{\text{Eigenkapital}}{\text{Gesamtkapital}}$	= _____ %
Anlagendeckungsgrad I	$\dfrac{\text{Eigenkapital}}{\text{Anlagevermögen}}$	= _____ %
Anlagendeckungsgrad II	$\dfrac{\text{EK + langfr. FK}}{\text{Anlagevermögen}}$	= _____ %

Kennzahlen zur Finanzlage

Liquidität I	$\dfrac{\text{liquide Mittel}}{\text{kurzfr. FK}}$	= _____ %
Liquidität II	$\dfrac{\text{liMi + kurzfr. Ford.}}{\text{kurzfr. FK}}$	= _____ %
Liquidität III	$\dfrac{\text{Umlaufvermögen}}{\text{kurzfr. FK}}$	= _____ %
Cashflow-Marge	$\dfrac{\text{Cashflow}}{\text{Umsatz}}$	= _____ %

Kennzahlen zur Ertragslage

Zinsdeckungsquote	$\dfrac{\text{EBIT}}{\text{Zinsaufwand}}$	= _____ %
Gesamtkapitalrentabilität	$\dfrac{\text{EGT + Zinsaufwand}}{\text{Gesamtkapital}}$	= _____ %
Umsatzrentabilität	$\dfrac{\text{EBIT}}{\text{Umsatz}}$	= _____ %
dynamischer Verschuldungsgrad	$\dfrac{\text{Effektivverschuldung}}{\text{Cashflow}}$	= _____ Jahre

---

Teilrating I, Chancen / Stärken

Vermögenslage	(max. 20 Punkte)	

Die Bewertung der Kennzahlen zur Vermögenslage des Unternehmens sollte im Vergleich zum Branchendurchschnitt sowie unter Berücksichtigung von Unternehmensgröße und Rechtsform erfolgen.

Eigenkapitalquote	gut (10)	mittel (5)	schlecht (0)
Anlagendeckungsgrad I	gut (5)	mittel (2,5)	schlecht (0)
Anlagendeckungsgrad II	gut (5)	mittel (2,5)	schlecht (0)

Finanzlage	(max. 20 Punkte)	

Die Bewertung der Kennzahlen zur Finanzlage des Unternehmens sollte im Vergleich zum Branchendurchschnitt sowie unter Berücksichtigung von Unternehmensgröße und Rechtsform erfolgen.

Liquidität I	gut (5)	mittel (2,5)	schlecht (0)
Liquidität II	gut (5)	mittel (2,5)	schlecht (0)
Liquidität III	gut (5)	mittel (2,5)	schlecht (0)
Cashflow-Marge	gut (5)	mittel (2,5)	schlecht (0)

Ertragslage	(max. 25 Punkte)	

Die Bewertung der Kennzahlen zur Ertragslage des Unternehmens sollte im Vergleich zum Branchendurchschnitt sowie unter Berücksichtigung von Unternehmensgröße und Rechtsform erfolgen.

Zinsdeckungsquote	gut (5)	mittel (2,5)	schlecht (0)
Gesamtkapitalrentabilität	gut (5)	mittel (2,5)	schlecht (0)
Umsatzrentabilität	gut (5)	mittel (2,5)	schlecht (0)
dyamischer Verschuldungsgrad	gut (5)	mittel (2,5)	schlecht (0)
Stammen die Erträge vorwiegend aus wiederkehrenden Geschäften / Aufträgen?	ja (5)	z.T. (2,5)	nein (0)

Entwicklung seit der letzten Bilanz	(max. 20 Punkte)	

Wie ist die aktuelle finanzielle Situation – Vermögens- Finanz- und Ertragslage – des Unternehmens im Vergleich zum letzten Bilanzstichtag?	besser (12)	gleich (6)	schlechter (0)
Werden regelmäßige, zeitnahe betriebswirt- schaftliche Auswertungen (BWA) erstellt?	ja (8)	z.T. (4)	nein (0)

Plan-Bilanzen / - GuV-Rechnung	(max. 15 Punkte)	

Existieren Plan-Bilanzen / -GuVs für die nächsten 2-3 Geschäftsjahre?	ja (10)	z.T. (5)	nein (0)
Wie ist die zukünftige Entwicklung des Unternehmens – gemessen an der Vermögens-, Finanz- und Ertragslage – anhand der Planzahlen und Prognosen einzuschätzen?	besser (5)	gleich (2,5)	schlechter (0)

Teilrating I, Risiken / Schwächen

Bilanzierungsverhalten	(max. 25 Punkte)	

	langfristig, konserva-		kurzfristig,
Wie ist das Bilanzierungsverhalten des Unternehmens?	tiv (25)	neutral (12,5)	progressiv (0)

Kontoführung	(max. 25 Punkte)	

Sind die Habenumsätze gleichmäßig über das Jahr verteilt und erfolgt die Habenbuchung i.d.R. vor der Sollbuchung?	ja (5)	z.T. (2,5)	nein (0)
Kam es in den letzten 2-3 Jahren zu (längeren) Überziehungen?	nein (10)	z.T. (5)	ja (0)
Sind die Kreditlinien momentan ausgeschöpft?	nein (10)	z.T. (5)	ja (0)

Planungs- und Prognosequalität	(max. 20 Punkte)	

Werden die Planungen / Prognosen unter einer konservativen Berücksichtigung der wirtschaftlichen Rahmenbedingungen erstellt?	ja (5)		nein (0)
Sind die (Zukunfts-) Prognosen plausibel im Vergleich zu den Einschätzungen anderer Unternehmen der Branche?	ja (5)	weitest gehend (2,5)	nein (0)
Wurden Planungen in der Vergangenheit stets eingehalten?	ja (10)	weitest gehend (5)	nein (0)

Zins- und Währungsrisiken	(max. 10 Punkte)	

Wie ist der Einfluss von Zinsschwankungen?	gering (3)	mittel (1,5)	hoch (0)
Wie ist der Einfluss von Währungsschwankungen?	gering (3)	mittel (1,5)	hoch (0)
Sind Risiken von Zins- und Währungsschwankungen z.B. durch den Einsatz eines Zins-Währungsmanagements (Derivate, Hedging, ...) abgesichert?	ja (4)	z.T. (2)	nein (0)

Adressenausfallrisiken		(max. 10 Punkte)	

Wird die Bonität wichtiger Geschäftspartner vor Vertragsabschluss überprüft?	ja (3)	z.T. (1,5)	nein (0)
Verfügen die Kunden, gegenüber denen (große) Forderungen bestehen, über eine gute Bonität?	ja (3)	z.T. (1,5)	nein / nicht bekannt (0)
Kam es in letzter Zeit zu Forderungsausfällen?	nein (4)	z.T. (2)	ja (0)

Sachanlageschäden durch exogene Einflüsse		(max. 10 Punkte)	

Besteht gegen Sachschäden (z.B. an Immobilien oder Maschinen) durch exogenen Einfluss (z.B. Feuer, Sturm) ein ausreichender Versicherungsschutz?	ja (3)	z.T. (1,5)	nein (0)
Kann es im Fall eines Sachschadens durch exogene Einflüsse zu Betriebsunterbrechungen kommen?	nur sehr kurz (3)	ja (1,5)	für längere Zeit (0)
Besteht ausreichender Versicherungsschutz gegen mögliche Betriebsausfälle?	ja (4)	z.T. (2)	nein (0)

Teilrating II, Chancen / Stärken			

Managementqualität		(max. 25 Punkte)	

Die Fragestellungen zum Kriterium „Managementqualität" sollten unter Berücksichtigung von Größe und Rechtsform des Unternehmens beurteilt werden.

Ist die fachliche, kaufmännische und persönliche Qualifikation der Entscheidungsträger ausreichend?	ja (5)	z.T. (2,5)	nein (0)
Verfügen die Entscheidungsträger über umfangreiche Erfahrungen im Betätigungsfeld des Unternehmens sowie über fundierte Kenntnisse der Branche und des Branchenumfelds?	ja (5)	z.T. (2,5)	nein (0)
Verfügen die Verantwortlichen über ein ausreihendes Entscheidungs- und Durchsetzungsvermögen?	ja (5)	z.T. (2,5)	nein (0)
Existiert eine zweite Führungsebene mit entsprechender Führungskompetenz?	ja (5)	z.T. (2,5)	nein (0)
War die Beziehung zur Bank stets offen und kooperativ?	ja (5)	z.T. (2,5)	nein (0)

Strategie		(max. 25 Punkte)	
Existiert eine klar formulierte und schriftlich fixierte Strategie, die konsequent verfolgt bzw. umgesetzt wird?	ja (10)	z.T. (5)	nein (0)
Wurde die Strategie auf der Basis eines intensiven Umfeld- und Unternehmensanalyseprozesses im Rahmen der strategischen Planung fixiert und nicht auf Grundlage gefühlsmäßiger Entscheidungen der Geschäftsführung erstellt?	ja (10)	z.T. (5)	nein (0)
Inwieweit bestimmt das Tagesgeschäft das unternehmerische Handeln?	nicht (5)	z.T. (2,5)	stark (0)

Organisation und Prozesse		(max. 10 Punkte)	
Ist das Unternehmen größengerecht organisiert?	ja (2)	z.T. (1)	nein (0)
Sind die Organisationsstruktur sowie die wesentlichen Prozesse schriftlich fixiert und im Einklang mit der Praxis?	ja (2)	z.T. (1)	nein (0)
Ist die Organisationsstruktur in der Lage, sich kurzfristig auf Wettbewerbsveränderungen einzustellen sowie mögliche Störfälle zu behandeln?	ja (2)	z.T. (1)	nein (0)
Gibt es im Unternehmen eine klare Aufgaben und Kompetenzverteilung?	ja (2)	z.T. (1)	nein (0)
Verfügt das Unternehmen über ein überzeugendes Vertriebskonzept?	ja (1)	z.T.(0,5)	nein (0)
Sind die EDV-Systeme und der Informationsfluss so organisiert, dass relevante Informationen automatisch verfügbar sind bzw. schnell aufgefunden werden können?	ja (1)	z.T.(0,5)	nein (0)

Rechnungswesen und Controlling		(max. 10 Punkte)	
Gibt es im Unternehmen ein geeignetes Controlling und darauf aufbauend ein Managementinformationssystem?	ja (2)	z.T. (1)	nein (0)
Sind die eingesetzten Controllinginstrumente in der Lage, Soll-Ist-Vergleiche (inklusive Abweichungs- und Ursachenanalysen) durchzuführen?	ja (2)	z.T. (1)	nein (0)
Existiert ein Debitorenmanagement mit Verfahren zur Bonitätsprüfung und Möglichkeiten zur Kontrolle von Zahlungsfristen?	ja (2)	z.T. (1)	nein (0)
Werden die Preise für Lieferungen und Leistungen regelmäßig kalkuliert? Werden die aktuellen Daten mit den Ziel- / Planwerten verglichen?	ja (2)	z.T. (1)	nein (0)
Ist die Buchhaltung des Unternehmens stets auf aktuellem Stand?	ja (2)	z.T. (1)	nein (0)

Risikomanagement und Frühwarnsystem	(max. 10 Punkte)		

Existiert im Unternehmen ein Risikomanage-mentsystem mit laufender Risikoidentifikation und -bewertung?	ja (4)	z.T. (2)	nein (0)
Existiert im Unternehmen ein Frühwarnsystem, welches beim Eintritt von Risiken automatisch Warnsignale generiert?	ja (3)	z.T. (1,5)	nein (0)
Gilt bei allen wichtigen Entscheidungen das „Vier-Augen-Prinzip"?	ja (3)	z.T. (1,5)	nein (0)

Kernkompetenzen (Organisation)	(max. 10 Punkte)		

Verfügt das Unternehmen im Vergleich zu seinen Wettbewerbern über eine deutliche Ausprägung der folgenden Kernkompetenzen aus dem Bereich der Unternehmensorganisation?

Vertriebskompetenz	ja (2)	z.T. (1)	nein (0)
Flexibilität	ja (2)	z.T. (1)	nein (0)
Innovations- und Lernfähigkeit	ja (2)	z.T. (1)	nein (0)
strategische Kompetenz	ja (2)	z.T. (1)	nein (0)
Kompetenz im Finanz- und Portfoliomanagement	ja (2)	z.T. (1)	nein (0)

Mitarbeiter	(max. 10 Punkte)		

Verfügen die Mitarbeiter des Unternehmens über eine gute Fach-, Methoden- und Entwicklungskompetenz?	ja (4)	z.T. (2)	nein (0)
Arbeiten die Mitarbeiter des Unternehmens im Rahmen der Unternehmensorganisation eigenverantwortlich bzw. auf eigene Initiative?	ja (3)	z.T. (1,5)	nein (0)
Sind die Mitarbeiter des Unternehmens motiviert, etwa aufgrund eines guten Betriebsklimas?	ja (3)	z.T. (1,5)	nein (0)

323

Teilrating II, Risiken / Schwächen

Nachfolgeregelung		(max. 30 Punkte)

Ist bereits ein Nachfolger für das Unternehmen bestimmt? (Anm.: Die Bestimmung eines Nachfolgers ist i.d.R. nicht relevant, wenn der Unternehmer jünger als 50 Jahre.)	ja / n.r. (10)	z.T. (5)	nein (0)
Existiert eine schriftlich fixierte Notfallplanung?	ja (10)	z.T. (5)	nein (0)
Verfügen der potenzielle Nachfolger sowie alle Mitarbeiter, die im Notfall Verantwortung für das Unternehmen übernehmen sollen, über ausreichend Erfahrung und Qualifikation?	ja (10)	z.T. (5)	nein (0)

Mitarbeiterfluktuation und Facharbeitermangel		(max. 20 Punkte)

Wie hoch war die Mitarbeiterfluktuation innerhalb der letzten Jahre?	gering (10)	mittel (5)	hoch (0)
Bestehen Schwierigkeiten, neue qualifizierte Fachkräfte zu akquirieren?	nein (10)	z.T. (5)	ja (0)

Bedrohung von Erfolgsfaktoren		(max. 20 Punkte)

Können die qualitativen Erfolgsfaktoren im Unternehmen, z.B. durch den Ausfall einzelner Mitarbeiter und / oder Maschinen, bedroht werden?	nein (10)	z.T. (5)	ja (0)
Werden die qualitativen Erfolgsfaktoren des Unternehmens sukzessive weiterentwickelt?	ja (10)	z.T. (5)	nein (0)

Absatzmarktrisiken		(max. 15 Punkte)

Verfügt das Unternehmen auf der Abnehmerseite über eine breite Streuung?	ja (5)	z.T. (2,5)	nein (0)
Konnte der Kundenstamm in den letzten Jahren konsequent ausgebaut werden?	ja (5)	z.T. (2,5)	nein (0)
Sind die Absatzpreise stabil?	ja (5)	z.T. (2,5)	nein (0)

Beschaffungsmarktrisiken		(max. 15 Punkte)	

Verfügt das Unternehmen auf der Lieferantenseite über eine breite Streuung?	ja (5)	z.T. (2,5)	nein (0)
Gibt es Alternativen zu den derzeitigen Lieferanten?	ja (5)	z.T. (2,5)	nein (0)
Sind die Preise auf dem Beschaffungsmarkt stabil?	ja (5)	z.T. (2,5)	nein (0)

Teilrating III, Chancen / Stärken

Branche		(max. 25 Punkte)	

Wie sind die aktuellen Branchenprognosen für die kommenden Jahre (z.B. Branchenprognosen von *Feri Research*)?	gut (5)	mittel (2,5)	schlecht (0)
Wie hoch war die Insolvenzquote der letzten Jahre im gesamtwirtschaftlichen Vergleich?	gering (5)	mittel (2,5)	hoch (0)
Ist die relevante Branche stark von Konjunkturzyklen abhängig?	nein (5)	mittel (2,5)	ja (0)
Ist das Verhältnis zwischen Export und Binnenmarktnachfrage ausgewogen?	ja (3)	z.T. (1,5)	nein (0)
Wie stark ist die Preisempfindlichkeit (Elastizität) der Nachfrage?	gering (3)	mittel (1,5)	hoch (0)
Wie stark sind nationale und internationale Konkurrenz?	gering (2)	mittel (1)	hoch (0)
Wie stark unterliegt die Branche Regulierungen und staatlichem Einfluss?	gering (2)	mittel (1)	stark (0)

Produkt- und Dienstleistung		(max. 25 Punkte)	

Kann sich das Unternehmen hinsichtlich der Qualität der Produkte bzw. Dienstleistungen oder des PreisLeistungs-Verhältnisses deutlich von den Konkurrenten abheben?	ja (10)	z.T. (5)	nein (0)
Verfügt das Unternehmen – im Vergleich zu seinen Wettbewerbern – über einen hohen Bekanntheitsgrad und ein gutes Image?	ja (10)	z.T. (5)	nein (0)
Wird die Produktpalette fortlaufend weiterentwickelt? Gibt das Unternehmen selber neue Impulse für die Produktstruktur bzw. den Dienstleistungsstandard der Branche oder „hinkt es der Entwicklung hinterher"? Finden Kundenwünsche in der Produktentwicklung zeitnah Berücksichtigung?	ja (5)	z.T. (2,5)	nein (0)

Kernkompetenzen **(Forschung/Entwicklung und Produktion)**	(max. 20 Punkte)	

Verfügt das Unternehmen im Vergleich zu seinen Wettbewerbern über eine deutliche Ausprägung der folgenden Kernkompetenzen im Bereich Forschung/Entwicklung und Produktion?

Produktionskompetenz	ja (3)	z.T. (1,5)	nein (0)
Qualitätskompetenz	ja (3)	z.T. (1,5)	nein (0)
Kosteneffizienz	ja (3)	z.T. (1,5)	nein (0)
Markenkompetenz	ja (3)	z.T. (1,5)	nein (0)
Netzwerkkompetenz	ja (3)	z.T. (1,5)	nein (0)
Sachmittel- und Rechtekompetenz	ja (2)	z.T. (1)	nein (0)
Kundennähe	ja (3)	z.T. (1,5)	nein (0)

Qualitätsmanagement	(max. 10 Punkte)	

Arbeitet das Unternehmen mit einem leistungs- fähigen Qualitätsmanagement-System (QM- System)?	ja (5)	z.T. (2,5)	nein (0)
Ist das Unternehmen gemäß DIN ISO 9000 : 2000 (bzw. DIN ISO 9000 ff.). zertifiziert?	ja (3)	z.T. (1,5)	nein (0)
Werden Kundenreklamationen zeitnah aufgenom- men, kulant behandelt und (im Nachgang zur Qualitätsverbesserung) analysiert?	ja (2)	z.T. (1)	nein (0)

Service	(max. 10 Punkte)	

Wie sind Service- und Kundendienstqualität im Vergleich zu den Wettbewerbern?	besser (10)	gleich (5)	schlechter (0)

Standort	(max. 10 Punkte)	

Wie sind die folgenden Aspekte im Vergleich zu anderen Standorten?

regionale Konkurrenzsituation	günstig (2)	mittel (1)	ungünstig (0)
Miet- und Kaufpreise	günstig (2)	mittel (1)	ungünstig (0)
Anschluss an wichtige Verkehrswege	günstig (2)	mittel (1)	ungünstig (0)
Lieferanten- und Kundennähe, Einkauf- und Absatzmöglichkeiten	günstig (2)	mittel (1)	ungünstig (0)
behördliche Auflagen	günstig (1)	mittel (0,5)	ungünstig (0)
Gewerbesteuersätze	günstig (1)	mittel (0,5)	ungünstig (0)

Teilrating III, Risiken / Schwächen

Markteintritt neuer Wettbewerber	(max. 30 Punkte)

Wie hoch sind die Eintrittsbarrieren neuer
Wettbewerber (z.B. Käuferloyalität, hoher
Kapitalbedarf für Fertigungseinrichtungen,
Know-How, Erfahrung)?   hoch (15)   mittel (7,5)   gering 0

Verfügen die etablierten Marktteilnehmer über
wirksame Marktverteidigungsstrategien /
Vergeltungsmaßnahmen?   ja (15)   z.T. (7,5)   nein 0

Substitutionsgefahr	(max. 30 Punkte)

Gibt es auf dem Markt vergleichbare Produkte zu
denen der Branche?   nein (15)   z.T. (7,5)   ja (0)

Haben andere Branchen in der Vergangenheit
versucht, Substitutionsprodukte auf dem Markt zu
etablieren?   nein (15)   z.T. (7,5)   ja (0)

Haftungsrisiken	(max. 20 Punkte)

Ist das Betriebsstättenrisiko durch eine
Betriebshaftpflichtversicherung ausreichend
abgedeckt?   ja (10)   z.T. (5)   nein (0)

Besteht ein hinreichender Schutz vor möglichen
Ansprüchen aus der Produkthaftpflicht?   ja (10)   z.T. (5)   nein (0)

Technische Risiken	(max. 20 Punkte)

Kann durch den Ausfall zentraler Komponenten
innerhalb der Produktionsanlagen die
Lieferfähigkeit beeinträchtigt werden?   nein (10)   z.T. (5)   ja (0)

Kann der Ausfall zentraler Komponenten innerhalb   nein (10)   z.T. (5)   ja (0)
der Produktionsanlagen Auswirkungen auf die
Produktqualität haben?

Übersicht über die ratingrelevanten Kennzahlen im Branchenvergleich[1]

Produzierendes Gewerbe			
Kennzahl	**schlecht**	**mittel**	**gut**
Eigenkapitalquote	< 20 %	20 – 30 %	> 30 %
Anlagendeckungsgrad I	< 60 %	60 – 90 %	> 90 %
Anlagendeckungsgrad II	< 110 %	110 – 150 %	> 150 %
Liquidität I	< 50 %	50 – 90 %	> 90 %
Liquidität II	< 90 %	90 – 110 %	> 110 %
Liquidität III	< 130 %	130 – 170 %	> 170 %
Cashflow-Marge	< 5 %	5 – 9 %	> 9%
Zinsdeckungsquote	< 90 %	90 – 110 %	> 110%
Gesamtkapitalrentabilität	< 8%	8 – 12 %	> 12 %
Umsatzrentabilität	< 4 %	4 – 8 %	> 8 %
dynamischer	> 12 Jahre	5 – 12 Jahre	< 5 Jahre

Dienstleistung			
Kennzahl	**schlecht**	**mittel**	**gut**
Eigenkapitalquote	< 20 %	20 – 25 %	> 25 %
Anlagendeckungsgrad I	< 60 %	60 – 90 %	> 90 %
Anlagendeckungsgrad II	< 110 %	110 – 140 %	> 140 %
Liquidität I	< 50 %	50 – 90 %	> 90 %
Liquidität II	< 90 %	90 – 110 %	> 110 %
Liquidität III	< 130 %	130 – 170 %	> 170 %
Cashflow-Marge	< 5 %	5 – 9 %	> 9 %
Zinsdeckungsquote	< 90 %	90 – 110 %	> 110 %
Gesamtkapitalrentabilität	< 8 %	8 – 15 %	> 15 %
Umsatzrentabilität	< 6 %	6 – 12 %	> 12 %
dynamischer	> 12 Jahre	5 – 12 Jahre	< 5 Jahre

Handel			
Kennzahl	**schlecht**	**mittel**	**gut**
Eigenkapitalquote	< 15 %	15 – 25 %	> 25 %
Anlagendeckungsgrad I	< 60 %	60 – 90 %	> 90 %
Anlagendeckungsgrad II	< 110 %	110 – 170 %	> 170 %
Liquidität I	< 50 %	50 – 90 %	> 90 %
Liquidität II	< 90 %	90 – 110 %	> 110 %
Liquidität III	< 130 %	130 – 170 %	> 170 %
Cashflow-Marge	< 5 %	5 – 6 %	> 6 %
Zinsdeckungsquote	< 90 %	90 – 110 %	> 110 %
Gesamtkapitalrentabilität	< 8 %	8 – 14 %	> 14 %
Umsatzrentabilität	< 2 %	2 – 5 %	> 5 %
dynamischer	> 12 Jahre	7 – 12 Jahre	< 7 Jahre

[1] Vgl. *Braun, P. (2002) (Hrsg.)*, Kapitel 7.

Kurzfristige Handlungsmöglichkeiten

Unternehmen _____   Datum _____

	geplante Maßnahmen	Priorität[1]	verant-wortlich	erledigt
Reduzierung des Anlagevermögens		① ② ③		
Abbau von Vorräten		① ② ③		
Forderungsmanagement		① ② ③		
Ausnutzung von Skonti		① ② ③		

[1] 1 = höchste Priorität, 2 = mittlere Priorität, 3 = niedrige Priorität

Kurzfristige Handlungsmöglichkeiten

Datum _____

Unternehmen _____

	geplante Maßnahmen	Priorität[1]	verant-wortlich	erledigt
Umschuldung		① ② ③		
Abschluss geeigneter Versicherungen		① ② ③		
Beziehung zur Bank		① ② ③		
Nachfolgepolitik		① ② ③		

[1] 1 = höchste Priorität, 2 = mittlere Priorität, 3 = niedrige Priorität

Langfristige Handlungsmöglichkeiten

Unternehmen —————— Datum ——————

geplante Maßnahmen	Priorität[1]	Zeit-rahmen	verant-wortlich	erledigt
Reduzierung des Anlagevermögens	① ② ③			
Abbau von Vorräten	① ② ③			
Forderungsmanagement	① ② ③			
Bonitätsprüfung von Geschäftspartnern	① ② ③			
Ausnutzung von Skonti	① ② ③			
Umschuldung	① ② ③			

[1] 1 = höchste Priorität, 2 = mittlere Priorität, 3 = niedrige Priorität

ERNST & YOUNG   Haufe Mediengruppe

Langfristige Handlungsmöglichkeiten

Unternehmen _____   Datum _____

	geplante Maßnahmen	Priorität¹	Zeit-rahmen	verant-wortlich	erledigt
Erhöhung des Eigenkapitals		① ② ③			
Abschluss geeigneter Versicherungen		① ② ③			
Beziehung zur Bank		① ② ③			
Aufbau eines Risikomanagementsystems		① ② ③			
Qualitätsmanagement		① ② ③			
Aufbau leistungsfähiger Controlling-Systeme		① ② ③			

¹ 1 = höchste Priorität, 2 = mittlere Priorität, 3 = niedrige Priorität

Langfristige Handlungsmöglichkeiten

Unternehmen _____

Datum _____

geplante Maßnahmen	Priorität[1]	Zeit-rahmen	verant-wortlich	erledigt
Nachfolgepolitik	① ② ③			
Balanced Scorecard	① ② ③			
Steigerung der Kundenzufriedenheit	① ② ③			
Ausbau vorhandener / Aufbau neuer Kernkompetenzen	① ② ③			

[1] 1 = höchste Priorität, 2 = mittlere Priorität, 3 = niedrige Priorität

333

Bonitätsbeurteilung von Kunden

Name des Unternehmens:	Datum:

Betriebsinterne Informationen

	ja	nein
Zahlt der Kunde innerhalb des Zahlungsziels?	☐	☐

	nein	ja
Bestellt der Kunde Waren, während noch alte Forderungen ausstehen?	☐	☐

	nein	ja
Waren oder sind Inkassomaßnahmen anhängig bzw. notwendig?	☐	☐

Bemerkungen (Lagerbestände, Kapazitätsauslastung, Produkt-/Leistungsqualität, Zustand der Maschinen, Mitarbeiter, Kunden/Lieferanten ...)

Aktuelle Informationen aus der Presse

Eingeholte SCHUFA-Auskünfte

Name	Funktion	SCHUFA-Auskunft

Eingeholte Wirtschaftsauskünfte

Auskunftei	Informationen

EJI ERNST & YOUNG　　　　　⌐Haufe Mediengruppe ...

Bonitätsbeurteilung von Lieferanten

Name des Unternehmens:	Datum:

Betriebsinterne Informationen

	ja	nein
Werden die Waren pünktlich und vertragsgemäß geliefert bzw. werden die Leistungen pünktlich und vertragsgemäß erbracht?	☐	☐

	nein	ja
Werden die Rechnungen zeitnah und korrekt gestellt?	☐	☐
Waren oder sind Inkassomaßnahmen anhängig bzw. notwendig?	☐	☐

	ja	nein
Ist die Servicequalität zufrieden stellend?	☐	☐

Wie geht der Lieferant mit Reklamationen um?

Bemerkungen (Management, Lagerbestände, Kapazitätsauslastung, Produkt-/Leistungsqualität, Zustand der Maschinen, Mitarbeiter, Kunden/Lieferanten ...)

Aktuelle Informationen aus der Presse

Eingeholte Wirtschaftsauskünfte

Auskunftei	Informationen

335

Glossar

(Einjährige) Ausfallwahrscheinlichkeit (Probability of Default, PD)

Gibt an, mit welcher Wahrscheinlichkeit (Angabe in Prozent) ein Kredit einer bestimmten →Rating-Klasse (innerhalb eines Jahres) ausfällt. Die Schätzung basiert auf historischen Daten. Die Ausfallwahrscheinlichkeit ist eine Determinante zur Berechnung des →Risikogewichts in den →IRB-Ansätzen.

Bank für Internationalen Zahlungsausgleich (BIZ)

In Basel ansässige Aktiengesellschaft, die das Ziel verfolgt, ein Forum für die Zusammenarbeit zwischen den Notenbanken und Aufsichtsbehörden verschiedener Länder zu schaffen. Große Bedeutung hat die BIZ insbesondere durch ihre Ausschüsse (→Basler Ausschuss für Bankenaufsicht) erlangt, die sich mit Fragen gemeinsamer Aufsichtsstandards beschäftigen. Dadurch liefert die BIZ wichtige Beiträge zur Stabilität nationaler Bankenmärkte und des internationalen Finanzsystems. Vgl. auch *www.bis.org*.

Basel I

Abkürzung für „Internationale Konvergenz der Eigenkapitalmessung und Eigenkapitalanforderungen". Dieses im Juli 1988 vom →Basler Ausschuss für Bankenaufsicht erarbeitete Regelwerk vereinheitlichte erstmals die →Eigenkapitalunterlegung der Kreditrisiken von Kreditinstituten durch Einführung eines einheitlichen →Solvabilitätskoeffizienten von 8 %. Die Eigenkapitalunterlegung ist dabei unabhängig von der →Bonität des Kreditnehmers. Vgl. auch →Basel II.

Basel II

Aufgrund zunehmender Kritik an der standardisierten Berechnung der Kreditrisiken (vgl. →Basel I) vom →Basler Ausschuss für Bankenaufsicht erarbeitetes Regelwerk. Nach diesem Konsultationspapier „Die neue Basler Eigenkapitalvereinbarung" wird das →Risikogewicht künftig von der →Bonität des Kreditnehmers abhängig sein. Nach der Veröffentlichung der ersten Version im Juni 1999 wurde im Januar 2001 die aktuelle zweite Fassung vorgelegt („Zweites Basler Konsultationspapier"). Die dritte Fassung ist für Mai 2003 geplant. Das Regelwerk soll Anfang 2006 in Kraft treten (Parallellauf von Basel I und Basel II bis Ende 2006).

Basler Ausschuss für Bankenaufsicht

Wurde 1975 von den Präsidenten der Zentralbanken der G10-Staaten gegründet. Der derzeitige Vorsitzende ist William J. McDonough, Präsident und CEO der Federal Reserve Bank of New York. Die folgenden Länder bestellen Vertreter ihrer Zentralbanken bzw. nationalen Aufsichtsbehörden, welche den Ausschuss bilden: Belgien, Deutschland, Frankreich, Großbritannien, Italien, Japan, Kanada, Luxemburg, Niederlande, Schweden, Schweiz, Spanien und USA. Der Ausschuss tritt i. d. R. vierteljährlich in Basel bei der →Bank für Internationalen Zahlungsausgleich zusammen, wo sich auch sein ständiges Sekretariat befindet. Der Basler Ausschuss hat die Konsultationspapiere →Basel I und →Basel II erarbeitet.

Basler Konsultationspapier

Vgl. →Basel II.

Bonität (i. S. von Kreditwürdigkeit)

Traditionell verwendeter Begriff zur Umschreibung der von einem Kreditnehmer erwarteten Eigenschaften und Fähigkeiten. Sie liegt danach vor, wenn eine Kreditvergabe unter persönlichen und sachlichen Umständen vertretbar erscheint, d. h. wenn erwartet werden kann, dass der Kreditnehmer den sich aus dem Kreditvertrag ergebenden Verpflichtungen (Erbringung des Kapitaldienstes) nachkommt.[236]

Deutsche Ausgleichsbank (DtA)

Neben der →Kreditanstalt für Wiederaufbau (KfW) eine Anstalt des öffentlichen Rechts, welche ursprünglich zur Verteilung der Mar-

---

[236] Vgl. *Gabler Bankenlexikon (1995)*.

shall-Plan-Gelder gegründet wurde. Heute unterstützt die DtA überwiegend kleine und mittlere Unternehmen sowie Existenzgründer mit Aufbaudarlehen. Vgl. *www.dta.de.*

Diskriminanzanalyse

Verfahren der multivarianten Statistik zur Zuordnung von Objekten (Kreditnehmern) zu verschiedenen Gruppen („kreditwürdig"/„nicht kreditwürdig").[237]

Diskriminanzfunktion

Lineare Funktion als Ergebnis der →Diskriminanzanalyse. Sie bildet die quantifizierten Ausprägungen der Rating-Kriterien eines Kreditnehmers auf eine Skala (z. B. von 0 bis 5000) ab. Je höher der →Diskriminanzwert desto besser die Bonität des Kreditnehmers.

Diskriminanzwert

Wert der →Diskriminanzfunktion.

Due Diligence

Detaillierte Analyse der rechtlichen, steuerlichen, technischen und wirtschaftlichen Eigenschaften eines Unternehmens. Die Due Diligence hat zum Ziel, Zukunftsperspektiven eines Unternehmens in Form von Chancen-Risiko-Analysen aufzudecken. Sie findet hauptsächlich Anwendung bei Beteiligungs- und Fusionsentscheidungen.

EAD (Exposure at Default)

Erwartete Höhe des ausstehenden Kreditbetrags bei Ausfall des Kreditnehmers. Der EAD-Wert korrespondiert mit dem Blankoanteil des Kredits zum Zeitpunkt des Ausfalls. Im IRB-Basisansatz entspricht dieser dem Buchwert des Kredits, während im fortgeschrittenen IRB-Ansatz der EAD-Wert bankintern geschätzt wird (→IRB-Ansätze). Der EAD-Wert findet Eingang in die Berechnung des →risikogewichteten Aktivums.

---

[237] Vgl. *Füser, K./Rödel, K./Wulfkühler, S. (2001)*, S. 202 f.

Eigenkapitalunterlegung/-anforderung

Ergebnis der Multiplikation von →risikogewichtetem Aktivum und →Solvabilitätskoeffizient. Dieser Betrag muss von der Bank zur Absicherung des mit einem Kredit verbundenen Risikos als Eigenkapital vorgehalten werden.

LGD (Loss Given Default)

In den →IRB-Ansätzen verwendete Komponente zur Berechnung des →Risikogewichts. Der LGD gibt an, wie hoch der Verlust bei Ausfall des Kreditnehmers ist. Die Angabe erfolgt in Prozent. Im IRB-Basisansatz ist der LGD-Wert von Seiten der Bankenaufsicht vorgegeben. Im Gegensatz dazu wird er beim fortgeschrittenen IRB-Ansatz von den Banken unter Beachtung von Mindestanforderungen selbst geschätzt.

IRB-Ansätze

Ansätze zur Ermittlung der →Eigenkapitalunterlegung. Unterschieden wird zwischen dem IRB-Basisansatz und dem fortgeschrittenen IRB-Ansatz. Die Bonitätsbeurteilung der Kreditnehmer basiert auf bankinternen →Rating-Verfahren. Neben der Entwicklung eines geeigneten Rating-Verfahrens, das die Zuordnung eines Kreditnehmers zu einer klar definierten →Rating-Klasse gewährleistet, müssen Banken →Ausfallwahrscheinlichkeiten für jede ihrer →Rating-Klassen schätzen. Die funktionale Beziehung zwischen der →Ausfallwahrscheinlichkeit und dem dazu gehörenden →Risikogewicht wird vom →Basler Ausschuss vorgegeben. Siehe auch →Standardansatz.

Kernkompetenzen

Fähigkeit oder Begabung eines Unternehmens, wertschöpfende Aktivitäten effektiver und kostengünstiger auszuführen als seine Mitbewerber. Während Wettbewerbsvorteile den heutigen Markterfolg eines Unternehmens erklären, können Kernkompetenzen neue Wettbewerbsvorteile generieren und somit den zukünftigen Erfolg eines Unternehmens sicherstellen.

Kreditanstalt für Wiederaufbau (KfW)

Die KfW ist neben der →Deutschen Ausgleichsbank (DtA) als Anstalt öffentlichen Rechts zur Unterstützung von Investitionen deutscher kleiner und mittlerer Unternehmen zur Regional- und Strukturförderung tätig. Darüber hinaus finanziert die KfW im Rahmen der Entwicklungshilfe förderungswürdige Projekte im Ausland. Wie die DtA hat die KfW ihren Ursprung in der Verwaltung der Marshall-Plan-Gelder. Internetseite: *www.kfw.de*

Maturity

Vgl. →Restlaufzeit

PD (Probability of Default)

Vgl. →Ausfallwahrscheinlichkeit.

Qualitative Kriterien

Mit einer subjektiven Komponente behaftete Kriterien, die in ein →Rating einfließen. Beispiele sind die Managementqualität oder die Unternehmensorganisation. Qualitative Kriterien werden meist mithilfe eines Fragebogens bewertet. Siehe auch →quantitative Kriterien.

Quantitative Kriterien

Messbare (quantifizierbare) und dadurch weitgehend objektiv bewertbare Kriterien, die in ein →Rating einfließen. Dies sind beispielsweise Kennzahlen aus der Jahresabschlussanalyse. Siehe auch →qualitative Kriterien.

Rating

Ein Rating ist ein standardisiertes, objektiviertes, aktuelles, nachvollziehbares und skaliertes Krediturteil über die →Bonität bzw. die wirtschaftliche Lage eines Unternehmens. Es ist die Grundlage zur Bestimmung der →Ausfallwahrscheinlichkeit. Siehe auch →Rating-Verfahren.

Rating-Advisory

Summe der i. d. R. von unabhängigen Consultingfirmen oder Wirtschaftsprüfungsgesellschaften übernommenen Aufgaben im Bereich der Beratung zur Vorbereitung, Durchführung und Optimierung des →Ratings von Unternehmen.

Rating-Agentur

Unabhängige Unternehmen, deren hauptsächliche Dienstleistung in der Bonitätsbewertung anderer Unternehmen besteht. Die bekanntesten international tätigen Rating-Agenturen sind *Moody's, Standard & Poor's* und *Fitch Ratings*. Nationale Agenturen sind etwa die *URA Unternehmens Ratingagentur AG* oder die *Creditreform Rating AG*.

Rating-Klasse

Mithilfe eines →Rating-Verfahrens ermittelte Klassifikation von Unternehmen in Abhängigkeit ihrer →Bonität. In jeder Rating-Klasse befinden sich Unternehmen mit annähernd gleicher Bonität und daraus resultierend annähernd gleicher →Ausfallwahrscheinlichkeit. Üblich ist eine Verwendung von acht bis fünfzehn Klassen.

Rating-Verfahren

Verfahren zur Ermittlung der →Rating-Klasse eines Unternehmens. Dazu werden →quantitative und →qualitative Kriterien zum Unternehmen zu einem →Rating verdichtet.

Restlaufzeit (Maturity)

Faktor zur Berechnung des →Risikogewichts in den →IRB-Ansätzen. Im IRB-Basisansatz wird von einer pauschalen Restlaufzeit von 2,5 Jahren ausgegangen, im fortgeschrittenen Ansatz wird die Restlaufzeit von den Banken unter Beachtung von Mindestanforderungen intern geschätzt. Deutschland wird von seinem Wahlrecht, bei Krediten an Unternehmen mit einem Umsatz sowie einer Bilanzsumme von bis zu EUR 500 Mio. auch im fortgeschrittenen Ansatz eine pauschale Restlaufzeit von 2,5 Jahren anzunehmen, Gebrauch machen.

Retail-Portfolio

Übergeordneter Begriff für das Kreditportfolio aller Kredite an Privatpersonen einer Bank.

Risikogewicht (RW, Risk Weight)

Faktor, mit dem bei der Berechnung der →Eigenkapitalunterlegung das Risiko des Ausfalls eines Kredits berücksichtigt wird. Im →Standardansatz sind die Risikogewichte in Abhängigkeit der →Rating-Klassen externer Agenturen vorgegeben. In den →IRB-Ansätzen erfolgt die Berechnung des Risikogewichts dagegen in Abhängigkeit der auf Basis eines internen Ratings ermittelten →Ausfallwahrscheinlichkeit, des Verlusts bei Ausfall (→LGD) und weiterer Parameter bzw. Annahmen (z. B. →Restlaufzeit).

Risikogewichtetes Aktivum (RWA, Risk Weighted Asset)

Betrag, der seitens einer Bank mit 8 % Eigenkapital (→Solvabilitätskoeffizient) unterlegt werden muss. Er ergibt sich aus der Multiplikation von →EAD und →Risikogewicht.

Solvabilitätskoeffizient

Vom →Basler Ausschuss für Bankenaufsicht festgelegte Eigenkapitalquote, mit welcher Banken ihre Risikoaktiva (beispielsweise Kundenkredite) mindestens unterlegen müssen. Seit →Basel I beträgt dieser Koeffizient 8 %. Er wird auch bei Einführung von →Basel II weiterhin 8 % betragen.

Standardansatz

Ansatz zur Ermittlung der →Eigenkapitalunterlegung, bei dem auf das Rating einer →Rating-Agentur zurückgegriffen wird. Siehe auch →IRB-Anätze.

Verlust bei Ausfall

vgl. →LGD.

Literatur

Achleitner, A.-K. (2001): Venture Capital, in: Breuer, R.E. (2001), (Hrsg.): Handbuch Finanzierung, 3. Auflage, Gabler Verlag, Wiesbaden, 2001, S. 513-529

Badischer Genossenschaftsverband (2001): Kundeninformationsbroschüre „Das Rating", Badischer Genossenschaftsverband, September 2001

BAKred (1998): Überblick über die grundsätzlichen Anforderungen an die Offenlegung der wirtschaftlichen Verhältnisse nach § 18 KWG, Rundschreiben 9/98 v. 07.07.1998, geändert durch Rundschreiben 16/99

Basel Committee on Supervision (2001): Die Neue Basler Eigenkapitalvereinbarung, Basler Ausschuss für Bankenaufsicht, Januar 2001

Basel Committee on Supervision (2001a): Erläuternde Angaben zur Neuen Basler Eigenkapitalvereinbarung, Sekretariat des Basler Ausschusses für Bankenaufsicht, Januar 2001

Basel Committee on Supervision (2001b): Überblick über die Neue Basler Eigenkapitalvereinbarung, Basler Ausschuss für Bankenaufsicht, Januar 2001

Basel Committee on Supervision (2001c): Potential Modifications to the Committee's Proposal, Basel Committee on Banking Supervision, November 2001

Behr, G./Wirth, O. (1999): Einsatz von Mezzanine-Kapital bei der Wachstumsfinanzierung, Der Schweizer Treuhänder, Ausgabe 3, 1999, S. 161-170

Graf von Bernstorff, C. (1996): Finanzinnovationen, Gabler Verlag, Wiesbaden, 1996

Bette, K. (2001): Factoring, Deutscher Wirtschaftsdienst, Köln, 2001

BIZ (2002): Basel Committee reaches agreement on New Capital Accord issues, Pressemitteilung der BIZ v. 10.06.2002

BMWi (2001): Die Schritte nach dem Start – Junge Unternehmen, Probleme und Lösungen bei der Existenzfestigung, Broschüre des Bundesministeriums für Wirtschaft und Technologie, 2001

Böckenförde, B. (1996): Unternehmenssanierung, Schäffer-Poeschel Verlag, Stuttgart, 1996

Bouncken, R.B.(2000): Dem Kern des Erfolges auf der Spur? State of the Art zur Identifikation von Kernkompetenzen, ZfB, Ausgabe 7/8, 2000, S. 865-885

Braun, P. (2002) (Hrsg.): Rating – Leitfaden für den Mittelstand, Ausgabe 3, Kognos Verlag Braun GmbH, Augsburg, Juli 2002

BStBK: Leistungen des Steuerberaters und Vergütung, Bundessteuerberaterkammer, *www.bstbk.de*

Coenenberg, A.G. (1997): Jahresabschluss und Jahresabschlussanalyse, 16. Auflage, verlag moderne industrie, Landsberg/Lech, 1997

Creditreform (2000): Creditreform-Datenbank und Bonitätsindex – Ein entscheidungsunterstützendes System zu Bonitätsbeurteilung von Unternehmen

Deutsche Bank (2001): Rating, Fitness-Check für Ihr Unternehmen, Firmenkundeninformationsbroschüre, Oktober 2001

Engelmann, A./Heitzer, B. (1999): Mobilisierung von Business Angels in Deutschland, Finanz Betrieb, Ausgabe 12, 1999, S. 457-462

Erning, B. (2002): Finanzierungsalternative Private Placement, Sonderbeilage „Börsengang für den Mittelstand", Börsen-Zeitung v. 22.06.2002, B5

Erxleben, S./Krob, B. (2002): Turbo für Kreditgenossenschaften, Bankinformation, Bundesverband der Deutschen Volks- und Raiffeisenbanken e. V., Ausgabe 3, 2002, S. 28-32

Europa Treuhand Ernst & Young (2001): Alternative Finanzierungsformen, Sondernewsletter November 2001, Europa Treuhand Ernst

& Young, Wirtschaftsprüfungs- und Steuerberatungsgesellschaft m.b.H., *www.ernst-young.at*

Everling, O. (2002): Rating mittelständischer Unternehmen, in: Kolbeck, Ch./Wimmer, R. (2002), (Hrsg.): Finanzierung für den Mittelstand, Gabler Verlag, Wiesbaden, 2002, S. 85-108

Everling, O. (2002a): Kriterien zur Anerkennung als ECAI, Kredit & Rating Praxis, Ausgabe 2, 2002, S. 18 f.

Everling, O./Gromer, S. (2001): Rating als Herausforderung für Mittelstand und Banken, IWK-Studie, Hrsg. H. Becker, München, August 2001

Everling Internet Newsletter (2002): Ausgabe 30, 2002 v. 24.07.2002

Evers, J./Habschick, M. (2002): Gründungsförderung – Des Kunden Freund, Beraters Leid?, Kredit & Rating Praxis, Ausgabe 4, 2002, S. 12-15

FINANCE-Studie (2002): „Basel II ist jetzt!", Studie herausgegeben von Ernst & Young, der HypoVereinsbank, dem Finanzmagazin FINANCE und dem F.A.Z.-Institut, September 2002

Feinen, K. (2001): Leasing, in: Breuer, R.-E. (2001) (Hrsg): Handbuch Finanzierung, 3. Auflage, Gabler Verlag, Wiesbaden, 2001, S. 373-400

Friedag, H. R./Schmidt, W. (2001): My Balanced Scorecard, 2. Auflage, Haufe Verlag, Freiburg (2001).

Füser, K. (1998): Ratgeber Existenzgründung, Deutscher Taschenbuch Verlag, München, 1998

Füser, K. (2001): Intelligentes Scoring und Rating, Gabler Verlag, Wiesbaden, 2001

Füser, K. (2001a): Modernes Management, 3. Auflage, Deutscher Taschenbuch Verlag, München, 2001

Füser, K./Heidusch, M. (2002): Kriterien für ein Rating von Unternehmen des Maschinen- und Anlagenbaus, Studie gefördert von der IMPULS-Stiftung, Frankfurt/Stuttgart, 2002

Füser, K./Meireis, K. (2001): Rating im Kontext von Basel II, Unternehmensberater, Ausgabe 4, 2001, S. 29-38

Füser, K./Rödel, K. (2002): Basel II – Internes Rating mittels (quantitativer und) qualitativer Kriterien, DStR, Ausgabe 7, 2002, S. 275-282

Füser, K./Rödel, K./Kang, D. (2002): Identifizierung und Quantifizierung von „Operational Risk", FINANZ BETRIEB, Ausgabe 9, 2002, S. 495-502

Füser, K./Rödel, K./Wulfkühler, S. (2001): Entwicklung einer Score-Karte für die Fahrzeugabsatzfinanzierung mir Hilfe der Cluster- und Diskriminanzanalyse, ZBB, Ausgabe 3, 2001, S. 200-205

Füser, K./Wulfkühler, S. (2001): Die besten Ideen zur Balanced Scorecard, verlag moderne industrie, Landsberg/Lech, 2001

FTD (2002): Basler Ausschuss formuliert Kompromiss, Financial Times Deutschland v. 11.07.2002

Gabler Bankenlexikon (1995): Gabler Bankenlexikon, 11. Auflage, Gabler Verlag, Wiesbaden, 1995

Gabler Wirtschaftslexikon (2000): Gabler Wirtschaftslexikon, 15. Auflage, Gabler Verlag, Wiesbaden, 2000

Gleißner, W. (2000): Faustregeln für Unternehmer, Gabler Verlag, Wiesbaden, 2000

Gleißner, W. (2001): Identifikation, Messung und Aggregation von Risiken, in: Gleißner, W./Meier, G. (2001), (Hrsg.): Wertorientiertes Risiko-Management für Industrie und Handel, Gabler Verlag, Wiesbaden, 2001, S. 111-137

Gleißner, W./Füser, K. (2002): Leitfaden Rating, Basel II: Rating-Strategien für den Mittelstand, Verlag Vahlen, München, 2002

Gögel S./Pinn, K. (2001): Frequently Asked Questions zum Rating in Banken, Kredit & Rating Praxis, Ausgabe 5, 2001, S. 11-14

Grill W./Perczynski, H. (2001): Wirtschaftslehre des Kreditwesens, 35. Auflage, Verlag Gehlen, Bad Homburg vor der Höhe, 2001

Grünberger, D./Grünberger, H. (2002): EU-Verordnung zur IAS-Rechnungslegung, StuB, Ausgabe 12, 2002, S. 605 f.

Hagenmüller, K.F./Sommer, H.J./Brink, U. (1997): Factoring Handbuch, 3. Auflage, Verlag Fritz Knapp GmbH, Frankfurt/Main, 1997

Hamel, G./Prahalad, C.K. (1992): So spüren Unternehmen neue Märkte auf, Harvard Business manager, Nr. 2, 1992, S. 44-55

Handelsblatt (2002): Durchbruch für den Mittelstand, Handelsblatt v. 04.07.2002

Haufe Rechnungswesen Office: Freiburg 2002

Heinzel, H. (2002): Mezzanine – interessante Ergänzung des Finanzierungsangebotes, Sonderbeilage „Börsengang für den Mittelstand", Börsen-Zeitung v. 22.06.2002, B11

Hirschmann, S. (2002): Alle Wege führen nach Basel, RATINGaktuell, Ausgabe 01, 2002, S. 8 f.

Horváth & Partner (Hrsg.) (2000): Balanced Scorecard umsetzen, Schäffer-Poeschel Verlag, Stuttgart, 2000

Huber, A./Frickhöfer, J. (2001): Konzeption des Creditreform Ratings, in: Everling, O. (2001), (Hrsg.): Rating – Chance für den Mittelstand nach Basel II, Gabler Verlag, Wiesbaden, 2001, S. 277-288

Hüls, D. (1995): Früherkennung insolvenzgefährdeter Unternehmen, IDW-Verlag, Düsseldorf, 1995

IDW (2001): Entwurf IDW Stellungsnahme zur Rechnungslegung: Zweifelsfragen der Bilanzierung von asset backed securities-Gestaltungen oder ähnlichen securitisation-Transaktionen (IDW ERS HFA 8), WPg, Ausgabe 23, 2001, S. 1398 ff.

ISO (2002): Selection and Use of the ISO 9000:2000 family of standards, Informationsbroschüre der *International Organisation for Standardization, www.iso.ch*, August 2002

Jahns, C. (2000): Effektives und schlankes Controlling für mittelständische Unternehmen, DStR, Ausgabe 29, 2000, S. 1239-1244

Jezoreck, S.H. (2001): Rating aus Bankensicht, Veranstaltung „Fit für Rating", Osnabrück, 04.05.2001

Kaplan, R.S./Norton, D.P. (1996): The Balanced Scorecard – Translating Strategy into Action, Harvard Business School Press, Boston, 1996

Karsten, W.F. (2001): Factoring und Forfaitierung – Alternativen der Fremdfinanzierung, in: Breuer, R.-E. (2001), (Hrsg.): Handbuch Finanzierung, 3. Auflage, Gabler Verlag, Wiesbaden, 2001, S. 401-433

Keiner, T. (2001): Rating für den Mittelstand, Campus Verlag, Frankfurt/New York, 2001

Kirchhof, F.-E. (2002): Rating im Mittelstand, Sparkassen Ratgeber-Service, Deutscher Sparkassen Verlag GmbH, Stuttgart, 2002

Knief, P. (2002): Unterjährige betriebswirtschaftliche Auswertungen in zukünftigen Rating-Verfahren, Der Betrieb, Ausgabe 19, 2002, S. 957-962

Kögel, K. (1999): Ratingsystem im Firmengeschäft – nur zur Abwehr von Risiken bei der Kreditvergabe?, Zeitschrift für das gesamte Kreditwesen, Ausgabe 21, 1999, S. 24-29

Kubr, T./Ilar, D./Marchesi, H. (1998): Planen, gründen, wachsen, Verlag Ueberreuter, Zürich, 1997

Link, G./Reichling, P. (2000): Mezzanine Money – Vielfalt in der Finanzierung, Die Bank, Ausgabe 4, 2000, S. 266-269

Maass, D. (1999): Qualitätsmanagement-System, Energiewirtschaftliche Tagesfragen, Ausgabe 9, 1999, S. 622-624

Mayer, H.V. (1997): Factoring als Finanzierungsinstrument, in: Hagenmüller, K.F./Sommer, H.J./Brink, U. (1997): Factoring-Handbuch, 3. Auflage, Verlag Knapp GmbH, 1997, S. 103-128

Matzler, K./Stahl, H.K. (2000): Kundenzufriedenheit und Unternehmenswertsteigerung, Die Betriebswirtschaft, Ausgabe 5, 2000, S. 626-641

Meyer, C. (2000): Kunden-Bilanzanalyse der Kreditinstitute, Schäffer-Poeschel Verlag, Stuttgart, 2000

Meyer-Parpart, W. (2001): Bedeutung des Rating-Advisors für mittelständische Unternehmen, in: Everling, O. (2001), (Hrsg.): Rating – Chance für den Mittelstand nach Basel II, Gabler Verlag, Wiesbaden, 2001, S. 489-518

Momburg, C. (2002): Wirtschaftliche Situation der deutschen Zuliefererindustrie vor dem Hintergrund von Basel II und Rating, Hagen 29.01.2002, *www.ikb.de*

Mott, B. (2001): Organisatorische Gestaltung von Risiko-Managementsystemen, in: Gleißner, W./Meier, G. (2001), (Hrsg.): Wertorientiertes Risiko-Management für Industrie und Handel, Gabler Verlag, Wiesbaden, 2001, S. 199-232

Müller, A. (2002): Rating und § 18 KWG – Teil B: Anforderungen an die Unternehmens- und Beratungspraxis, StuB, Ausgabe 2, 2002, S. 53-57

Müller, A. (2002a): Die Herausforderung für den Berufsstand durch § 18 KWG und das Kreditrating, Deubner Verlag GmbH & Co. KG, Köln, Seminarreihe 2002, „Rating – Herausforderung und Chance für Berater und Mandant"

Müller, A./Müller, D. (2000): Bilanzierung und Kreditvergabe, 2. Auflage, Verlag Neue Wirtschafts-Briefe, Herne/Berlin, 2000

Müller, A./Müller, D. (2001): Die Qualitätsanforderungen an die betriebswirtschaftliche Auswertung (BWA) im Sinne von § 18 Satz 1 KWG, Stbg, Ausgabe 9, 2001, S. 431-441

Munsch, M./Weiß, B. (2001): Rating – Finanzdienstleistung und Entscheidungshilfe, Deutscher Industrie- und Handelstag, Berlin, 2001

Pfitzer, N./Oser, P./Wader, D. (2002): Die Entsprechungserklärung nach § 161 AktG – Checkliste für Vorstände und Aufsichtsräte zur Einhaltung der Empfehlungen des Deutschen Corporate Governance Kodex, Der Betrieb, Ausgabe 22, 2002, S. 1120-1123

Presber, R./Stengert, U. (2002): Kreditrating – Eine Chance für mittelständische Unternehmen, Schäffer-Poeschel Verlag, Stuttgart 2002

Probst, M.R. (2001): Unternehmensrating bei der börsennotierten Gesellschaft, in: Everling, O. (2001), (Hrsg.): Rating – Chance für den Mittelstand nach Basel II, Gabler Verlag, Wiesbaden, 2001, S. 403-414

v. Puttkamer, G.-J. (2002): Die zukünftige Entwicklung der Mittelstandsfinanzierung vor dem Hintergrund von Basel II, Hannover 21.02.2002, *www.ikb.de*

Rasner, C./Füser, K./Faix, W.G. (1997): Das Existenzgründer-Buch, 3. Auflage, verlag moderne industrie, Landsberg/Lech, 1997

Reh, G. (2001): Ablaufplan: Einführung eines Risiko-Managementsystems, in: Gleißner, W./Meier, G. (2001), (Hrsg.): Wertorientiertes Risiko-Management für Industrie und Handel, Gabler Verlag, Wiesbaden, 2001, S. 27-40

Rudolph, B./Fischer, C. (2000): Der Markt für Private Equity, Finanz Betrieb, Ausgabe 1, 2000, S. 49-56

Schäfer, H./Stuhlinger, M. (2002): Kreditfinanzierung von mittelständischen Unternehmen, Vortragsveranstaltung, Steuerberaterkammer Stuttgart, April 2002

Schierenbeck, H. (1989): Grundzüge der Betriebswirtschaftslehre, 10. Auflage, Oldenbourg Verlag, München, 1989

Stuhlinger, M. (2001): Rating für den Mittelstand; in: Basel II, Rating als Chance, Kundeninformationsbroschüre des Württembergischen Genossenschaftsverbands, S. 15-19

Süchting, J. (1995): Finanzmanagement: Theorie und Politik der Unternehmensfinanzierung, 6. Auflage, Gabler Verlag, Wiesbaden, 1995

UBS AG (1998): Das Rating-System der UBS AG, Informationen für Firmenkunden, Folienpräsentation, September 1998

UBS AG (2001): Risikoanalyse, UBS Handbuch 2000/2001, S. 60-73, *www.ubs.ch*

Walter, K.-F. (2001): Offenlegung der wirtschaftlichen Verhältnisse nach § 18 KWG, DStR, Ausgabe 22, 2001, S. 906-912

Waschbusch, G. (1998): Asset Backed Securities – eine moderne Form der Unternehmensfinanzierung, ZBB, Ausgabe 6, 1998, S. 408-419

Weiß, E. (2001): Kriterien des FERI Branchenratings, in: Everling, O. (2001), (Hrsg.): Rating – Chance für den Mittelstand nach Basel II, Gabler Verlag, Wiesbaden, 2001, S. 433-449

Weitnauer, W. (2001): Handbuch Venture Capital, 2. Auflage, Verlag C. H. Beck, München, 2001,

Wolf, K. (2002): Erstellung eines Risikomanagementhandbuchs – Ziele und Funktionen, Inhalt und Aufbau, DStR, Ausgabe 11, 2002, S. 466-469

Wolf, M. (2000): Durchgängige und integrierte Systeme zur Risikomessung – Die Voraussetzung für ein funktionierendes Kredit-Risikomanagement, IIR-Konferenz „Die Reform der Eigenkapitalbestimmung – Chancen und Risiken", Wien, April 2000

Wöltje, J. (2001): Buchführung und Jahresabschluss, Verlag W. Kohlhammer, Stuttgart, 2001

Stichwortverzeichnis

Autorenprofile

Dr. Karsten Füser ist Partner der Ernst & Young AG Wirtschafts-prüfungsgesellschaft, Stuttgart. Er leitet die Grundsatzabteilung „Intelligente Informationstechnologie", die sich vornehmlich mit der Entwicklung von innovativen Risikomanagement-, Prüfungs- und Beratungsprodukten beschäftigt. Für zahlreiche Banken hat Dr. Füser Systeme zur Kreditwürdigkeitsprüfung entwickelt oder deren Entwicklung begleitet. Innerhalb der Grundsatzabteilung von Ernst & Young verantwortet Dr. Füser Themen wie „Scoring/Rating", „Basel II" und „MaK".

Dr. Mirjam Heidusch ist Assistentin in der Grundsatzabteilung „Intelligente Informationstechnologie" der Ernst & Young AG Wirt-schaftsprüfungsgesellschaft, Stuttgart. Sie beschäftigt sich vornehm-lich mit den Themen „Basel II" und „Scoring/Rating".